Lisa Kuntze

Was hält Euch denn hier fest?

55 Lebensgeschichten aus Südwestafrika/Namibia

VERLAG DER S.W.A. WISSENSCHAFTLICHEN GESELLSCHAFT
WINDHOEK, 1982

Frau Ottilie Nitzsche-Reiter, Postfach 5242, Windhoek, stellte die Photos auf den Seiten 19, 28, 44, 51, 71, 74, 75, 76, 78, 79, 81, 88, 92, 118, 130, 131, 132, 141, 144, 149, 150, 155, 160, 162, 176, 204 frei zur Verfügung, wofür Autorin und Verlag herzlich danken.

Die auf Photo S. 219 abgebildete Schlange ist nach Meinung Fachkundiger keine Mamba sondern eine ägyptische Kobra.

ISBN 0 949995 35 5

Herausgegeben vom Vorstand der S.W.A. Wissenschaftlichen Gesellschaft, Postfach 67, WINDHOEK 9000, S.W.A.

Druck: John Meinert (Pty) Ltd., Postfach 56, WINDHOEK 9000, S.W.A.

Für
Eberhard
Till
und
Michaela

Inhalt

Einleitung: 9
1. Ein deutsches Schiff im Hafen –
   Hat der Seemann recht? –
   Was hält sie denn hier fest? 13
2. Ma Möller, die Malerin, oder Nangora, die Früherwachte 15
3. Christel, Schicksal einer Farmerstochter der dritten Generation .. 18
4. Chronik des Landes – H. E. Lenssen, ein junger Kaufmann schrieb sie 22
5. Das Schiff der Wüste: der Ochsenwagen –
   Waschen ist strafbarer Luxus 25
6. „Was Afrika mir gab und nahm" – Die schreibenden Frauen ... 27
7. Die Geschichte der Hälbichs 30
8. Wasser hat keine Balken
   Aus Schleswig-Holstein kamen die Hoffmanns
   Baumschulen zwischen Steppe und Wüste 36
9. Josef und Attila Port: die ersten Wildfarmer –
   viel Platz für wilde Tiere 39
10. Der erste Bootsbauer des Landes – ein Ostpreuße 42
11. Drei Generationen Swakopmunder Kaufleute: die Henrichsens ... 45
12. Ein Farmer erhielt Häuptlingswürden –
    Das Storchennest –
    R. A. H. Schneider – das einsame Grab am Hang 50
13. Väter und Söhne: Hans Berker senior – H. J. Berker jun.
    „Die Erschaffung Südwests" – Liebhaber aller Musen 55
14. Rettung des Damara-Turms – das Woermann-Haus
    Tetje in der Klavierkiste 62
15. Das Hungerdasein unserer Pioniermaler 66
16. Die Aschenborns – drei Malergenerationen 72
17. Unsere Musiker: sie legten die Basis
    Hans Müller – Willi Frewer – Dr. Max Weiss 76
18. Die Diekmanns kamen vom Jadebusen 80
19. Studenten besuchen einen Karakulzüchter –
    Farm Paresis – die Geschichte des SWAKARA-Pelzes 83

20. Die Teppichweberin von Ibenstein — Marianne Krafft, die Tochter des „Diamanten-Stauch" 87
21. Die Nonne, die ein Krankenhaus baute — das St. Theresien-Hospital 90
22. Die Johanniter — das Martinshorn im Busch — Unfallhilfe der Jugend 94
23. Wieviele Ostpreußen gibt es im Lande? Lagerfeuer auf Farm Waltershagen — Löwen auf Masuren 97
24. Die Barmherzige Fliegerin: Anneliese von Baum 103
25. Die Nachkommen Friedrich von Flotows — Geschichte seiner Enkelin Martha 106
26. Mattenklodt — der Freischütz des Dschungels 110
27. Die Teufelskralle — das Geheimnis des Medizinmannes 113
28. Vom Seidenweber zum Senator: Dr. Heinrich Vedder 116
29. Heinrich Vedder als Erzähler: Der Teufel im Glockenturm 119
30. Jedes Leben ein Roman — die liebe Eisenbahn — Die Töchter in der Butterkiste — Elsa Gusinde 122
31. Ottilie Nitzsche — Werdegang der bekannten Photographin — Dokumentation der Geschichte 126
32. Die großen Drei: nicht Staatsmänner — sondern Künstler: Otto Schröder 131
33. Unsere Rheinischen Burgen — Graf B. von Schwerin — Olga, die Schriftstellerin 135
34. Meister Adolph Jentsch — der Klassiker unter den Südwester Malern — zwischen zwei Feuersbrünsten 139
35. Leben und Tod des Tiermalers Fritz Krampe — unsere Künstler leben gefährlich 143
36. Karl Friedrich Höflich — Kirchenmann und Diplomat — das Recht auf die Muttersprache 147
37. Die Lehrer unserer Jugend: Herbert Nöckler — Gymnastik selbst in der Eisenbahn 151
38. Wilhelm Kellner — Dichter und Märchenerzähler — die Buschhexe 154
39. Heinz Hillig — Ein Leben für die Schule 157
40. Generalprobe des „Orpheus in der Südwester Unterwelt" Ernst Scherer: er setzte einen neuen Maßstab 160

41. Das Geheimnis der „Weißen Dame" — die Felsmalereien in der ältesten Wüste der Welt — Dr. Ernst Scherz 164
42. Dr. Erich Lübbert: Kapital verpflichtet! 167
43. Forscher aus Liebe zum Land: Die SWA Wissenschaftliche Gesellschaft 170
44. Fritz Gaerdes — Freund von Fauna und Flora Der Ochsenfrosch hat Zähne 172
45. Tierärzte, die wichtigen Männer — auch Nashörner müssen verarztet werden 175
46. Der Zahnarzt, der das Heimatmuseum schuf 179
47. Ferdinand Stich, der große alte Mann des Buchhandels — seine Africana — einmalige Kostbarkeiten in der Sam-Cohen-Bibliothek ... 183
48. Die Hüterinnen der Schätze 186
49. Vom Bauernhof zum Wolkenkratzer: die Voigts-Familie 190
50. Die Kinderfarm — das Buch für ein totes Kind 193
51. Männer, nach denen Säle heißen 196
52. Macht der Presse — auch im Busch: John Meinert 200
53. Es kamen keineswegs nur Engel:
Der Engländer im Brunnen
Man spielte um eine Frau
Der tolle Dohna 209
54. Klein-Werner: der Vater des Südwester Liedes 217
55. Das letzte Kapitel 221
    Quellenangabe 223
    Register 224

*„Greift nur hinein
ins volle Menschenleben!
Und wo ihr's packt,
da ist's interessant!"*
(GOETHE)

Zur Einleitung

Drei Fragen stellten mir Freunde und Fremde, als meine ersten südwestafrikanischen Geschichten über den Aether erklangen:
1. wie ich zu dem Material gelangt sei –
2. unter welchem Gesichtspunkt die Auswahl geschah –
3. wie überhaupt die Idee zu den Rundfunkserien entstand.
  Sie sind leicht beantwortet.
  Die Idee: Sie kam mir sehr bald, als ich erkannte, wie wenig man in der Welt über unser Land und seine Menschen weiß. Hatte ich doch selbst vor mehr als drei Jahrzehnten zu den Nichtwissern gehört. Hierzu nur zwei Beispiele, die dann sehr schnell vermocht hatten, meine vorgefaßte Meinung zu ändern.
  Nachdem mein Mann damals, nach dem Zweiten Weltkrieg, die Möglichkeit erhalten hatte, aus dem zerstörten Deutschland mit Frau und Kind in seine eigene Heimat zurückzukehren, waren wir zuvor in Hamburg noch einmal in ein Konzert gegangen, in das – nach meiner Vermutung – wohl allerletzte Konzert für Jahrzehnte. HEINRICH SCHLUSNUS, der weltbekannte Bariton, sang Schubert- und Schumannlieder. Und zum Schluß schenkte er dem begeisterten Publikum noch eine Zugabe: das Eichendorff-Gedicht „Heimweh", vertont von Hugo Wolf. „Wer in die Fremde will wandern, der muß mit der Liebsten gehn."
  Das war zuviel für mein so banges Herz. Noch nicht fort, packte mich schon das Heimweh. Wann würde ich je wieder ein solch wunderbares musikalisches Erlebnis haben! Wohl nie, ganz bestimmt nicht in dem afrikanischen Steppenland, in das mein dort geborener Mann mich nun mitnehmen wollte. Einige Wochen später dann trübe, schmerzliche Abfahrt von Antwerpen mit einem holländischen Frachter. Von Deutschland aus fuhren ja damals noch keine Schiffe. Und keine winkenden Freunde am Kai, kein Gruß, kein Abschiedslied, kein „Ade, du mein lieb Heimatland!" Auch dies würde ich nie mehr hören, so glaubte ich. Grau, verhangen war die Schelde. Wir fuhren durch dichten Nebel hinaus in eine für mich ungewisse, ja, gefürchtete Zukunft. Auch auf dem Schiff keine Freunde, keine Freundlichkeit, alles Holländer, ein Schweizer. Sie blieben unter sich. Wir als die einzigen Deutschen an Bord wurden ausgeschlossen. So kurz nach dem Kriege, wer wollte uns damals schon! Zwar

umsorgte uns die indische Besatzung doppelt freundlich. Sie spürte wohl auch die Zurücksetzung, die wir erfuhren. Aber das Gefühl der Einsamkeit inmitten der fröhlich Feiernden konnte sie uns nicht nehmen.

Ja, und dann kam man in Walvis Bay an: plötzlich höfliche, freundliche Beamte, höfliche, freundliche Gesichter, weiße und schwarze. Weiter ging es nach Swakopmund mit dem gemütlichen Zug. Und nun kam das erste Erlebnis, das mich fast umwarf. Stand doch da auf dem Bahnsteig eine heitere Menschenmenge: blondbezopfte Mädchen, braungebrannte Jungen mit Klampfe, mit Ziehharmonika. Und plötzlich schmetterten sie los, riefen lachend,

Abfahrt von Walvis Bay
„so freundliche Menschen"

sangen: „Nun ade, du mein lieb Heimatland, lieb Heimatland, ade!" Da war es, das Lied, das ich beim Abschied von Europa im nebligen Hafen so schmerzlich vermißt hatte. Hier, unter Afrikas Sonne, schallte es uns aus den Kehlen strahlender Jugend entgegen! — Daß das Ständchen natürlich nicht uns galt, sondern — wie wir erfuhren — den in die Ferien fahrenden Schulkameraden und damit dem ganzen Zug, das war nicht entscheidend. Entscheidend aber war, daß die jungen Südwester nun unbewußt das nachholten, was uns die alte Heimat hatte versagen müssen.

Wir stiegen aus. Schon kamen die ersten Verwandten, um uns zu empfangen. Noch größere Herzlichkeit ringsum, und für meinen Mann sofort auch ein Wiedersehen mit anderen Männern und Frauen, mit einstigen Schulkameraden, die auf ihn zukamen, als hätten sie ihn erwartet. Man lud uns noch am gleichen Tag ins Strandcafé ein, saß dort fröhlich beisammen, Erinnerungen austauschend, aß Apfelkuchen mit Schlagsahne, — Dinge, von denen unser kleiner, im Krieg geborener Sohn noch gar nicht gewußt hatte, daß es sie gab. Und das wunderbare Gefühl in mir wuchs, wurde zur Gewißheit: Man war hier willkommen, wirklich und wahrhaftig willkommen! Schließlich ein Gang auf die Mole. Und jetzt kam der entscheidende Augenblick, kam das zweite Erlebnis, das mich endgültig lehrte, daß dieses Land Südwest, daß seine Menschen ja ganz anders waren, als ich gedacht hatte. Stand da bei sinkender Sonne neben einem freundlichen, gutaussehenden Mann doch wahrhaftig mein Sänger, der große Bariton HEINRICH SCHLUSNUS! Weiß Gott, Heinrich Schlusnus! Der Begleiter, so erklärte man mir, sei Doktor Weber, Vorstandsmitglied der hiesigen Kunstvereinigung. Ja, Schlusnus würde ein Konzert hier geben, das Programm wohl dasselbe wie in Hamburg. Gewiß, man stünde auch in Verhandlung mit anderen Künstlern von Weltruf. — Konzerte, Kunstvereinigung! Man war also keineswegs in eine kulturelle Einöde gekommen. Ich war überwältigt. Und damit hatte mich Südwest mit Haut und Haaren — verschlungen? — nein, gewonnen, und das ist so geblieben bis zum heutigen Tage!

So war es nur selbstverständlich, daß ich sofort begann, mich ernstlich für die Geschichte des Landes und seiner Menschen zu interessieren, daß ich systematisch alles Material zusammentrug, das ich nur finden konnte und das jetzt die Grundlage meiner Geschichten bildet.

Als ich dann vor einigen Jahren vom Südafrikanischen Rundfunk in Johannesburg (Radio RSA) den Auftrag erhielt, südwestafrikanische Geschichten für Sendungen in deutscher Sprache zu verfassen, die nach Europa ausgestrahlt werden sollten, da ergriff ich gern die Gelegenheit, über die Menschen von einst und jetzt zu berichten. Da galt es aber, ein möglichst umfassendes Bild zu geben, also von Südwestern der verschiedensten Berufe, der verschiedensten Lebensbereiche zu erzählen. Da ging es bei der Auswahl auch nie um einen Wertmaßstab, sondern um die **Vielfalt**, denn im Grunde war und ist fast jedes Leben ein Roman. Daß ich nicht über alle Persönlichkeiten schreiben konnte, die große, oder zum Teil noch größere Bedeutung für unser Land hatten und haben, ergab sich aus der vorgeschriebenen Zahl für eine Jahresserie: 52 Wochen — 52 Beiträge. Auch war nie an eine Chronik gedacht, nicht an Geschichte, sondern nur an Geschichten, die ich in persönlichen Gesprächen, in erreichbarer Nähe zusammentragen konnte. Und da sie ursprünglich nur für Hörer und Leser in Deutschland bestimmt waren, enthalten sie vieles, was hier bekannt ist. Das versteht sich von selbst, denn es sind ja wahre Begebenheiten, wenngleich ich in manchen Dialogen von dem Recht auf dichterische Freiheit Gebrauch machen mußte, um sie fesselnder zu gestalten. Doch auch Neues mag darunter sein: Geschichten, die ich aus alten Archiven, gar bisher unveröffentlichten Manuskripten ausgraben konnte und die, erst jetzt für das Buch geschrieben, den Rahmen der einstigen Rundfunksendungen längst sprengen.

Das Grundmotiv aber, das mich bei der Arbeit leitete, ist die Dankbarkeit an die alten, wetterharten Südwester, die, ohne große Worte, so viele der

durch den Krieg heimatlos Gewordenen aufnahmen und ihren Lebensraum mit ihnen teilten.
Daß man sie besser verstehen lernt, das ist mein Wunsch.
Dazu möchte ich auf meine Weise etwas beitragen.
Daher also die Erzählungen, daher also das Buch
  „Was hielt sie —
  was hält Euch denn hier fest?"

Lisa Kuntze
Aus rauchigen Trümmern ins Sonnenland

Ein deutsches Schiff im Hafen —
Hat der Seemann recht? —
Was hält sie denn hier fest?

„Hart wie Kameldornholz ist unser Land
und trocken sind seine Riviere.
Die Klippen, sie sind von der Sonne verbrannt
und scheu sind im Busche die Tiere.
Und sollte man uns fragen:
Was hält euch denn hier fest?
Wir könnten nur sagen:
Wir lieben Südwest!

Doch uns're Liebe ist teuer bezahlt,
trotz allem, wir lassen dich nicht.
Weil unsere Sorgen überstrahlt
der Sonne hell leuchtendes Licht.
Und sollte man uns fragen:
Was hält euch denn hier fest?
Wir könnten nur sagen:
Wir lieben Südwest!

Und kommst du selber in unser Land
und hast seine Weiten geseh'n,
und hat uns're Sonne ins Herz dir gebrannt,
dann kannst du nicht wieder geh'n.
Und sollte man dich fragen:
Was hält euch denn hier fest?
Du könntest nur sagen:
Ich liebe Südwest!"

Es ist das Südwester Lied, das Lied der Südwestafrikaner deutscher Sprache. Jeder kennt es, jeder kann es. So einfach ist sein Text, ohne Pathos. Aber es spricht mit den Worten der hiesigen Menschen und stellt sich der schicksalsschweren Frage, die seit Jahrzehnten, seit den Weltkriegen und heute drängender denn je an sie — an uns — herangetragen wird:

Was hält uns denn hier fest? Was ist so einmalig an diesem strohtrocknen Steppenland, das mit Wassernot, Heuschrecken, Tierkrankheiten, mit wahrhaft biblischen Plagen und ernsten Schwarz-Weiß-Problemen die Existenz seiner hartarbeitenden Menschen stets aufs neue zu bedrohen vermag, sie aber dennoch nicht zur Aufgabe zwingen kann? Gibt es eine Antwort, die auch Vernunftsgründen standhält?

Wir befanden uns in der heißen Jahreszeit, in der heißesten, die hier — südlich des Äquators, am Wendekreis des Steinbocks — auf die Monate Dezember, Januar fällt. Wer konnte, versuchte jetzt — wie die ferienfrohen Schulkinder — Tage oder Wochen an der Küste zu verbringen, dort, wo im vorigen Jahrhundert die Besiedlung des Landes durch Menschen deutscher Herkunft ihren gezielten Anfang nahm. Während in Lüderitzbucht, der kleinen felsigen Hafenstadt mit der einzigartigen Atmosphäre, noch immer die Erinnerung an die große Zeit der ersten Diamantenfunde lebendig ist, beginnt die jüngere Schwester Swakopmund aus den Schuhen herauszuwachsen. Sie darf es, denn Raum ist genug in der Wüste, die bis an die Häuser, die Gärten, die Läden heranreicht.

Stadt zwischen Meer und Wüste, mit einer brisanten Luft, die ins Blut geht, die Lungen durchflutet, neue Kraft und Unternehmungsgeist schenkt. Swakopmund — Vorort von Hamburg, hatten die ersten Ansiedler gesagt. Sollte diese, von einem Eisstrom umspülte Atlantikküste nicht zu einem bedeutenden Teil zum Durchhaltevermögen der hiesigen Menschen beitragen? Ist es ihr zu verdanken, daß eine so bedeutende Anzahl der Beamten, Kaufleute, der einstigen Soldaten und Seeleute für immer hier Wurzel schlug, statt nach englischem Muster pensionsberechtigt oder gar mit erworbenem Wohlstand ins Land der Väter zurückzukehren? — Denn mangelnde Liebe zur alten Heimat war es bestimmt nicht, was sie hier festhielt. Das haben sie in allen Kriegs- und Krisenzeiten bewiesen. Für sie ist das geteilte Deutschland auch heute noch Deutschland, woher die Väter, Großväter oder Urgroßväter kamen, wenn auch die Politik drüben den meisten nur schwer verständlich ist. Unter Politik verstehen sie vor allem Ordnung. Ordnung muß sein. Ohne Ordnung wäre auch hier, gerade hier, ein Überleben unmöglich.

Ein deutsches Schiff war angekommen, einer der beliebten Frachter hatte in dem benachbarten Hafen Walvis Bay angelegt. Die Nachricht verbreitete sich wie ein Lauffeuer und wer konnte, fuhr hinüber, ging ein wenig zögernd, fast feierlich erst die Gangway, dann innen die Treppen hinauf. Alles blinkte und blitzte. Nun saß man in der holzgetäfelten Bar und freute sich, wieder einmal auf deutschem Boden zu sein. Die Besatzung war an diese Besucher gewöhnt, die leicht verlegen um ein deutsches Bier, einen deutschen Wein baten, obwohl in Swakopmund und Windhoek ausgezeichnete Biersorten nach deutscher Art gebraut werden. Aber der Besuch eines deutschen Schiffes war eben doch immer erneut etwas Erregendes, weckte in den Alten Erinnerungen an einst Geliebtes, Altvertrautes.

Man trank also sein eisgekühltes Getränk und blickte hinüber zu den Passagieren und zu den Seebären, die gemeinsam in einer Ecke saßen, — die von hier und die von drüben. Und einer von ihnen sprach laut genug, daß man ihm zuhören konnte. „Klarer Fall", sagte er, „ganz klarer Fall. Jedem fällt das auf, jeder wundert sich erst darüber, jeder, der alle sieben Meere befahren hat und dann in dieses Land kommt, das sich so sehr von anderen tropischen und subtropischen Ländern unterscheidet. Wodurch? Durch die Ordnung! Und

14

warum? Weil es nicht durch Abenteurer und Glückssucher besiedelt wurde, sondern durch Beamte, Bauern, Soldaten und norddeutsche Kaufleute — Bremen — Hamburg. Altes Beamtentum und hanseatischer Kaufmannsgeist. Man hielt an Ordnung und Lebensart fest. Darum fühlten sich alle Deutschen hier so daheim. Darum denkt keiner ans Weggehen, auch heute nicht." Dann wandte sich der Sprecher einem anderen zu, einem, der mit einem Berg von Papieren, Formularen, wohl die Fracht betreffend, an Bord gekommen war. „Mit Ihrem Vater war's doch auch so, hatte die ganze Welt umschifft und blieb hier hängen. Stimmt's? Und Sie?" — „Ich?", fragte der Sohn erstaunt, „das wissen Sie doch. Ich und meine Familie, wir *sind* Südwester. Was sollten wir sonst sein?" — Der Steward hinter der Bar mischte sich ein, erklärte: „Tetje, der Kapitän, hat noch im Alter ein Buch geschrieben, steht alles drin, wie er in dieses Land kam und nicht wieder fortfand. Wir haben es in der Schiffsbibliothek, und das Südwester Lied haben wir auch als Platte. Wollen Sie's hören?"

Die Sonne sank, wir mußten von Bord, fuhren die Straße, die wunderbar geschwungene Straße zwischen dem leuchtenden Meer und den goldenen Dünenwänden entlang.

Da faßte ich einen Entschluß: ich wollte Archive, Tagebücher, Zeitungsbände, Chroniken durchstöbern, wollte alte und junge Menschen befragen: was hielt ihre Vorfahren damals, was hält sie selbst heute, noch heute hier fest? Hatte dieser Fremde, dieser Seemann recht: war es einfach das Sichdaheimfühlen in diesem Lande der Ordnung auf dem schwarzen Kontinent, oder ist es noch etwas anderes, ist es mehr?

Ich will versuchen, es zu ergründen.

Ma Möller, die Malerin,
oder Nangora, die Früherwachte

Seine Mitmenschen zu befragen, was hielt euch hier fest, ist nicht schwer. Jeder kennt jeden, zumindest dem Namen nach, der jetzt in dieser heißen Zeit zur notwendigen Arbeits- und Atempause nach Swakopmund gekommen ist. Ich stand im Strandgarten, zwischen den hohen Palmen, inmitten der üppig wachsenden Flora und dachte daran, daß der Vater des heutigen, bereits weißhaarigen Stadtgärtners auch einst aus Deutschland kam und hier auf Sandwehen zwischen Meer und Wüste dieses Blumenparadies schuf. In der Brandung tobten Kinder, glitten Wellenreiter über die hohen Wogen. Draußen lagen Fischerboote und darüber zogen mit ausgebreiteten Schwingen Pelikane, Kormorane.

Es war später Nachmittag. Da tauchten zwischen ballspielender, sonnengebräunter Jugend festlich, formell gekleidete Menschen auf, die zielsicher einem Gebäude zustrebten. Sie wurden am Eingang von höflichen Herren begrüßt und aufgefordert, näherzutreten: Eröffnung einer der kleinen Ausstellungen, die oft zu dieser Zeit durchgeführt werden. Die heutige, das hatte man bereits aus der Zeitung erfahren, hatte einen besonderen Charakter. Das erkannte man auch schon am Publikum, das nicht nur aus Kunstjüngern bestand, dem sich

Ma Möller nach einem Fußmarsch auf der Suche nach einem Motiv.

diesmal auch erstaunlich viel ältere, ja, sehr alte Menschen zugesellten. Denn die Künstlerin, die da ausstellte, war weit über 80 Jahre alt. Kein Druck-, kein Hörfehler: über 80 Jahre. Und es waren keine alten Aquarelle oder Pastelle, die da in allen Größen an den Wänden hingen. Nein, die weitaus größte Zahl wurde erst in letzter Zeit, ja, genau für diese Ausstellung geschaffen. Und keineswegs im stillen Studio nach der Erinnerung, sondern draußen, nach einem Fußmarsch, auf der Suche nach einem Motiv.

Rank, schlank, sehr aufmerksam, sehr wach stand Elisabeth Möller, geborene von Kessel, inmitten der Gäste. Immer mehr drängten in den Raum. Dann wurde es still: Jörg Henrichsen, der Vorsitzende der Vereinigung, die für die Ausstellung verantwortlich zeichnete, begrüßte die soeben erschienenen Ehrengäste, an ihrer Spitze den höchsten Beamten des Landes, der jetzt mit seiner Gattin die offizielle Eröffnung vornehmen wollte. Er hielt seine Rede in deutscher Sprache, zeichnete liebevoll den ganzen langen Lebenslauf der Malerin auf, sprach von ihrer Kindheit in Potsdam, dann von ihrem Herauskommen, ihrem oft recht schweren Lebensweg bis zu ihrem heutigen Ehrentag.

Er brauchte nicht besonders zu erwähnen, was ohnehin sichtbar war, daß alles, was sie malt, ihre Wahlheimat darstellt: die Steppe, die Wüste, die Berge, die Schluchten, — nach dem Regen oder in der endlos langen, quälenden Trockenzeit. Die Besucher erkannten sofort Vertrautes, Bekanntes wieder: „Da sieh, das ist doch ... und da die Pad ... und dort ..." Und schon gingen sie zu der alten Malerin, wünschten dies zu kaufen oder das. Und die blauen Sternchen, die „verkauft" bedeuten, mehrten sich an den Rahmen. Es waren keine dynamischen Kunstwerke, doch es war die herbe Landschaft rings um uns herum, mit Liebe gemalt, mit Liebe erworben und später mit Liebe daheim aufgehängt. Das war alles und das war gut. Wie es im „Südwester Lied" heißt: „Hart wie Kameldornholz ist unser Land und trocken sind seine Riviere ..."

Ja, das Publikum! Alle kannten sich gegenseitig und ich begann an mein Vorhaben zu denken, sie fragen zu wollen: Was hält euch denn hier fest? Die meisten, die ich hier sah, waren hier geboren, lebten hier schon in der dritten, vierten Generation. Dort standen Großvater, Vater und Sohn beisammen, hier auch: Kaufleute, Ärzte, Rechtsanwälte, Farmer, Handwerker, Apotheker, Bäcker, Lehrer. Auch alte, einsame Frauen, denn die kleine Küstenstadt gilt schon seit langem als Ruhesitz der Rentner, der Witwen. Und mir fiel ein, daß auch die im neunten Lebensjahrzehnt stehende Malerin im hiesigen Altenheim lebt. Ich fragte sie, wann ich sie allein sprechen könnte. „Oh, jeden Tag, vormittags, nachmittags, am besten hier während der Ausstellung."

Als ich am nächsten Tag wiederkam, sah ich noch mehr blaue Sternchen an ihren Bildern. Es war ihr zu gönnen, denn wie ich hörte, war sie nie zu Reichtum gelangt, obwohl sie immer hart und schwer auf Farmen und in anderen Wirtschaftsbetrieben gearbeitet hatte. Es war also nicht Wohlhabenheit, nicht Grundbesitz, was sie hier festhielt.

Und dann erzählte sie von ihrer Kindheit, einer bemerkenswerten Kindheit, denn sie war die Tochter des Oberkommandierenden von Berlin, Gustav von Kessel, gewesen. Ihre Cousins, sie selbst spielte mit Prinzen. Das war noch vor dem ersten Weltkrieg gewesen. Und danach kam sie heraus.

„Wollten Sie nie wieder zurück?" fragte ich sie. Sie reagierte befremdet: „Zurück? Wohin? Nach Potsdam? Nein, das war die Kindheit! Mein Leben, meine Ehe, meine Arbeit aber, das alles ist längst hier verwurzelt. Und hier bleibe ich.

Bis vor kurzem habe ich noch in Walfischbucht bei der Hafenbehörde als Dolmetscherin gearbeitet. Dort nannte man mich ‚Ma Möller', Mama Möller, habe manchem sprachunkundigen Kerl helfen können, manches aufklären können, ... wissen Sie, die Schwarzen haben ein ganz sicheres Gefühl für Gerechtigkeit. Sie nannten mich ‚Nangora', die Frühaufstehende. Das soll heißen: sie ist wach und läßt sich nichts vormachen. Eines Tages, na ja, bisher habe ich's noch keinem erzählt, also eines Morgens früh kamen ein paar Schwarze zu mir, ich bereitete gerade das Frühstück. Und da standen sie. ‚Nangora', sagten sie, ‚dein Mann ist tot, du bist nun allein hier. Aber du sollst wissen, daß du nie fortzugehen brauchst. Das wollten wir dir nur sagen.' Ich verstand gar nicht, was sie wollten, aber ich bedankte mich. Ich weiß auch heute noch nicht, was sie meinten, denn nie hatte ich nur im Traum daran gedacht, mein Leben woanders zu beenden als hier. Aber es war gut gemeint, bestimmt war es gut gemeint." Und jetzt erhob sich Elisabeth Möller. Es kamen neue Besucher, die sie begrüßen wollten. Ich brauchte sie auch gar nicht weiter zu fragen, was sie hier festhielt. Wo sonst könnte sie noch im hohen Alter ein so erfülltes Leben führen, ohne irdische Güter, doch geachtet von Weiß und Schwarz.

Christel — Schicksal einer Farmerstochter der dritten Generation

Ich begriff bald, daß ich nicht nur den Lebensschicksalen ohnehin bekannter Persönlichkeiten nachgehen durfte. Um einen echten Überblick zu gewinnen, hieß es vielmehr, auch Menschen ganz verschiedener Lebenskreise und verschiedener Berufsgruppen aufzusuchen.

So sprach ich dann mit Christel, Farmerstochter der dritten Generation, die ihren sehr geliebten Mann im flammenden Abendlicht der sinkenden Sonne auf einer Fahrt durch die Wüste durch einen tödlichen Autounfall verloren hatte. Urplötzlich stand sie, die Vierzigjährige, mit vier damals noch minderjährigen Söhnen, ganz allein da. Das heißt, zuerst lag sie selbst noch monatelang mit ihrem Jüngsten schwerverletzt im Krankenhaus. Dort blieb ihr allzu viel Zeit, um über ihr bisheriges Leben nachzudenken.

Geboren war sie — als echtes Südwester Kind — auf einer Farm als Angehörige der dritten Generation. Ihr Großvater Robert Kuntze war Anfang des Jahrhunderts als Offizier der Schutztruppe aus Deutschland gekommen, von einem ostpreußischem Gut. Und es erging ihm wie so vielen anderen: das weite, sonnige, herbe Land nahm ihn gefangen, er fand den Weg nicht mehr zurück, erwarb für gute Goldmark unbebauten Boden, karges Steppenland zwischen Otjiwarongo und Kalkfeld, rodete, suchte und fand mit der Wünschelrute klares Wasser, baute sich aus selbstgebrannten Backsteinen ein Haus und ließ seine junge, zarte Frau — Hildegard Karola von Drebber — nachkommen.

Großvater, der auch der Ahne unserer Kinder und Enkelkinder ist...
(v.r. Robert, Eberhard, Lisa und Kind Michaela Kuntze)

Wie war das gewesen? Großvater, der auch der Ahne unserer Kinder und Enkelkinder ist, hat später oft lächelnd davon erzählt. Vornehm hergeritten waren sie von der kleinen Eisenbahnstation Erundu, und er war so stolz gewesen, konnte gar nicht erwarten, seine Liebste über die drei Verandastufen ins eigene Heim tragen zu können. Und dann blickte sie — so hübsch aussehend in Reitkleid und Tropenhelm — zaghaft und so enttäuscht vom Pferderücken auf das ihr viel zu klein, ach, so bescheiden erscheinende Haus herab: drei Zimmer nur — und die Küche draußen in einem Verschlag. Keine Speisekammer, kein Waschhaus, kein Garten, kein Hausmädchen. Niemand, der zum Empfang kam, der ihre Sprache verstand. Nur ein paar fremdartige schwarze Gestalten, die sie anlachten.

Oder lachten die sie gar aus? Wie anders hatte sie sich das vorgestellt. Wie sollte sie hier so leben können, mitten im afrikanischen Busch. Lieber Gott, wie sollte sie?

Sie konnte es. Und das Backsteinhaus, das sie bald zu lieben begann, wurde zum glücklichen Heim ihrer Kinder, ihrer Enkelkinder und — dann vergrößert — auch das unsrige, in dem wir, die Nachkommen, mit unseren Kindern heute noch leben, nun umgeben von einem, mit viel Liebe und Mühe

*Robert und Hille Kuntze auf Farm Hillenhof (3. und 4. von rechts)
...sie konnte es!*

dem Busch abgerungenen blühenden Garten, in dem alles wächst, was das Auge erfreut, vom Veilchen und Flieder im Frühling bis zu Dahlien und späten Rosen im Herbst vor dem leuchtenden Hintergrund der Oleanderhecken und der wiegenden Palmen. Schon konnten hier die Kleinen der vierten Generation mit dem Wasser des selbst geschlagenen Brunnens die Heilige Taufe empfangen. — Christel aber, die älteste der Enkel, hatte keinen Nachbarn, keinen Farmerssohn heiraten wollen, sondern Werner, einen gelernten Schmied, Kunstschmied, dessen geschmackvolle Arbeiten in vielen Gebäuden zu sehen waren, der sich zugleich einen Namen durch den Bau motorangetriebener Diamantenschüttelsiebe gemacht hatte und auch sonst alles konnte, was man von ihm verlangte. Noch bevor er dann (in Swakopmund) einen eigenen Betrieb aufbaute, hatte Christel mit ihm monatelang in der Wüste, im Diamantensperrgebiet gelebt — 110 Meilen von Lüderitzbucht entfernt — wo eine *Speziallandebrücke* für eine Diamantenflotte gebaut werden sollte, für Amerikaner, die Diamanten aus dem Meer gewinnen wollten. Ein großer Auftrag, aber ein lebensgefährlicher und kostspieliger dazu, der dann auch an der rauhen See, der tobenden Brandung und starken Strömung scheiterte.

Ja, es waren harte Monate gewesen für Christel, die optimistisch ihre *Nähmaschine* mit in die Wüste genommen hatte, um — Bettwäsche nähen

Es wurde auch zum glücklichem Heim unserer Kinder: TILL und seine Spielgefährten beim Seifenblasenspiel.

und die Arbeitskleidung flicken zu können. Das *Trinkwasser*, das kostbare Naß, mußte in großen Lastwagen angefahren werden. Und Sand, Sand, feuchter, salziger Sand, der von der nahen Küste durch die Baracken fegte, der in Kochtöpfen, in den Betten, Decken festsaß, der Tee und Kaffee würzte, erschwerte jeden Arbeitsgang. Nur einmal in der Woche erhielten sie Besuch von ernstblickenden, alles durchforschenden Männern der Diamantenpolizei. So hatte sich Christel schon damals an einen harten Alltag gewöhnt und war auch jetzt bereit, mit allen Schwierigkeiten, die da kommen würden, fertigzuwerden.

Ich mochte die Frage, um derentwillen ich zu ihr gegangen war, kaum noch stellen. Dann tat ich es doch: ob sie sich vorstellen könne, das Land, hier alles zu verlassen und woanders neu anzufangen? „Woanders?" Sie blickte traurig über den Hof zur Werkstatt, die sie jetzt vorerst verpachtet hatte, ging zwischen den Blumenbeeten entlang zum Wohnhaus, wo Bernd, ihr Jüngster, über den Schularbeiten saß. Woanders? Wo sonst sollte sie leben? Angst vor der Zukunft hatte sie nicht. Sie konnte arbeiten. Und auch ihre vaterlosen Söhne würden ihren Weg gehen. Dafür wollte sie sorgen.

Bernd betrachtete mich jetzt mißbilligend. Er verstand nicht, was ich seiner Mutter für komische Fragen stellte. Dann wandte er sich wieder seinen Büchern

Christel, die älteste der Enkel, die optimistisch ihre Nähmaschine mit in die Wüste nahm...

zu. Heimatkunde: Südwestafrika ist 824 270 qkm groß und wird im Norden vom Kunene und Okavango, im Süden vom Oranje begrenzt. Es erstreckt sich zwischen dem 17. und 29. Grad südlicher Breite ... Seine Hauptstadt heißt Windhoek. Andere wichtige Städte sind Tsumeb, Otjiwarongo, Keetmanshoop, Mariental, Oranjemund ... Plötzlich fiel ihm etwas ein: „Mutti, haben wir eine Chronik? Unser Lehrer hat gesagt, wir sollten uns die Chronik von — von — ach, wie heißt er? Auf einer Farm bei Kalkfeld hat er gelebt. Die sollen wir uns ansehen." — „Da ist sie", sagte Christel und griff nach dem Bücherbord. „Hans-Emil Lenssen heißt er. Wenn du fertig bist, kannst du hineinschauen. Es steht auch etwas über deinen Urgroßvater darin und über all die anderen."

Und als ich mir gerade noch überlegte, ob ich nun eigentlich eine Antwort auf meine Frage erhalten hatte, fiel mein Blick auf das Südwester Lied. Eingerahmt, mit pastellfarbenen Zeichnungen versehen, hing es an der Wand, wie in so vielen anderen Heimen hierzulande.

Das, so schien mir, war Antwort genug.

Chronik des Landes.
H. E. Lenssen, ein junger Kaufmann schrieb sie.

Chroniken wurden früher zumeist von Mönchen, Stadtschreibern und Sekretären hochadliger Geschlechter geschrieben. Sie verlangten unendlich viel Vorarbeit und große Genauigkeit in den Daten und Fakten, denn sie galten als Geschichtsdarstellung. Sie erzählten von Städten, Klöstern und Herrschern. Doch vor uns liegt eine Chronik von einem ganzen Land: von Südwestafrika. Sie umfaßt die Zeit von 1883 bis 1915, also jene Jahrzehnte, in denen es unter deutscher Verwaltung stand. Und der sie schrieb war keine Amtsperson, sondern ein junger Siedler, ein Kaufmann aus Bremen: Hans-Emil Lenssen. Wie kam er dazu? Was ist seine Geschichte? Wir können sie dem Geleitwort entnehmen, das der Verlag der Wissenschaftlichen Gesellschaft, Windhoek, dem Buch mitgab, als dieses zwölf Jahre nach dem Tode des Verfassers herausgegeben werden konnte.

    Hans-Emil Lenssen traf 1898 im Alter von vierundzwanzig Jahren in Swakopmund ein. Sein Onkel, ein Bremer Kaufmann, hatte ihm durch eine persönliche Empfehlung an eine dortige Firma das Herauskommen ermöglicht. Der junge Lenssen selbst aber besaß jene Eigenschaften, die ihn zu einem Leben in dem noch unerforschten Steppenland geradezu prädestinierten, das heißt, er besaß persönlichen Mut, Ausdauer, Zähigkeit und eine außerordentlich gute Beobachtungsgabe. Damals, als das riesige Territorium, das dreimal so groß wie die Bundesrepublik ist, noch ohne Eisenbahn war, machte er sich bereits einen Namen durch viele anstrengende Langstreckenritte. Weshalb ihm jedoch mit Recht ein Sonderplatz in den Annalen zukommt, das ist die Erfüllung jenes schweren Auftrages, den ihm der damalige Gouverneur erteilt hatte. Unruhen waren unter den verschiedenen schwarzen Stämmen ausgebrochen, die Leben und Arbeit der weißen Siedler gefährdeten. Doch es war unbekannt, wie die Stimmung und Lage im äußersten Norden, im Ovamboland war. Die dortigen Völkerschaften unterstanden mit Leib und Leben ihren Häuptlingen, die unbegrenzte Gewalt über sie hatten, in deren Macht es auch lag, Frieden zu halten oder zum Krieg aufzurufen. Darum hing von der Erkundung ihrer Pläne sehr viel für das übrige Land und seine Menschen ab. Der junge Lenssen nahm den Auftrag an, doch er begriff sehr wohl, in welche Gefahren er sich begab, als er allein, ohne Begleitung, den Ritt durch das von feindlichen Banden durchzogene Gebiet wagte. Aber er schaffte es, konnte die dort oben lebenden und wirkenden Missionare erreichen und es gelang ihm tatsächlich mit ihrer Hilfe, die Häuptlinge zur Wahrung des Friedens und zur Beruhigung ihrer eigenen kampflustigen Krieger zu bewegen.

    Auf Grund seiner Umsichtigkeit wurde Lenssen bald schon selbständiger Kaufmann, dann Farmer, und die Ortsgemeinde, in der er sich später niederließ, bürdete ihm immer mehr Ehren- und Kirchenämter auf. Doch seine wahre Liebe gehörte seinem Schreibtisch. Unermüdlich schrieb er alle Gespräche nieder, bewahrte Briefe, Verträge auf, sammelte Daten, Namen, Listen. Und so entstand anhand des sorgsam zusammengetragenen Materials die Südwester Chronik. Sie ist, wenn auch mit der notwendigen Nüchternheit, mit Liebe geschrieben. Auch konnte Lenssen Erlebnisse, die er noch persönlich aus dem Munde damaliger Zeitgenossen erfuhr, mitverarbeiten. Dabei vergaß er nicht die Hintergründe, erwähnte sogar die „Kongo-Akte", jenen so weitsichtigen Vertrag, der auf der von Bismarck im Jahre 1885 nach Berlin einberufenen

Konferenz von den Vertretern aller Kolonialmächte unterschrieben wurde, um zu verhindern, daß die Kolonialgebiete in künftige Kriege zwischen europäischen Staaten hineingezogen würden. Wieviel Not und Elend wäre der Welt erspart geblieben, hätte man sich daran gehalten!

Für uns Heutige ist weiter von besonderem Interesse, daß Lenssens Chronik bis zu den ersten Anfängen der Besiedlung zurückgeht und berichtet, daß nicht Gewehre, sondern Verträge den weißen Siedlern den Weg in das Land bahnten. Auch erfährt man, wie Experten berufen wurden, um schon damals nach neuen Häfen zu suchen, wie ein Schüler Robert Kochs herauskam, um die Auswirkungen der Malaria zu erforschen, wie man Pferde einführte, den ersten Wein anpflanzte, die ersten Krankenhäuser baute und wie gar „im höchsten Auftrag" ein bekannter Wünschler herübergeschickt wurde, der dann an vielen Stellen des Landes Wasser suchte — und fand.

Auch der Humor kommt zu seinem Recht. So finden wir aus dem Jahre 1898 eine köstliche Schilderung der damals üblichen, sehr primitiven Weise, Schiffsreisende in Swakopmund auszubooten. Da es weder eine Landungsbrücke, noch eine Mole oder gar Dampfbarkassen gab, wurden die armen Passagiere selbst in stürmischster See per Korbsessel in auf- und abtanzende Landungsboote herabgelassen. Diese wurden von kräftigen Monrovianegern gerudert, bis an die äußersten Brecher herangebracht, dann seitwärts in die Linie der heranrollenden Brandungswogen gedreht, also parallel zum Strand, und nun ihrem Schicksal überlassen, d.h. die bereits grüngesichtigen Reisenden in ihren Nußschalen konnten sich nur noch festklammern, während die tobenden Elemente Ball mit ihnen spielten und sie mit der letzten Brandungswelle, wie man zu sagen pflegte, an Land spuckten, wo bereits ein zweites Team kräftiger Neger bereitstand, um sie genau im richtigen Augenblick aufzufangen. Daß bei diesem rauhen Verfahren so manche sehnsüchtig erwartete, festlich gekleidete Braut nur pitschnaß und aufgelöst in den Armen des Erwählten landete, versteht sich von selbst.

Große Tiere aber, Pferde, Zuchtbullen usw. wurden auf roh zusammengezimmerten Flößen ans Land geschwemmt bzw. an Seilen durch die Brandung gezogen.

So bietet diese Südwester Chronik auf allen Gebieten ein unerschöpfliches Quellenmaterial. Und noch ehe die finanziellen Mittel aufgebracht werden konnten, um sie als Buch zu veröffentlichen, erschien sie als Vorabdruck in der Windhoeker Allgemeinen Zeitung. Lenssen hat sie seinen zwei großen, geliebten, einzigen Söhnen gewidmet: Hans-Günter und Gerd-Joachim. Sie fielen im Zweiten Weltkrieg, in dem sie freiwillig auf deutscher Seite bis zum bitteren Ende mitgekämpft hatten.

Er selbst starb 1954, achtzigjährig, auf seiner Farm Ombona bei Kalkfeld, die als Familienbesitz erst von seiner Tochter Sigrid und nun von seinen Enkeln geleitet wird, denen auch Südwest die einzige Heimat bedeutet.

Das Schiff der Wüste: der Ochsenwagen.
Waschen ist strafbarer Luxus

Spricht man von alten Zeiten, spricht man vom Ochsenwagen. „Schiff der Wüste" hatten ihn die Buschmänner genannt, als sie das klobige Ungeheuer zum erstenmal erschreckt und staunend erblickten. Unfaßbar, wie es sich — gezogen von zwölf, gar sechzehn mächtigen Treckochsen — unaufhaltsam den Weg durch die Dünenwelt, durch die glühende Wüste bahnte. Kein Pfad schien den keuchenden Riesen zu steinig, kein Flußbett zu tief, zu sandig, zu trocken. Die Männer auf den Pferden ritten voraus, suchten mögliche Durchlässe, suchten das lebensnotwendige Wasser und gaben Schutz. Die Frauen aber folgten mit allem Hab und Gut, mit Decken, Geschirr, Petroleum und Lebensmitteln, kurz mit allem, was man zum Neuanfang brauchte, verstaut im hochrädrigen Ochsenwagen. In alten Tagebüchern oder Erzählbänden findet man ihm ganze Kapitel, ja Gedichte gewidmet. Und wer ihn am ausführlichsten schilderte, das waren die ersten Missionare, die sich auf ihm mutig, erfüllt vom Glauben an ihre Mission, in die noch unerforschten Teile des fremden Landes wagten. Aber auch die jungen Frauen berichteten über ihn, besonders jene, die, frisch vom unterhaltsamen Bordleben eines komfortablen deutschen Dampfers

1 500 Goldmark kostete ein eingefahrenes Gespann...

kommend, unvorbereitet, erschrocken, vor diesem fünf Meter langen, fremdartigen Gefährt gestanden hatten, dem Gefährt, das sie für die nächsten drei bis vier Wochen Tag und Nacht beherbergen und durch das unheimliche, geheimnisvolle, heiße Land schaukeln sollte. Schaukeln? Das war kein Schaukeln, das war ein Stampfen, Poltern, Durchrütteln, Auf- und Niederwerfen. Ein Glück nur, daß es nicht üblich war, täglich mehr als sieben bis neun Stunden zu fahren, dies nicht etwa um der Menschen willen, sondern um die wertvollen Ochsen zu schonen. Denn ein Spann dieser eingefahrenen Zugtiere kostete damals schon etwa 1 500 Goldmark. „Da paßt man auch ohne Tierschutzverein gut auf die Tiere auf", schrieb ein Zeitgenosse und berichtete dann weiter, wie sie dann dennoch über elf Stunden hintereinander fahren mußten, weil sie kein Wasser fanden, schließlich völlig erschöpft anhielten und sich auf dem Boden zum Schlaf niederlegten, nachdem sie — wie das sein muß — die Ochsen ausgespannt hatten. Die durstigen Riesen aber schliefen nicht.

Unbemerkt erhoben sie sich und liefen volle vier Stunden, frei vom lästigen Joch, allein weiter, nur ihrer klugen Nase nach, bis zum Omarurufluß, wo sie sich ausgiebig satt tranken und zufrieden niederließen, ohne auch nur an eine Rückkehr zu den verzweifelt Durstenden zu denken, — bis die ausgesandten Treiber sie fanden und zurückbringen konnten. Ein anderer Zeitgenosse schildert ausführlich, wie dieses „Schiff der Wüste" beschaffen war. Da liest man von dem bemerkenswerten Untergestell, von den außerordentlich starken Achsen, von den Rädern, die in ihrer kompakten Art fast an die schweren Räder einer Lokomotive oder eines antiken Triumphwagens erinnern. Die eisernen Reifen, die sie umspannten, hatten eine Stärke von nahezu einem Zoll. Auf diesem mächtigen Unterbau stand ein langer geräumiger Bretterkasten, der seinerseits mit einem über eiserne Reifen gezogenen, doppelten Segeltuchdache überspannt war, wodurch das Ganze einem sogenannten Planwagen etwas ähnlich wurde. Im Innern des so geschaffenen Raumes, der vorn und hinten zum Schutz gegen Sonne oder Wind durch eine Art leinernes Rouleaux geschützt werden konnte, befand sich die sogenannte Kattel, ein kreuzweise mit dünnen, festen Riemen überzogener Holzrahmen, das sehr bescheidene Lager für die Reisenden. Aber jeder kleinste Raum, jede Ecke unter dem Wagen, auch an den Seiten, wurde ausgenutzt, um das Lebensnotwendigste und das Wichtigste — Wasser und Waffen — stets griffbereit zu haben. „Im Grunde", so erklärt Pastor Moritz, der mit Geduld und Liebe Berichte aus jener Zeit in einem kleinen Buch zusammengefaßt hat, „erinnert die Ausstattung ein wenig an den modernen Wohnwagen, den ‚Caravan'. Freilich, der heute mitgelieferte Komfort war damals undenkbar." Wie klagten allein die jungen, neu eingetroffenen Frauen über die strengen Wassersparmaßnahmen. Wollten sie doch vor dem Herzliebsten, der sie in dieses wilde Land geholt hatte, früh nach der Nacht am Lagerfeuer wenigstens frischgewaschen und sauber erscheinen können und mußten nun erleben, daß sie ob solcher Verschwendung gescholten wurden. Wie erschraken sie auch vor den zornigen Blicken der schwarzen Ochsentreiber, die schon gar kein Verständnis für solche Vergeudung des kostbaren Wassers hatten!

Und wie schwer fiel es ihnen zuerst, im Freien, in der glühenden Sonnenhitze, in eisernen Töpfen über rauchendem Feuer die notwendigen Mahlzeiten zu bereiten, ständig fürchtend, daß die weiten Röcke Feuer fingen. Doch man mußte sich schließlich an alles gewöhnen, auch an die noch ernsteren Gefahren, die in jener Zeit, gegen Ende des vorigen Jahrhunderts, auf solche Reisenden lauerten. Wie war ihnen zumute, — so erzählt HELENE VON FALKENHAUSEN in ihrem Erlebnisbericht — als sie einen Engpaß passieren mußten, wo zwei Wochen vorher vier Wagen, die von der Küste her Fracht für den Kaufmann Schmerenbeck brachten, von räuberischen Banden überfallen, ausgeraubt und verbrannt worden waren, wobei auch die unglücklichen Begleiter den Tod fanden. Nur Asche kündete noch von diesem Drama zwischen Meer und Steppe. Und dennoch — so fuhr sie fort — wie wunderbar waren diese Nächte. Ringsum leuchteten die hellodernden Feuer, um die sich dunkle Gestalten bewegten. Hier und da hob sich ein einsamer Baum vom prächtig gestirnten Firmament ab. Wie lautlos und unbewegt war die Luft. Sie begannen zu singen — deutsche Volkslieder — und vergaßen beim Zauber dieser Abende mitten in der afrikanischen Wildnis ganz die Gefahren, die sie doch stets umgaben.

Ja, in tödlicher Gefahr hat sich diese 1893 ins Land gekommene Frau oft befunden. Kein Leid blieb ihr und ihrer Familie erspart. Doch trotz aller Enttäuschungen und Rückschläge rief sie die Sehnsucht immer erneut in dieses Land zurück, das sie festhielt wie der Dornbusch den Wanderer.

„Was Afrika mir gab und nahm" — Die schreibenden Frauen

So war das also damals gewesen — siebzig, achtzig Jahre vor unserer Zeit! — Ich saß im Archiv des Swakopmunder Museums vor einem Stoß alter, vergilbter Bücher, echter Museumsexemplare, die sonst wohlverschlossen in Glasschränken standen. Die Bibliothekarin hatte sie mir auf meine Bitte gereicht, denn ich hatte in einer bemerkenswerten Abhandlung von Werner Tabel, dem Kenner afrikanischer Literatur, gelesen, daß es gerade jene, um die Jahrhundertwende eingewanderten jungen Mädchen und Frauen gewesen waren, die durch ihre frühveröffentlichten Bücher in der alten Heimat überhaupt erst ein warmes, menschliches Verständnis für ihr hartes Siedlerschicksal geweckt hatten. Und selbst heute noch atmen all diese Erzählungen die Echtheit des Selbsterlebten,

Margarethe von Eckenbrecher — Ehre ihrem Angedenken.

Selbstdurchlittenen. Man spürt auch, daß sie — zusammengesetzt aus Tagebüchern und Briefen — erst gar nicht für eine Veröffentlichung gedacht waren. So las ich ELSE SONNENBERGS erschütternden Tatsachenbericht „Wie es am Waterberg zuging", grübelte, ob heute noch Ähnliches geschehen könnte, blätterte abermals in HELENE VON FALKENHAUSENS „Ansiedlerschicksalen", als mir die Bibliothekarin mit einem Lächeln ein anderes Buch reichte, das, wie sie sagte, völlig aus der Reihe dieser ja zumeist tragischen Geschichten fiele. Es war LYDIA HOEPKERS Roman „Um Scholle und Leben". Hinter diesem recht pathetisch klingenden Titel verbarg sich jedoch — wie ich schon an den altmodisch köstlichen Illustrationen erkannte — eine höchst amüsante Schilderung des Farmerlebens vor Ausbruch und während des Ersten Weltkrieges. Darin wimmelte es nur so von verrückten, doch liebenswerten Käuzen, die — mitten im dornigen Busch — schon lang der ordnenden Hand eines weiblichen Wesens entwöhnt, ohne jeden Komfort, mit nichts als Benzinkisten als Möbel und einem Termitenhaufen als Backofen, dennoch ein glückliches, gastfreies Haus führten, wenn man solchen selbstverfertigten Gemäuern den Namen „Haus" schon zuerkennen wollte. Mit größter Unbekümmertheit schildert die fröhliche Fabuliererin die eigenen Abenteuer und die ihrer Helden. Ob sie auch

Busch-Jägerlatein hinzufügte, oder ob alles auf Wahrheit beruht – in Südwest ist ja alles möglich – sei dahingestellt, zumal man spürt, daß sie die heiteren Begebenheiten als Gegengewicht braucht, um die auch von ihr erzählten tragischen Ereignisse, wie den Ausbruch des Krieges mit allen bitteren Folgen, nicht zu sehr dominieren zu lassen.

Es gibt aber eins unter diesen Südwester Frauenbüchern, dem eine absolute Sonderstellung zukommt: Margarethe von Eckenbrechers „Was Afrika mir gab und nahm". Wie kein anderes umfaßt es alle Lebensbereiche und läßt sich durch seine Genauigkeit sogar als Quellenmaterial benutzen. Margarethe von Eckenbrecher, geboren 1875, war – und das mag vieles erklären – eine begabte und erfahrene Lehrerin, die ihre eigenen Erlebnisse aus den Jahren 1902 bis 1936 schildert. Zuerst, an der Seite ihres künstlerisch veranlagten Mannes, entwickelte sie sich zur leidenschaftlichen Farmerin, dabei die Lebensgewohnheiten der sie umgebenden farbigen Völker sowie die vielfältige, fremdartige Natur studierend. Dann, als sie durch Aufstände und Plünderungen den mit so harter Arbeit erworbenen Besitz wieder verlor, als auch ihre Ehe auseinander ging, nahm sie bei Ausbruch des Ersten Weltkrieges eine Lehrerstelle an. Von da an sind Generationen junger Menschen durch ihre Hände gegangen. Und so kann es noch heute geschehen, daß – wenn der Name Eckenbrecher fällt – würdige Familienväter, selbst Großmütter dankbar bekennen, daß sie dieser tatkräftigen, hochgeachteten Frau sehr viel verdanken. „Sogar das Leben", fügen manche hinzu. Denn – das liest man auch in ihrem chronikartigen Buch: furchtbar hatte im Jahre 1918 eine aus Südafrika gekommene Grippewelle die bis dahin so gesunde Bevölkerung mitsamt der Besatzungstruppe zu Boden geworfen. Mit dem ersten Zirkus, der nach dem Kriege per Eisenbahn vom Kapland nach Windhoek gefahren war, wurde diese tödliche Seuche eingeschleppt, der man den bezeichnenden Namen „Lungenpest" gab. Denn wie die *Pest* fällte sie die Menschen mitten auf der Straße, am Arbeitsplatz, ließ sie hinstürzen, machte vor keiner Hautfarbe Halt. Nur zwei Ärzte waren damals noch in Windhoek, von denen der eine zu den ersten Schwererkrankten gehörte. Der zweite sprengte im Tropenhelm und weißen Kittel auf einem Gaul über die hügeligen Straßen und konnte doch stets nur einen Bruchteil der gefährdeten Opfer versorgen. Alle Medikamente, alle Hilfsmittel schwanden dahin, längst waren Hospital und Notkrankenhäuser überfüllt, offen standen verlassene Läden – Schulen – Häuser mit unbegrabenen Toten. Die so heiter gewesene, blühende junge Stadt Windhoek in Agonie! Der Leichenwagen fuhr Trab zum Friedhof, wo die paar noch gesunden Männer die Gräber schaufelten. Und zwischen ihnen allen tat Tag und Nacht Margarethe von Eckenbrecher – als Mutter von zwei Söhnen – ihren Samariterdienst, ging in fremde Häuser, kochte Suppen, pflegte Einsame, legte Kinder in die notdürftig zusammengeschlagenen Särge, nagelte sie zu – half – half – half – bis die grauenhafte Seuche abklang – und blieb wie durch ein Wunder selbst verschont.

Doch später holte sie das Schicksal ein: sie verlor einen ihrer zwei Söhne, ihren Jüngsten, an Typhus. Ihm konnte sie nicht helfen. „Was Afrika mir gab und nahm" heißt wohl auch darum ihr Buch.

Heute ruht die einst so unermüdlich Schaffende neben ihrem Jüngsten auf dem schattigen Windhoeker Friedhof. Ehre ihrem Angedenken.

Sechs Hälbich-Generationen in SWA

Wohl über keine andere Familie ist bereits im vorigen Jahrhundert soviel geschrieben worden wie über die aus Schlesien stammenden Hälbichs.

In den Dokumenten der Rheinischen Mission, sowie in den Berichten der Zeitgenossen werden sie immer wieder erwähnt, denn ihr Wohnort OTJIMBINGWE war nicht zuletzt durch ihr Wirken und ihre Hilfsbereitschaft in allen Notlagen zu einem Herzstück des noch so menschenleeren Landes geworden.

Auch HANS GRIMM hat ihren Wert erkannt und ihnen ein großes Kapitel in seinem Südwester Buch gewidmet.

Ihre Geschichte auf Südwester Boden begann, als Eduard Hälbich und seine Braut Amalie Bartel als erstes deutsches Siedlerpaar am 9. Januar 1864 in Walvis Bay an Land gingen. Sie standen unter dem Schutz des Missionars Dr. HAHN, eines Deutschbalten und ehemaligen Pionieroffiziers. Dieser hatte es sich zum *Ziel* gesetzt, in Otjimbingwe — das 1849 von dem Missionar RATH gegründet worden war und bereits ein wechselvolles Schicksal hinter sich hatte — eine *Missionskolonie* mit Missionshandwerkern aufzubauen. Durch ihr Vorbild wollte er den *Herero* und *Hottentotten* das Beispiel guter, lohnbringender Arbeit vor Augen führen. So war er erfreut gewesen, in dem jungen *Schmied* Eduard Hälbich – der auf seinen Vorschlag noch vor der Ausreise zusätzlich das Handwerk des Büchsenmachers erlernt hatte — einen tatkräftigen Mann gefunden zu haben, der offensichtlich den großen Aufgaben gewachsen war.

Daß der junge Siedler vor keiner Arbeit zurückschreckte, mußte er sofort nach der Ankunft beweisen. Der schon vorher in Otjimbingwe ansässige Jäger und Händler ANDERSSON hatte der kleinen Reisegesellschaft zur ersten Unterkunft ein nur halbfertiges, sogenanntes Packhaus in Walvis Bay zur Verfügung gestellt, aber Türen und Fenster mußten erst einmal eingesetzt werden. Außerdem wurde von Hälbich erwartet, daß er gleich an Ort und Stelle aus mitgebrachten Teilen ein eigenes Packhaus für die Mission errichtete. Nachdem er erst einmal im Kuisebtal *Gras* gerupft und zum Grundbefestigen herangeschafft hatte, schrieb er dann seufzend in sein *Tagebuch*: „Heute fing ich an den Grundpfeilern des Hauses zu mauern an und mauerte erst einen Eckpfeiler, aber es wollte noch nicht recht stimmen, denn ich habe meinem Meister — in der Mauerei — kein Lehrgeld gezahlt, aber, wie es scheint, muß ich's noch hier bezahlen." — Er mußte noch viel Lehrgeld zahlen, denn es vergingen noch *Wochen*, bis nach Fertigstellung des Gebäudes endlich die *Hochzeitsfeier* des jungen Paares gefeiert werden konnte: die erste deutsche Trauung in dem Wüsten- und Steppenland überhaupt.

Und sofort danach ging es ans Bepacken der herbeigeschafften *sieben* Ochsenwagen, die mit der inzwischen weiter eingetroffenen Schiffsfracht beladen und von 140 Zugochsen nach Otjimbingwe gebracht werden sollten. Als sie dann endlich nach allen Strapazen an ihrem Bestimmungsort eintrafen, gab es keinen Raum für die frischgebackenen Eheleute. So überfüllt war bereits damals das inzwischen Andersson durch die Missionsgesellschaft abgekaufte Gehöft. So wohnten sie erst einmal sechs Wochen lang im Ochsenwagen. Ein harter Anfang! Als jedoch nach und nach noch weitere Siedlerfamilien eintrafen — u.a. der Landwirt REDECKER — konnte an einen gezielten Aufbau gegangen werden.

So wurde OTJIMBINGWE zum Mittelpunkt aller Missions- und Siedlerarbeit, ja, in den kommenden Kriegs- und Aufstandszeiten zu einem wahren Hort für Weiß und Schwarz. Zeitweise begaben sich 3—400 Herero in seinen Schutz, um sich von dort aus gegen ihre Urfeinde, die Witbooi-Hottentotten, verteidigen zu können. Da hieß es für die Hälbichs, die Menschenmassen mit Nahrung und Wasser zu versorgen.

Inzwischen war zu Dr. Hahns Kummer sein großes *Experiment* — so wie er es sich gedacht hatte — gescheitert, es gelang nicht, die farbigen und schwarzen Menschen in großer Anzahl zu steter handwerklicher Arbeit zu erziehen. Immer waren es nur einige, die dazu den Willen und die Eignung aufbrachten. Doch die Mehrzahl verlockte das alte Nomadenblut zum Wandern und zu weiteren kriegerischen Auseinandersetzungen.

Trotzdem wuchs und gedieh Otjimbingwe. Und Eduard Hälbich wurde bald zu einer so geachteten Persönlichkeit, daß um 1876 — also *vor* der deutschen Zeit — Palgrave als Abgesandter der Kapregierung den Schmied und Büchsenmacher zum *Friedensrichter* ernannte. Man gab ihm zwei Herero als Beisitzer und betraute ihn mit der schweren Aufgabe, über kleine und große Übeltäter zu Gericht zu sitzen. 1882 übernahm er dann selbständig den Missionsladen.

In diesen Jahren wurden dem Ehepaar fünf Söhne und *eine* Tochter geboren. Als dann das Land unter deutschen Schutz gestellt worden war, vermehrten sich die Durchreisenden und die Besucher, die die Dienste des Büchsenmachers, Wagenschmiedes und Kaufmannes brauchten.

Aus der hochinteressanten Schrift „Otjimbingwe" von Dr. MOSSOLOW erfährt man, daß sich 1885 der Reichskommissar Dr. GOERING mit seinem Stellvertreter Luis Nels und dem bekannten Proviant- und Postmeister, dem Gouvernements-Sekretär und Polizeimeister Hugo von Goldammer in Otjimbingwe niederließ, das ja so günstig in der Mitte der sogenannten Bai-Pad lag.

Wie man bei Dr. Mossolow weiterlesen kann, soll es dort damals recht gemütlich zugegangen sein. War des Tages Arbeit getan, so versammelten sich alle Deutschen: Regierungsvertreter, Doktoren, Kaufleute und Handwerker im sogenannten Deutschen Viertel.

Dr. Goering führte das Präsidium und man sang deutsche Lieder. Wenn dann von den rauhen Stimmen „Die Wacht am Rhein" erscholl, so waren alle entschlossen, die Wacht am *Swakop* zu halten. Dazu wurde ein Gläschen Bier getrunken, woran anscheinend kein Mangel herrschte, denn wir wissen, daß *1889* in Walvis Bay *96 000* Flaschen Bier gelandet wurden.

1866 war in Otjimbingwe aber auch schon die erste bedeutende Missionsschule für schwarze Schüler gegründet worden, das AUGUSTINEUM, das später nach Okahandja transferiert und heute nun nach Windhoek verlegt worden ist.

Auch die erste Schule für Weiße war hier im Jahre 1876 errichtet worden für genau *sieben* Kinder, die den Familien Hälbich, Redecker und Kuhn entstammten, denn, wie bereits erwähnt, waren dem Ehepaar Hälbich fünf Söhne und eine Tochter geboren worden, die alle eine gute Ausbildung erhielten und den Stamm der Familie wachsen ließen. An CLARA, diese einzige Tochter, verlor später Hugo von Goldammer sein Herz, aber diese Liebe brachte dem Paar langes Leid, denn Mutter Hälbich verweigerte ganze *zehn* Jahre ihre Zustimmung zur Hochzeit. Denn nach den damaligen Vorstellungen hielt sie die Verbindung zwischen einem Mädchen aus Handwerkerkreisen und einem Mann von Welt, Adel und hoher Position nicht für passend. Nach eigenen christlichen Grundsätzen glaubte sie, daß die Nichtbeachtung der Standesunterschiede kein Glück bringen könne und stand fest zu ihrem Beschluß. Aber ebenso fest stand Clara zu dem Auserwählten, trotz mehrerer anderer Bewerber.

Stammvater Eduard war — vielleicht aufgrund des harten Lebens — im Jahre 1888 schon im Alter von 52 Jahren verstorben. Nun setzten seine Söhne sein Werk fort.

Im Jahr 1904 zu ihrem 70. Geburtstag gab dann die Mutter endlich die Einwilligung zu der Hochzeit von Goldammers mit Clara. Aus diesem Anlaß versammelte sich die inzwischen so angewachsene Familie vollzählig in Otjimbingwe, das heißt: alle Brüder, Schwägerinnen und Enkelkinder, außer den unzähligen Gästen. Und nun kommt das tragische Moment in diese lange Geschichte von Liebe und Treue: als das nach zehn Jahren des Wartens glücklich vereinte Paar beim Hochzeitsmahl saß, als alle in freudiger Hochstimmung waren, wurde der nunmehr der Familie vorstehende Sohn Eduard hinausgerufen: ein geheimer Bote überbrachte ihm die HIOBSNACHRICHT und Warnung, daß Gefahr für Leib und Leben im Anzug war, daß sich die Herero bei Okahandja und am Waterberg bewaffneten. Noch versuchte man — um die Festesfreude nicht zu zerstören — das Unglaubliche vor den Frauen geheim zu halten, aber die Männer mußten eingeweiht, sofortige Vorsorge getroffen, Proviant herbeigeschafft und alles zur Verteidigung vorbereitet werden.

Die Ahnherrin der Hälbichs auf Otjimbingwe mit einem ihrer vielen Enkelkinder.

Clara von Goldammer mit Sohn Bernhard

Durch die Jahrzehnte, in denen Otjimbingwe so oft im Mittelpunkt der Stammesauseinandersetzungen gestanden hatte, war das nichts Ungewöhnliches, aber diesmal ging es gegen die Weißen selbst. Die Gerüchte bewahrheiteten sich: Der große Aufstand war ausgebrochen. Immer neue Mordnachrichten zerstörten die heitere Stimmung. Ansiedler von nah und fern eilten herbei, ja, der Besatzung der nahliegenden kleinen Militärstation war geraten worden, sich in die Mauern des ausgebreiteten Hälbichgehöftes zu begeben, da sich hier ein für die Verteidigung geeigneter 10 Meter hoher Turm und ein eigener Brunnen befanden. So endete die Hochzeitsfeier der einzigen Hälbichtochter in Pulverdampf und Todesdrohungen. Bange Wochen folgten. Mehrere Angriffe auf Otjimbingwe konnten abgewehrt werden.

Von dieser erregenden Zeit können wir noch heute authentische Berichte von der ältesten lebenden Enkelin der Stammeseltern, von der über 80jährigen Elisabeth verwitwete Groth hören, die als erstes Kind der dritten Generation 1899 in Otjimbingwe als Tochter des Sohnes AUGUST geboren wurde: August, der als Wagenbauer und Schmied das Handwerk und die Hausvaterstelle des Vaters auf Otjimbingwe übernommen hatte, während sein Bruder Eduard begann, in KARIBIB Farm und Geschäft aufzubauen.

Wie hatten die Kinder es geliebt, dem Vater bei seiner Arbeit am Amboß zuzusehen, wenn die Funken sprühten, wenn er mit seinen Gehilfen durch eine selbstgebaute Vorrichtung die riesigen, glühenden Reifen den mächtigen Rädern der *Ochsenwagen* aufhämmerte. Und diese Tochter Elisabeth, die heute mit dem wunderbaren Gedächtnis der Achtzigjährigen aus eigenem Erleben sechs Hälbich-Generationen überblicken kann, erinnert sich an die Verteidigungsmaßnahmen, die damals der Vater und die anderen Männer vornahmen, auch an den Schock, den sie erlitten, als sie von der Ermordung der zwei Getreuen, die sie gewarnt hatten, erfuhren: es waren ein Herero und ein Farbiger gewesen.

Und dann erzählt sie von dem geliebten Foxterrier, den der Vater so abgerichtet hatte, daß er zum geheimen, lebenswichtigen Boten zwischen dem belagerten Hälbichgehöft und dem nach Karibib zurückgekehrten Onkel Eduard wurde.

Nachdem Vater August ihm ein Halsband mit einer darin verborgenen Nachricht umgelegt hatte, wurde der kleine Hund nach Sonnenuntergang losgelassen und jagte nun nach Karibib, wo er sich von keinem anderen anrühren und auch kein Futter und Wasser reichen ließ, bis Eduard ihm das Halsband abgenommen und mit neuer Botschaft umgebunden hatte. Erst dann trank er und raste wieder zurück, als verstünde er, daß für seinen Herrn Leib und Leben von seinem Erfolg als Kurier abhing. Und nie hat er versagt. Diese Geschichten hat Elisabeth Groth jetzt für ihre Nachkommen auf einem Tonband festgehalten. − Wenn doch noch viele andere, die sich an die alten Zeiten erinnern, ihrem Beispiel folgen würden!

Als sich − vor allem durch den Bau der Eisenbahn − der Verkehr von OTJIMBINGWE immer mehr nach KARIBIB verlagerte, weiteten die Hälbichs dort ihre Farm- und Geschäftsinteressen aus. Der Name, die Familie überlebte alle Veränderungen. Heute gehen die Nachkommen und die zum Teil aus der alten Heimat geholten Ehepartner weiter den verschiedensten Berufen nach − als Lehrer, Kaufleute, Farmer, Handwerker, Akademiker. Bei vielen von ihnen brachen musische Neigungen durch, so auch bei Thea, Witwe Martins, eines Sohnes der dritten Generation. Man liest ihren Namen im Impressum der Wochenzeitschrift „Wochenspiegel", nachdem sie bereits durch jahrelanges Illustrieren des „Heimatkalenders" und unzähliger Schulbücher landweit bekannt wurde. Ihre Ausbildung als Gebrauchsgraphikerin an der Meisterschule in Wuppertal hat sie dazu befähigt.

Und wenn nun die Urgroßmutter Elisabeth in Omaruru dem Ur-Ur-Ur-Enkel der Stammeseltern, dem ersten Südwester der 6. Generation, von jenen längst vergangenen Zeiten erzählt, so sieht sie schon alles mit den Augen des Alters und der Weisheit, die selbst Hartes, Schweres mit dem Schimmer der Verklärung zu umgeben vermögen.

Aus Schleswig-Holstein kamen die Hoffmanns — Forstgärten und Baumschulen zwischen Steppe und Wüste — Ein Landmesser fand den Kupferschatz und — schwieg

Wasser hat keine Balken, dachte der junge Gärtner und Förster Otto Hoffmann, als er sich nach einem Schiffbruch an der heißen Goldküste Afrikas, naß, erschöpft aber lebend wiederfand. Auf ein Riff aufgelaufen war der schöne Woermann-Dampfer Lulu Bohlen mit all den jungen, zukunftsfreudigen Leuten an Bord, die das Schiff — wie er — in Hamburg bestiegen hatten, alle mit dem gemeinsamen Ziel Südwestafrika. Und nun lagen erst einmal Koffer und Luftschlösser in der Tiefe des Meeres. Ein Glück nur, daß alle Mannschaften und Passagiere mit Rettungsbooten heil die Küste erreicht hatten.

Auch sonst war nicht alles verloren. Er tastete nach seinem Brustbeutel, öffnete ihn vorsichtig, und siehe da, es war ihnen nichts geschehen, die afrikanische Sonne würde sie schnell wieder trocknen: seine drei Hundertmarkscheine, sein Anfangskapital!

Das war also Otto Hoffmanns erste, etwas stürmische Begegnung mit Afrika im Jahre 1903. Die zweite folgte unmittelbar, denn drei Wochen später schon kam der nächste Woermanndampfer mit neuem Koffer, neuer Ausrüstung aus dem heimatlichen Schleswig-Holstein und brachte die Schiffbrüchigen nunmehr sicher an ihr Ziel.

Da lag das Schiff vor der felsigen Küste und der kleinen, gleichfalls auf Felsen gebauten Hafenstadt LÜDERITZBUCHT. Welcher Unterschied zu der gerade verlassenen Goldküste: dort tropische Üppigkeit, hier — soweit das Auge reichte — nur Felsen und Wüste, kein Busch, kein Halm, kein Strauch, nichts als weißglitzernder, gleißender Sand! Und hier wollte er nun Arbeit und Brot finden in seinem erlernten Beruf als Gärtner und Förster. An Land dann, als er sich noch näher umgeblickt hatte, erkundigte er sich vorsichtig, warum denn die so arbeitsam wirkenden, freundlichen Kaufleute und Beamten nicht wenigstens kleine Gärten besäßen. Gärten? Man blickte ihn mitleidig an: hier baut man auf Klippen und Sand ohne Wasser. Mit Schiffen muß das Trinkwasser vom fernen Kapland hergebracht werden, das teuerste Wasser der Welt! Einmal Zähneputzen kostet rund eine Mark. Aber der Bezirksamtmann, bei dem er sich dann meldete, wies den jungen Gärtner keineswegs zurück. Im Gegenteil, er konnte ihm sofort einen dringenden Auftrag erteilen. In Keetmanshoop, im Inland, war für die Regierung ein Forstgarten anzulegen. In ihm sollten die verschiedensten Bäume und Sträucher vom Kapland angepflanzt werden, um jene Arten herauszufinden, die dem hiesigen Trockenklima standhalten und sich für Anlagen und Anpflanzungen der Siedler eignen würden. Pionierarbeit also, die sofort in Angriff genommen werden sollte. Sofort! Das bedeutete damals am Anfang des Jahrhunderts eine Fahrt von drei Wochen mit dem Ochsenwagen

Wohnkultur in Keetmanshoop 1909 Otto und Frieda Hoffmann

durch die glühend heiße Wüste über eine Strecke von 360 km., ein für Mensch und Tier gleich qualvolles Unternehmen. Aber Otto Hoffmann nahm an und begann. Daß dann der damals so utopisch wirkende Versuch — Forstgärten zwischen Wüste und Steppe — von Erfolg gekrönt war, das bewundert man heute noch, heute, wo man auf glatten, graden Teerstraßen das riesige Land durchfährt. Urplötzlich steigt am Horizont — gleich einer Fata Morgana — ein Wald von Eukalyptusbäumen, von Dattelpalmen und Kasuarinen empor. Und alte Ortschaften wie Omaruru, Grootfontein, Okahandja und Klein-Windhoek, die sich diese aus jener Zeit stammenden kostbaren Baumbestände erhalten konnten, unterscheiden sich dadurch in ihrem ganzen Charakter so wesentlich von den späteren, nüchterneren, erst nach dem Ersten Weltkrieg gegründeten Städten. Doch auch ein Gärtner und Förster braucht im einsamen Steppenland eine Frau, ganz besonders, wenn er sich selbständig machen möchte. So nahm Otto Hoffmann nach drei Jahren seinen ersten Heimaturlaub und holte sich Frieda, eine stolze Bauerntochter, aus Segeberg bei Eutin. Wie schwer war dann doch für beide dieser zweite Anfang. Sie eröffneten ein Gemüse- und Frischwarengeschäft und versorgten die anderen Siedler mit diesen lebensnotwendigen, dem trocknen Land abgerungenen Produkten. Kinder wurden geboren. Das sagt sich so leicht, aber was bedeutete das damals für

Aus dem Gärtner und Förster wurde ein Kaufmann: Otto und Frieda Hoffmann mit Sohn Rudolf (1911)

junge, aus Deutschland gekommene Frauen: meilenweit keine Hebamme, kein Arzt, von Entbindungsheimen noch gar nicht zu reden. Und wenn dann die Kinder heranwuchsen, mußte man, ob mit ob ohne Eignung, auch in ernsten Fällen den Arzt spielen. Wieviele kleine Gräber zeugen noch heute von jener notvollen Zeit!

Vom Gemüseanbau wechselte man später zur Straußenzucht über. Und als urplötzlich diese Mode erlosch, mußte nach neuen Erwerbsmöglichkeiten, nach neuen Berufen gesucht werden. Und stets hieß es wieder: neu anfangen! Ein ständiges Auf und Ab, bis man endlich die Farm OTJIHASE bei Windhoek erwerben konnte. Hier fand Otto Hoffmann zu seiner wahren Liebe, zur *Karakulzucht*, die er dann auch seinem inzwischen längst erwachsenen Sohn vererbte. Vierzig Jahre wirtschaftete er nun mit wachsendem Erfolg auf seiner Farm, zu der ein hoher Bergzug gehörte. Dann starb er, betrauert von seiner Witwe, seinen Kindern und Enkeln, ohne zu ahnen, daß er mit seiner letzten Tat dem Lande einen großen Dienst erwies, seiner Farm jedoch den kostbar gehüteten Frieden nahm. Er hatte auf einen bisher unbefahrbaren hohen Berg eine Straße gebaut, was dann dazu führte, daß dort fremde Prospektoren einen *Millionenschatz* entdeckten: eines der größten Kupfererzlager des Landes. Grund zur Freude? Einem Südwester Farmer und Tierzüchter kann kaum etwas Grausameres passieren, als daß Bodenschätze bei ihm gefunden werden, denn laut eines alten Gesetzes gehören sie dem Staat. Und selbst wenn die dann erscheinenden Minengesellschaften bereit sind, gewisse Entschädigungen für den fündigen Teil zu zahlen, so verliert die Farm als solche doch ihren hohen Eigenwert und wird von einem Hort des Friedens für Mensch und

Tier zu einem Ort der Unruhe, der hektischen Entwicklung, der brüllenden Maschinen und der Hunderte von Minenarbeitern. Und wo die Ruhe flieht, flieht das Kostbarste: das afrikanische Wild.

Das Seltsamste aber an der Geschichte ist, daß der Berg in den alten deutschen Karten bereits als „Erzberg" bezeichnet wurde. Ein deutscher Landmesser hatte ihn im Jahre 1905 so benannt, nachdem er ihn mit Pferd und Maulesel bestiegen und Baken dort aufgepflanzt hatte. Wußte dieser Namenlose schon, welche Schätze er barg? Schwieg er absichtlich? Und weshalb vergingen noch weitere siebzig Jahre, bis ein anderer die Farm aus dem Dornröschenschlaf riß? — Nun, moderne Prospektoren klettern schon lange nicht mehr halsbrecherisch mit Mauseln in schwindelnde Höhen. Sie bevorzugen vierradangetriebene Wagen. Darum, hätte Otto Hoffmann nicht selbst diese Bergstraße gebaut ...

Bald konnte niemand mehr ungestört im alten Farmhaus schlafen. Dynamitexplosionen, laute Detonationen rissen das Kupfer aus dem Berg. Riesige Maschinen heulten Tag und Nacht. Deshalb versuchte der Sohn Rudolf, bereits jahrzehntelang erfolgreicher Farmer im Norden zwischen Otjiwarongo und Kalkfeld, seine dann neunzigjährige Mutter zu sich zu holen. Doch so weit entfernt wollte sie von ihrer geliebten Farm Otjihase nicht leben. Stattdessen entschloß sie sich, nach Windhoek in das Susanne-Grau-Heim zu ziehen, dessen Namen die Erinnerung an eine kluge, verdienstvolle Frau wachhält, der vor allem die Schaffung dieser Heimstätte für die alten Südwester von Stadt und Land zu verdanken ist. In ihren freundlichen Zimmern verlebten einst und verleben heute auch weiter unzählige Menschen ihre letzten Lebensjahre, Menschen, die das Land ebenfalls bis zum letzten Atemzug festhielt und deren Schicksal gleichfalls wert wäre, den Jüngeren schriftlich überliefert zu werden. Allzu karg sind die Hinterlassenschaften in Wort und Bild. Allzu viel ging schon für immer verloren.

Josef und Attila Port: die ersten Wildfarmer — viel Platz für wilde Tiere

Der schwarze Ochsentreiber schlägt erneut auf die starken Tiere ein, will sie zu schnellerem Lauf anjagen. Noch vier, fünf Stunden Fahrt bis Windhoek, eine Fahrt über Stock und Stein, mitten durch den Dornbusch. Schon ächzt der schwere, hohe Wagen in allen Fugen, kracht und schwankt gefährlich. Schneller, schneller! Doch es droht Achsenbruch. So läßt er kein Auge von der holprigen Pad, kein Auge von den keuchenden Tieren. Zurück blickt er nicht, darf er nicht blicken, denn hinten im Wagen liegt die junge, weiße Frau, liegt in den

Josef Port, der erste Wildfarmer

Wehen, ohne jede andere Hilfe als die der Küchenfrau. Und wie soll die nur wissen, wie man weißen Menschen in ihrer schweren Stunde hilft ... Wieder hebt er die Peitsche, da hört er die Stimme der jungen Frau, der Missis. „Halt an", ruft sie, „halt an!" — Später wird man sagen, daß es ein Omen war. Wo sonst sollte ein Mann wie ATTILA PORT geboren worden sein, als auf einem Ochsenwagen, mitten im Busch: er, dessen Name als Hüter und Heger des Wildes, der afrikanischen Natur heute weit über die Landesgrenzen hinaus bekannt geworden ist, den Experten bitten, das Wort zu ergreifen, den man zu wissenschaftlichen Symposien einlädt. Attila Port, Farmerssohn aus dem Khomas Hochland.

Als Josef, sein Vater, Anfang des Jahrhunderts beschloß, sich dort niederzulassen, wohnte noch kein anderer Weißer in dieser wildromantischen Gegend. Doch das war ihm recht so, denn er liebte die einsame Weite, die unberührte Natur. Ein Schattenbaum in der Wildnis verlockte ihn zum Bleiben. So begann er an dieser Stelle sein Haus zu bauen, ein Steinhaus — fast wie eine Burg — das nur durch eine schmale Tür zu betreten war, so schmal, daß stets nur einer, und der auch nur seitlich, hindurch konnte.

Doch wie es meistens geht: einmal packt die Liebe auch den härtesten Junggesellen, so auch ihn. Er fand ein Mädchen, das zu ihm paßte, dessen Eltern gar schon 1870 in das herbe Land gekommen waren und das deshalb nicht in Gefahr stand, Heimweh oder Furcht in der Einsamkeit zu empfinden. Nein, Furcht kannte sie nicht. So seltsam es klingen mag: sie hatte für ihr tapferes Verhalten an der Seite ihrer Mutter im kindlichen Alter von 7 Jahren — als Aufständige ihr Heim zerstören wollten — sogar eine öffentliche Belobigung erhalten. So ging die junge Frau auch furchtlos auf die einsame Farm, obwohl sie wußte, daß in den umliegenden Bergen und Klüften noch vom letzten Kriege her schwarze Jäger hausten, die hemmungslos alles Wild erlegten, denn der Gedanke an Wildschutz war ihnen noch fremd. So war die ganze Gegend bald von allem Jagdbaren, von allem Wild entblößt — doch damit auch von den Jägern. Es verlangte Jahre und viel Geduld, bis es dem Ehepaar Port gelang, wieder die verschiedenen Wildarten, wieder Kudus, Gemsböcke, Bergzebras auf ihrer Farm anzusiedeln. Doch im Gefolge des Wildes kamen auch die gefährlichen Räuber, die Leoparden, die sogar die Kälber zu reißen begannen. So fand der Kampf um das Dasein nie ein Ende.

Da brach der Zweite Weltkrieg aus und Vater Josef mußte — wie die meisten anderen wehrfähigen deutschen Männer — die Arbeit niederlegen und die nächsten Jahre hinter Stacheldraht verbringen. Zuvor aber beauftragte er seinen inzwischen siebzehnjährigen Sohn Attila, an seine Stelle zu treten. Das war ein harter, sehr harter Schlag für den jungen Menschen, der bisher nur einen Traum gekannt hatte, Chemiker wollte er werden. Schon seit Jahren hatte er sich für dieses ersehnte Ziel vorbereitet, hatte Bücher gewälzt, Experimente unternommen. War das alles umsonst gewesen? Würde er für immer auf seine Chemie verzichten müssen? Vorerst wohl sah es so aus. Aber bald sollte sich zeigen, daß eine echte Leidenschaft — wie ein Wildbach — neue Wege zu finden vermag, wenn alte plötzlich verschüttet wurden. Denn gerade seine chemischen Kenntnisse sollten es sein, seine Lust am Experimentieren, die ihm eines Tages den Rang verliehen, den er heute als Pionier-Wildfarmer einnimmt. Doch zuerst erfüllte Attila nur den Auftrag des Vaters, sorgte für die Rinder- und Karakulherden und widmete sich besonders der Aufzucht des Wildes. Ein 8 000 Hektar großes, eingezäuntes Gebiet unterteilte er in zahlreiche Camps, sorgte für Wasser und gute Umweltbedingungen, damit es sich ungestört weiter vermehren konnte. Schon hörte man von seinen Erfolgen, nahm seine Anregungen auf. Da kam das Drama der europäischen Zoologischen Gärten. Allzuviele hatten ihren kostbaren Wildbestand im Feuer und Bombenhagel verloren und wollten ihn dringend ergänzen. Doch das damit verbundene Problem war nicht das Wild, sondern das Einfangen und Transportieren, das nur gelingen konnte, wenn man die scheuen Tiere der Wildnis vorsichtig, sehr vorsichtig betäubte, so vorsichtig, daß sie davon keinen bleibenden Schaden erlitten. Und nun konnte Attila Port endlich sein chemiches Wissen, seine Begabung für Experimente aktivieren. Er begann nach chemischen Zusammensetzungen zu suchen, die dem Trinkwasser beigefügt werden konnten, verwandte für seine ersten Versuche aber erst Ziegen und Esel, ehe er sich an sein geliebtes Wild wagte. — Es sei gleich gesagt, daß er diese Hilfeleistungen an die europäischen Zoos so bald wie möglich wieder beendete, denn er, der Freiheitsliebende, wollte auch seine geliebten Tiere geschützt in Freiheit wissen. So galt seine weitere Wildzuchtarbeit hauptsächlich dem Verkauf an Farmer, die eigene Wildfarmen aufbauen wollten und deren Anzahl laufend wächst.

Wie groß aber die internationale Anerkennung ist, die er auf Grund seiner Erfahrungen in der schadlosen Betäubung des Wildes genießt, davon spricht der große, kräftige Südwester in seiner bescheidenen Art nicht selbst. Das mußte man aus der bekannten Fachzeitschrift „African Wildlife" erfahren, in der von einem Symposium bekannter Wissenschaftler berichtet wurde. Ein rhodesischer Experte hatte wörtlich gesagt: „Er weiß soviel über die Behandlung des Wildes, daß sich der Rest von uns ihm gegenüber einfältig vorkommt." Und der Berichterstatter fährt fort: „Er war der einzige Laie, der Fachleute auch über die wissenschaftlichen Aspekte belehren konnte ... Da war kein anderer anwesend, der mehr darüber wußte ... wenn er uns nur sein Wissen weitergeben könnte!"

Die hiesigen Regierungsstellen wissen aber auch, was sie an ihm haben: er ist zum Ehren-Naturschutzwart ernannt worden. Und so viel und so oft sucht man seinen Rat, daß es schwer ist, ihn einmal an sein Farmtelefon zu bekommen. Als ich ihn anrief, hatte er gerade eine Nachricht erhalten, die ihn besonders erfreute: Fernsehleute von drüben waren unlängst bei ihm gewesen, um einen Film über Geparden zu drehen. Er war ihnen natürlich behilflich gewesen und eben hatte man ihm mitgeteilt, daß der Film ein großer Erfolg geworden war. Ich fragte ihn dann noch, was sein Amt als Ehren-Naturschutzwart alles einschließe und für wie lange Zeit es gelte. Da meinte er erstaunt, das gelte für ihn — das sei doch selbstverständlich — für immer, ja, bis an sein Lebensende.

Der Ostpreuße Fritz Nieswandt — der erste Bootsbauer des Landes

Es gab und gibt verschiedene Möglichkeiten, in dieses Land zu gelangen. Um die Jahrhundertwende kam man vor allem mit einem der großen Schiffe der Woermann-Linie von Hamburg, oder mit einem Küstendampfer von Kapstadt her. Von dort aus konnte man bald sogar in langer schaukelnder Fahrt mit der Eisenbahn Südwest erreichen. Heute im Jetzeitalter fliegen natürlich die meisten von einem Kontinent zum anderen. Aber für die bestimmt originellste und gewagteste Art entschied sich einst eben doch ein ostpreußischer Seemann namens FRITZ NIESWANDT: er *schwamm* an Land. Ja, tatsächlich, er schwamm. Und das kam so. Schiffszimmermann war er von Beruf, geboren in Königsberg, in die Lehre gegangen bei Blohm & Voss in Hamburg, dann bei der Marine gedient, bis ihn das große Fernweh packte. So fuhr er nach Amerika, versuchte sich als Goldgräber in Nevada. Doch schon zog es ihn zurück ans große Wasser, zuerst nach Los Angeles, dann als Tiefseetaucher nach California. Aber das war alles noch nicht das Richtige. Also weiter nach Chile. Hier brach gerade eine Revolution aus. So hieß es erneut nach besseren Gründen fahnden. In Argentinien endlich traf er einen alten Freund aus der ostpreußischen Heimat, ebenfalls Seemann. Dieser wußte die wunderbarsten Geschichten von jenem Land jenseits des Atlantik zu erzählen, wo gerade der Diamantenrausch ausgebrochen war und die kostbaren, glitzernden Steine nur so herumgestreut im Sande lagen. Man brauchte nichts anderes als an Land zu gehen und sie aufzulesen. — Das klang gut, so fand der junge Fritz Nieswandt. Und da das Glück die Mutigen liebt, lag da genau vor ihm im Hafen ein amerikanischer Segler, der ausgerechnet Luzerne für Pferde nach Lüderitzbucht bringen sollte. Und mit seiner Erfahrung und Tüchtigkeit gelang es ihm auch gerade noch, sich anheuern zu lassen. Die Fahrt verlief gut. Doch zu seinem Kummer blieb der Segler auf Reede liegen, die Fracht mußte draußen gelöscht werden. Und hier nun, von den an Bord kommenden Hafenbeamten erfuhr er, daß die Sache mit den Diamanten im Sand kein Märchen war. Aber Landurlaub gab's nicht. Schon machte der Segler klar zur Weiterfahrt, die am nächsten Morgen erfolgen sollte.

Was nun? Die letzte Nacht. Drüben die Küste. Und die Menschen dort waren Landsleute, keine Yankees, keine Argentinier, endlich wieder Landsleute! Das gab den Ausschlag. Die vorgelagerte Insel hieß „Haifischinsel". Kein sehr beruhigender Name. Aber dahinter lag dieses Traumland. Also gab es kein Zaudern. Im Dunkel der Nacht sprang er von Bord und schwamm durch die eiskalte Strömung zur Haifischinsel. Dort verbarg er sich erst einmal zwischen den von Möwen bewohnten Felsen, bis er am Morgen aufatmend sah, daß sein Schiff ohne ihn davonfuhr. Dann bewältigte er die zweite Strecke, bis er Lüderitzbucht erreichte. Da stand er, kaum getrocknet, ohne jegliche Papiere, ohne Geld. Nun gab's nur einen Weg — und den ging er. So wie er war, meldete er sich beim Bezirksamtmann, erzählte ihm seine Geschichte und daß er nur den einen Wunsch hätte, hierbleiben zu dürfen. Der Bezirksamtmann betrachtete den fast zwei Meter großen, breitschultrigen Ostpreußen und fand wohl Gefallen an ihm. Vermutlich erkannte er, daß dieser kräftige, offenherzige Mann genau von dem Schlag war, der hier gebraucht wurde. Auf jeden Fall tat er etwas Ungewöhnliches: er gab ihm ein goldenes Zwanzigmarkstück, allerdings mit der Weisung, binnen 48 Stunden eine Arbeit zu finden, andernfalls müßte er ihn leider mit dem nächsten Schiff als „unerwünscht" zurückschicken. Daß es dazu nicht kommen würde, dachte der erfahrene Beamte wohl schon, denn in diesen glücklichen Jahren des jungen Landes — es war im Jahre 1911 — gab es für jeden, der arbeiten wollte, Lohn und Brot. So versuchte sich der junge Nieswandt in den verschiedensten Berufen,

Fritz Nieswandt
Schon hatte er 96 Fischkutter mit seinen eigenen Händen gebaut —

immer dort, wo man ihn brauchen konnte: beim Eisenbahnbau, beim Brückenbau und schließlich auch dort, wohin es ihn ja gezogen hatte, auf den Diamantfeldern. Doch dort erfuhr er schnell, daß die Zeit des Nur-Auflesens vorbei war. Jetzt herrschten strenge Gesetze, die befolgt werden mußten. Und dann setzte der Ausgang des Ersten Weltkrieges dem großen Aufschwung des aufblühenden Landes eine erste Grenze. Aber schon war der junge Nieswandt seiner zweiten Heimat verfallen, war dort für immer seßhaft geworden. Nun brauchte er nur noch eine tüchtige Hausfrau und die holte er sich, wie das so üblich war, in seinem ersten Urlaub aus Deutschland.

Und dann war es soweit: der Traum von den glitzernden Steinen war ohnehin ausgeträumt, der war auch nicht seine Sache. Jetzt sollte er zu dem werden, was seinen Namen für immer mit der Geschichte, mit Handel und Wandel Südwestafrikas verbindet: er wurde zum ersten und einzigen Schiffsbauer des Wüsten- und Steppenlandes, gründete eine Schiffswerft, und den ersten Fischkutter, der auf seiner Werft von Stapel lief, taufte er — wie hätte es anders sein können — „Ostpreußen". Und da man genau in diesen Jahren zum ersten Mal begann, den ungeheuren Fischreichtum der Südwester Küste wirtschaftlich zu erfassen, da außerdem bereits seine ersten Schiffe, die er BIS INS KLEINSTE Detail selbst zeichnete, für ihre hervorragende Werkmannsarbeit berühmt wurden, kamen von nun an die großen Aufträge von selbst herein.

Er mußte sich bald weitere fachmännisch geschulte Helfer von drüben kommen lassen und sein Werk wuchs. Aber wie vom ersten Tage an, so hielt er es auch für die weiteren vierzig Jahre: keine Zeichnung, kein Entwurf, kein Bau eines Bootes ohne ihn. Und diese Zuverlässigkeit, diese Gründlichkeit und Ehrenhaftigkeit, die seinen Namen und seine Schiffe in allen Häfen des südlichen Afrika bekannt machten, ließen ihn auch in Lüderitzbucht zu einer geachteten Standesperson werden. Man wählte ihn für Jahrzehnte in den Stadtrat, gar zum stellvertretenden Bürgermeister, denn sein Wort galt. Aber — so berichteten seine alten Freunde — einen Wochentag im Monat machte er — trotz seines Fleißes — zum Feiertag, einem ganz persönlichen Feiertag. Da ging er, begleitet von seinem stadtbekannten Hund Bobbie, zum Friseur für seinen allmonatlichen Haarschnitt und anschließend — sozusagen als Krönung — traf er seine alten guten Kameraden am Stammtisch. Genau einmal im Monat! Erst als er auf die 77 zuging, fand er selbst, daß es nun doch an der Zeit war, das von ihm allein geschaffene Werk Jüngeren zu übertragen. 96 Fischkutter der verschiedensten Größen hatte er mit seinen eigenen Händen gebaut. Dann erhielt er von der Regierung den ehrenvollen Auftrag, vier Forschungsschiffe zu bauen. Sie gehen inzwischen längst auf hoher See ihren verschiedenen Aufgaben nach. Ja, und als er nun beschlossen hatte, die Früchte seiner Arbeit in Ruhe zu genießen, da erging es auch ihm, wie so oft solchen starken Männern, die nur in harter Arbeit glücklich gewesen waren: Wenige Monate nach dem Übergang in den selbstgewählten Ruhestand schloß er nach kurzer Krankheit die Augen für immer, in der kleinen winddurchwehten Hafenstadt des Landes, mit dessen Geschichte, mit dessen Handel und Wandel sein Name für immer verbunden sein wird.

Drei Generationen Swakopmunder Kaufleute: die Henrichsens

Und dann führte mich mein Erkundigungsweg — Thema „Was hielt — was hält euch hier fest?" — zur Familie Emil Henrichsen. Daß ich sie aus dem großen Kreis alter bekannter Swakopmunder ausgesucht hatte, geschah mit Überlegung, denn wann immer in den vergangenen Jahrzehnten Filmleute auftauchten, die sich in ständig wachsendem Maße von der ewigen Sonne, der gigantischen Naturkulisse der Namibwüste anlocken ließen, ja, wann immer die organisierenden Vortrupps der Filmgesellschaften aus aller Welt nach Beratern, Helfern, Dolmetschern fragten, stets nannte man ihnen auch den Namen Henrichsen — Henrichsen Emil und Jörg — Vater und Sohn. Sie würden schon, wie man hier sagt, „Plane machen", Wüstenexperten beschaffen, Statisten, Verkehrsmittel, sie wüßten Rat in allen Lebenslagen, selbstlos, aus Liebe zur Kunst.

Von links nach rechts: Emil Henrichsen sen. — Pater Ziegenfuss — Th. Schlichting Swakopmund 1912

So saß ich dann also in dem gemütlichen Haus der Henrichsens bei Kaffee und selbstgebackenem Kuchen und Emil Henrichsen beantwortete bereitwillig alle Fragen nach seiner Familiengeschichte und begann mit dem Lächeln der Altersweisheit zu erzählen. Unter Emil Henrichsen senior verstand man früher den längst verstorbenen Großvater. Sie lebten nun schon in der vierten Generation hier, wenn man die Enkel mitrechnete.

Die Geschichte Swakopmunds begann erst mit dem Jahre 1892. Vorher war hier nichts, kein Haus, kein Baum, kein Strauch, denn bisher hatten die wenigen ins Inland Reisenden nur den vom Namahäuptling Jan Jonker angelegten „Baiweg" vom englischen Hafen Walvis Bay nach Otjimbingwe benutzen können. Nachlesen kann man alle Einzelheiten in Hulda Rautenbergs sehr interessantem, sehr umfassendem Buch „Das alte Swakopmund". Ja, und dann 1892 erteilte Curt von François nach genauen, persönlichen Erkundigungen des Gebietes sieben seiner Leute den Auftrag, drei kleine Wohngebäude zu errichten, denn es hieß Unterkünfte zu schaffen, um die Möglichkeiten zum Bau eines eigenen Hafens zu erforschen. Der Gründungstag des Hafens und damit Swakopmunds könnte also auf den 4. August 1892 festgelegt werden.

Emil Henrichsen jun. auf der Windhoeker Ausstellung 1934

Und fünf Jahre später traf bereits Emil Henrichsen senior aus Stuttgart als einer der ersten Kaufleute ein. Da gehörte schon Optimismus dazu: Kaufleute zwischen Meer und Wüste.

Sie waren zu dritt, gründeten frischfröhlich eine Firma, importierten Holz, Baumaterialien, bereits vorgefertigte Häuser, bis man den eigenen Betrieb in der finanziell besser fundierten Firma Woermann & Brock aufgehen ließ, der man dann bis zum heutigen Tage treublieb: Großvater, Vater und Sohn, drei Generationen Swakopmunder Kaufleute. „Woermann & Brock" ist eine Tochter des Hamburger Stammhauses, das unsere Küste bald mit einer regelmäßigen Schiffahrtslinie versah. Erst die regelmäßige, pünktliche Verbindung zwischen HAMBURG und SWAKOPMUND ermöglichte das Anwachsen, Ausbreiten und die damit verbundene Bedeutung Swakopmunds für das große Hinterland. Großvater Emil mußte sich jedoch am Anfang hart umtun, um — wie man heute sagt — am Ball zu bleiben. So hat er zum Beispiel bei dem damals kühnen Projekt — dem Bau der ersten Eisenbahn durch die NAMIB — in der Wüste selbst ein Depot errichtet, um die aus Deutschland frisch gekommenen, unter der Hitze leidenden Arbeiter mit kühlem Bier zu versorgen. Der Dank der Durstenden war ihm gewiß. Aber er plante auch für die Zukunft der Siedler und gehörte zu den drei Männern, die die *erste deutsche Schule* in einer Wellblechbaracke gründeten. „Auch ich, geboren 1905", so fuhr der über Siebzigjährige fort, „habe meine ersten Schuljahre in Swakopmund verbracht. Später sollte ich drüben eine gute kaufmännische Ausbildung erhalten, wurde jedoch erst einmal ganz unplanmäßig von Theaterleidenschaft erfaßt und landete in der Theaterschule in Stuttgart. Doch die dort damit verbundenen Träume fanden erst hier in unserem Steppenland Erfüllung, wo der Durst nach allem Schönen nicht weniger stark ist als nach dem erwähnten eisgekühlten Bier in der Wüste. Übrigens wissen Sie, welche kaufmännische Tat meinem Vater damals die größte Resonanz einbrachte? Klingt wie ein Witz, ist es aber nicht: eine Schiffsladung voller *Katzen*, gewöhnlicher Hauskatzen. Er hatte Anfang des Jahrhunderts argentinisches Pferdefutter importiert, dieses brachte leider auch Ratten mit. Und das Schlimmste: bis dahin gab es hier noch keine einzige Hauskatze. Schnell entschlossen bestellte Emil senior in Kapstadt per Schiff 100 Katzen. Gut in Kisten verpackt trafen sie ein, wurden von Bord gehievt und — in drei Stunden waren sie alle verkauft. Wenn Sie also heute hierzulande einer Katze begegnen, wissen Sie, daß sie von uns stammt." Wir lachten, aber dann erzählte er ernst von seinem eigenen Werdegang weiter, wie er, nach beendeter kaufmännischer Lehre, als Farmreisender durch den damals noch fast unerschlossenen Osten Südwests fuhr: keine Pads, keine Straßen, keine Hotels, doch in der Regenzeit urplötzlich zu reißenden Flüssen angeschwollene Rinnsale ohne Weg und Steg. Dann kam der Zweite Weltkrieg: Internierung in südafrikanischen Lagern. Danach neuer Anfang, stets als Angehöriger der Geschäftsleitung der Firma Woermann & Brock. Diese hatte übrigens schon im Jahre 1909 als Privatfirma, Swakopmund mit Elektrizität versorgt. Ja, das kleine Swakopmund hatte schon elektrisches Licht, bevor es Städte wie das goldene Johannesburg, wie Kairo oder andere Großstädte des schwarzen Kontinents anschaffen konnten. Pionier war die Firma — außer im Bauwesen — auch auf anderem Gebiet. Sie erkannte den großen Phosphatmangel und führte den ersten Futterkalk ein: Grundlage für eine verbesserte Viehhaltung. Und das erste Auslandsgeschäft nach dem Kriege war: deutscher Weihnachtsbaumschmuck aus dem Thüringer Wald. Wie verlangte hier die Bevölkerung danach, um ihre Dornbuschbäume wieder heimatlich schmücken zu können! Und was wollte der Geschäftspartner drüben dafür: Tennisbälle! Dem Manne konnte geholfen werden, frei nach Schiller!

„Und damit wären wir wieder bei der Kunst", unterbrach ich Emil Henrichsen. „Sie sagten, die Erfüllung Ihrer Theaterträume fanden Sie — trotz Ihrer kaufmännischen Laufbahn — hier." „Ja, mein Sohn Jörg ist genau so belastet wie ich. Wir haben gemeinsam gespielt, Regie geführt, gefilmt. Aber darüber können Sie dann meinen Sohn befragen."

Der Sohn Jörg — ein anderer lebt in Windhoek, bekannt als Architekt und Präsident des SWA Institutes für Architekten — der Sohn Jörg also empfing mich in seinem Direktionsbüro im oberen Stock eines hochmodernen Supermarktes, der aus der alten gediegenen Firma erwuchs und weiter auch deutsche Waren importierte. Telefone klingelten, Telexapparate tickten. Es herrschte große Geschäftigkeit. Auf meine Frage erhielt ich auch hier den gleichen erstaunten

Die dritte und vierte Generation der Henrichsens: Jörg Henrichsen mit Frau und Kindern

Blick. „Was uns hier festhält? Alles! Wir sind hier geboren, aufgewachsen, fühlen uns zwar Deutschland verbunden durch die Sprache, durch die Kultur. Aber unsere Lebensweise ist anders: trotz unserer starken beruflichen Bindung an den kaufmännischen Betrieb leben wir hier sehr viel mehr in einer Gemeinschaft, einer großen Gemeinschaft, in der sich jeder nach seinen besonderen Fähigkeiten betätigen kann und soll. Neben meinem Beruf habe ich Verpflichtungen als Stadtrat, Friedensrichter, Eideskommissar zu erfüllen und wir haben hier einen großen Kreis schöpferischer Amateure auf den verschiedensten Gebieten. Ein solcher kann nur in einem Lande gedeihen, das von den Massenmedien kulturell noch nicht übersättigt ist. Unsere Veranstaltungen sind auch stets für ein bestimmtes Projekt gedacht, das der ganzen Gemeinschaft dient. Ein Beispiel: Wir haben hier — ohne staatliche Hilfe — ein Altenheim aufgebaut. Wir — unser Kreis — verwalten und unterhalten es auch, spielen dafür sorgfältig ausgesuchte Theaterstücke, um möglichst viele Leute ins Haus zu ziehen und die Finanzen zu sichern. Nebenbei fahre ich seit über einem Jahrzehnt die Rote-Kreuz-Ambulanz. Das Für-alle-da-Sein, das Gebrauchtwerden, das Selbstverständliche unserer Lebensart ist auch etwas, das uns an unsere Heimat Südwest bindet, an unsere rechtmäßige Heimat, die freiwillig zu verlassen keiner von uns die Absicht hat. Warum sollten wir auch? Wer wollte das auch von uns verlangen?"

Das Storchennest und die zwei Störche —
und das einsame Grab am Hang
Sie ehrten ihn wie einen Häuptling:
R. A. H. Schneider-Waterberg

Man sagt und schreibt noch heute, daß die Jahre zwischen 1908 und 1914 — also vor Ausbruch des Ersten Weltkrieges — durch eine geradezu faustische Schaffensfreude gekennzeichnet waren. Der endlich errungene Friede und die Diamantenfunde schienen zu versprechen, daß die harte Arbeit Erfolg haben, die Herden aufwachsen, daß weitere Eisenbahnlinien, neue Straßen, Staudämme und Brücken gebaut werden konnten. Und immer mehr Menschen kamen ins Land, darunter auch weitere, so sehr benötigte Ärzte und Krankenschwestern. Stets, wenn man mit unseren Alten spricht, die noch von jenen Zeiten wissen, erklingt das Hohelied dieser Männer und Frauen, die ihre wohldotierten, gesicherten Stellungen in der alten Heimat aufgaben, um hier unter Einsatz ihrer Gesundheit, oft ihres Lebens, weißen und schwarzen Menschen zu helfen. Krankenhäuser konnten unter ihrer Leitung errichtet, Heime für die jungen Frauen gebaut werden, die bisher allein im tiefen Busch ihrer schweren Stunde entgegen gesehen hatten.

Zu einem wahren Hort der Hoffnung wurde das im Jahre 1908 gegründete Elisabeth-Haus, das von einer Anhöhe herab auf Windhoek hinabblickte und so treffend „Storchennest" genannt wurde. Tausende kleiner Südwester konnten dort — gut betreut und behütet — das helle Licht des Sonnenlandes erblicken. Aber, obwohl jedermann es liebte, mußten bald nach dem Ersten Weltkrieg das Kuratorium und die Schwestern, die es klug, erfahren und mit großem Idealismus leiteten, in den weiteren Jahrzehnten seines Bestehens, durch Kriegs- und Notjahre hindurch, immer erneut um seine Existenz kämpfen. Doch bis vor kurzem fanden sie noch Helfer und Spender, die — zum Segen aller — diese Zufluchtsstätte der Frauen bis in die Jetztzeit hinüberretteten, bis sie, die Geburtsstätte von 12 675 Südwestern, nun doch ihre Pforten schließen mußte. Wer nimmt dies nicht mit Wehmut zur Kenntnis, gerade wenn man seine lange Geschichte kennt!

So kann man in dem bekannten Buch Oskar Hintragers nachlesen, daß Baurat Redecker, der Erbauer des Elisabeth-Hauses, schon damals einen großen künstlichen Storch auf das Dach des Hauses setzen ließ, der sogleich eine ganz außergewöhnliche magische Anziehungskraft ausgeübt haben muß. Denn — so erfährt man weiter — schon bald danach erlebte Windhoek eine freudige Überraschung: „An einem Novembermorgen des Jahres 1908" — also desselben Jahres — „ließ sich ein echter, lebendiger Storch mit einem Ring der Vogelwarte Rossitten (Ostpreußen) in Windhuk an einem Teich im Versuchsgarten des Gouvernements nieder. Welche gute Vorbedeutung...! Der Windhuker

Dem künstlichen Storch folgte ein lebendiger — welche gute Vorbedeutung!

Photograph Nink machte alsbald Ansichtspostkarten mit dem Bild des Storches, die in großer Zahl an die jungen Ehepaare im Schutzgebiet versandt wurden. Ein Flügel des Storches war schwer verletzt und hing wie gelähmt herab. Der Storch mußte dableiben und wurde der Liebling der Frauen und Kinder. Mit melancholischem Gesichtsausdruck stand er täglich bei Sonnenuntergang an dem Zaun des Gartens des Regierungs- und Baurats Redecker. Etwa ein Jahr darauf wurde das Ehepaar Redecker nach siebenjähriger kinderloser Ehe durch die Geburt eines blonden Westfalenkindes Ilse erfreut. Ganz Windhuk nahm teil an dem Glück des verdienten Leiters der Kaiserl. Bauverwaltung und des Erbauers der Windhuker Christuskirche. — Auf die Meldung von der Ankunft des Storches antwortete die Vogelwarte Rossitten: „Dies sei der erste Falle, daß ein Storch von Rossitten bis nach Südwestafrika gelangt sei."

Später wurden kleinere Rote-Kreuz-Heime in noch entlegeneren Teilen des Landes errichtet. Schwester Karin aus Geisslingen im Schwabenland erzählte einmal von ihren schweren Anfängen: Nachdem sie in Magdeburg die notwendigen Examina bestanden hatte, wurde sie vom „Roten Kreuz in Übersee" in das ihr unbekannte Südwest hinausgeschickt. „Aus" hieß der kleine Ort, wohin man sie entsandte. Wie passend fand sie den Namen, denn hier schien die Welt wirklich „aus" zu sein, — hier am Rande der Wüste, wo die Steppe begann. Nichts fand sie vor, nichts als ein leeres Haus ohne Möbel. Ein Glück nur, daß ihre Überseekisten eintrafen. Obwohl sie so etwas nie gelernt hatte, beschloß sie, der Not gehorchend, sich als Tischler zu versuchen. Und so verwandelte sie die Kisten in die notwendigsten Möbelstücke, sammelte Stoffreste, bezog damit jene Kisten, die zu Nachttischen werden sollten, nähte Decken und was sie sonst benötigte. Aber ehe sie noch mit allem fertig war, begann man schon, sie Tag und Nacht zu holen, auf die Farmen, in die Hütten und in die Pontoks der Namafrauen. Das letztere war das Schwerste, denn da diese oft noch von Aberglauben und Tabus beherrscht wurden, ließ man sie erst rufen, wenn fast keine Hoffnung mehr bestand. Da hockte sie dann im Schein der mitgebrachten Stallaterne im stickend heißen, rauchgeschwängerten Pontok, in dem sich die Gebärende schweißnaß schweigend vor Schmerzen auf einem Ziegenfell wand, — schweigend, denn die Sitte verbot ihr, auch nur einen Laut von sich zu geben. Und schweigend umgab sie eng ein Kreis mißtrauisch blickender anderer Frauen, der Verwandten, die jeden Handgriff, jede Verabreichung von Medikamenten scharf beobachteten. Schwester Karin erinnert sich noch, wie ihr selbst der Angstschweiß ausbrach in der dunklen, brütenden Hitze des Pontoks unter den Blicken der alten Frauen des Stammes.

Noch mehr wächst das Mißtrauen, wenn es den Frauen verwehrt wird, bei einer Geburt anwesend zu sein, — selbst wenn es sich um ein weißes Kind handelt.

Das besondere Ereignis, von dem ich hier berichten möchte, spielte sich bald nach dem ersten Weltkrieg ab. Einem jungen Deutschen namens Reinhard Heinrich Adalbert Schneider war es im Laufe der Zeit durch Ausdauer und Klugheit gelungen, sich am Fuße des rotleuchtenden Bergmassivs, das man Waterberg nennt, ein ausgedehntes Farmgebiet zu erwerben und erfolgreich zu bewirtschaften. Das war nicht so erstaunlich, aber das Besondere war, daß — als es ihm gelang, hier, nahe jenem Grund und Boden, der vor den Aufständen von den Hereros bewohnt worden war, abermals einen richtigen Viehplatz zu errichten, — die weit verstreut im Busch lebenden Angehörigen der alten Sippe aufhorchten. Bald zogen immer mehr freiwillig dorthin. Und mit den Jahren entstand in ihnen der seltsame Gedanke, in dem jungen erfolgreichen Deutschen einen Nachfolger ihres verstorbenen, geachteten Häuptlings Kambazembi zu sehen: Kambazembi, von dem man sagte, daß er den Aufstand nicht gewollt hätte. So kamen also die Herero-Ältesten zu Reinhard Heinrich Adalbert Schneider und verlangten mit dem Recht der um das Wohl ihrer Sippe besorgten schwarzen Menschen, daß er, der junge Farmer, heirate, damit sein Werk erhalten bleibe. Er gehorchte gern und führte im Jahre 1920 eine Frau aus dem alten süddeutschen Geschlecht der Imhoffs heim. Aber enttäuscht erfuhren die Stammesältesten, daß die junge Frau aus der Fremde, als sie in die Hoffnung kam, nicht gewillt war, das Kind hier vor ihren Augen zur Welt zu bringen, sondern daß sie sich stattdessen nach Windhoek in das

R.A.H. Schneider-Waterberg auf der Veranda seines großen Farmhauses aus roten Waterbergsteinen.

Elisabeth-Haus fahren ließ. Sie konnten dagegen nichts tun, aber als die junge Mutter dann mit dem Neugeborenen zurückkam, bestanden die als Abgesandte erschienenen Hererofrauen auf ihrem Recht. Das heißt, es genügte nicht, daß ihnen das Kind in den Windeln gezeigt wurde. Sie drangen darauf, es nackt genau zu besehen, ob auch kein Fehl an ihm sei. So blieb der jungen Mutter nichts anderes übrig, als sich dieser Sitte zu fügen. Darauf erst waren die Herero zufrieden und nannten das Kindchen „Ohavikambura" = der, der alles an sich nimmt, der also der Erbe sein soll.

Was sie damals nicht ahnen konnten: daß der Zweite Weltkrieg dies junge Menschenleben ebenso fordern würde wie das ungezählter anderer Südwester.

Doch zurück zu *dem Vater: Reinhard Heinrich Adalbert Schneider*, geboren 1885 in Hessen. Er hatte das Glück gehabt, schon in jungen Jahren weit durch die Welt zu gelangen, bis er schließlich — auf eigenen Wunsch — 1908 als Einjähriger Freiwilliger nach Südwest kam, um sich dort für immer niederzulassen. Nachdem es ihm gelungen war, mit den Jahren das erwähnte große Farmreich am begehrten Waterberg zu erringen und zu festigen, setzte er sich im großen Stil auch für allgemein landwirtschaftliche und öffentliche

Interessen ein. Er war ein Vollblutmensch: was er tat, das tat er ganz. So gründete er bereits 1909 den Waterberger Farmerverein, wurde Bezirksrat im Omarurudistrikt, nahm an und füllte auch vor, während, und nach dem 1. Weltkrieg zahlreiche Ehrenämter aus, setzte sich zugleich für Schulen, Kirche, Mission und Landwirtschaft ein. *Aber nach dem Ersten Weltkrieg* sah er aufgrund mehrerer Europareisen, der dadurch gewonnenen Weitsicht sowie durch seine persönliche Bekanntschaft mit *General Smuts* die Lage der deutschen Südwester anders an — man kann wohl sagen realistischer — als ein Großteil der Südwester Farmer (Stichwort Londoner Abkommen 1923 — doppelte Staatsangehörigkeit-automatische Naturalisation). Nachdem er von 1921 bis 1926 als ernanntes Mitglied dem Beirat des Administrators angehört hatte, schied er dann doch desillusioniert aus dem politischen Leben aus, wandte sich aber umso mehr den wirtschaftlichen Belangen zu und ergriff die Initiative, ganz gleich, ob es sich um Lebendviehexport nach Teneriffa handelte oder um den Aufbau einer Südwester Persianer-Verkaufsgesellschaft — gemeinsam mit L. W. Friedrich in Kalkfeld — wodurch der Überseemarkt in London und Leipzig entwickelt wurde.

Bei all dem legte er großen Wert auf ein gutes Verhältnis nicht nur zu den vielen schwarzen Familien, die sich von Beginn an auf seinen Farmen angesiedelt hatten, sondern zu den Hereros als solchen. So ist es kein Wunder, daß sie ihm bis zu seinem Lebensende und über den Tod hinaus Häuptlingsehren erwiesen. Als er 1953 nach schwerer Krankheit starb, wurde ihm ein großes, ehrenvolles Begräbnis zuteil, zu dem sie zu Hunderten kamen.

Wer später ahnungslos die wilde Schönheit der nur schwer begehbaren Abhänge des Waterbergs erforschen und an jenem uralten, riesigen Feigenbaum vorbei zu den alten Quellen steigen wollte, erblickte plötzlich an Baumstämmen hoch übereinander getürmt urweltlich wirkende, vergilbte Ochsengehörne: Reinhard Heinrich Adalbert Schneiders Grabmal, zu dessen Totenfeier — wie es die Hererositte verlangt — dazu aufbewahrte, mächtige Tiere geschlachtet worden waren. Dadurch wurde noch besser sichtbar als durch Worte, wie groß die Achtung gewesen war, die das stolze Volk der Herero ihm gezollt hatte.

Nicht nur das Interesse an modernen landwirtschaftlichen, schulischen und politischen Fragen, nicht nur die Bereitschaft und Fähigkeit ungezählte Ehrenämter anzunehmen, vererbte R. A. H. Schneider auf seinen zweiten Sohn — dessen Familienname seit 1952 Schneider-Waterberg lautet — sondern auch die besonders guten Beziehungen zu den alteingesessenen Herero, Damara und Buschleuten. Hinrich-Reinhard Schneider-Waterberg, der seit 1957 dem großen Betrieb vorsteht, hat schon seit damals eine 3 000 Hektar Farm ausschließlich für die Rinderhaltung seiner schwarzen und farbigen Mitarbeiter bereitgestellt, auf der zugleich sehr bewußt erfolgreiche Weidewirtschaft praktiziert wird, zumal die Bodenerhaltung zu seinen Spezialgebieten gehört.

Sein Studium der Landwirtschaft und Bodenerhaltung (Universität Stellenbosch) hatte ihn erkennen lassen, daß nichts so wichtig sei wie die Regenerierung des Weidelandes, sowohl der weißen wie der farbigen und schwarzen Farmer, ja, daß der Verwüstung Südwests durch ein großzügiges Programm schnellstens ein Ende gesetzt werden müßte. Denn wenn sich die Vegetation durch eine vernünftige Weidewirtschaft wieder erholen und verbessern kann, verbessern sich auch die Lebensbedingungen für die von der Landwirtschaft existierenden Menschen aller Volksgruppen und Rassen. Diese Überzeugung vertritt Hinrich R. Schneider-Waterberg nicht nur in landwirtschaftlichen, sondern auch in politischen Gremien.

Wenn man heute von dem einsamen Grab am Hang des Waterbergs über die weite Fläche hinabblickt, hört man das Brummen der Motoren, der Traktoren, das Klappern der Windräder, sieht man die großen Herden zu den Tränken ziehen. Drüben jenseits des Tales liegt erhöht das massive, aus Waterberg-Steinen errichtete Farmhaus mit der imposanten Freitreppe und Terrasse, umgeben von zahlreichen Wirtschaftsgebäuden. Hier wohnt — wie einst der Vater — der Sohn mit seiner Frau, die selbst zur engagierten Farmerin wurde, und seinen fünf Kindern. Nichts weist auf Stagnation hin, alles jedoch auf Weiteraufbau, auf das Überlebenwollen in einem Lande, das Heimat ist und bleiben soll für alle, die guten Willens sind.

Väter und Söhne —
Hans Berker senior — Hans Jochen Berker junior

„Die Erschaffung Südwests"

Als schon die Welt erschaffen stand, da blieb ein kleiner Rest,
Den nahm der Herrgott in die Hand — und schuf daraus Südwest.
Nahm etwas Lehm und sehr viel Sand; kein Baum, kein Strauch, kein Blatt,
weil unser Herrgott dieses Land im Zorn erschaffen hat.

Er fing gleich mit der Namib an, die ganze Küst' entlang.
Bereitet' damit jedermann 'nen schrecklichen Empfang.
Es fehlte ihm das rechte Maß, zu sparsam war er hier.
Die Weide hat kein Hälmchen Gras, kein Wasser das Rivier.

Als nun der Herrgott dies gesehn, da hat es ihn gereut.
Drum Diamanten ohne Wahl hat er drauf ausgestreut.
So sind wir reich auf weiter Flur — und trotzdem wieder arm,
mit Schafen und mit Rindern nur vereinsamt auf der Farm.

*Man plant und müht sich wirklich schwer und schuftet Jahr für Jahr,
gibt Jugend und Gesundheit her; für was, das ist nicht klar!
Denn alle Mühe ist umsonst, bleibt Regen dir versagt,
dann hast du dich die ganze Zeit für nichts so schwer geplagt!
Hast die Natur du gegen dich, dann wirst du arm und klein.
Aufs neu' stets überrascht sie dich: das Bohrloch trocknet ein,
dann kommt die Sintflut angebraust, zum Meer wird deine Farm;
wo jahrelang du hast gehaust, wirst über Nacht du arm.
Wie kommt es nun, so frage ich, daß wir mit Weib und Kind
trotz allem diesem harten Land restlos verfallen sind?
Ich glaub, das macht der Sonnenschein, der ewig, früh und spat,
obwohl der Herr in seinem Zorn dies Land erschaffen hat!*
Hajob

Von wem stammt das Gedicht, das uns so aus dem Herzen spricht? Wer war der Mann, dessen gescheite Verse — einst nur Kinder des Augenblicks — noch nach Jahrzehnten, und heute mehr denn je, aktuell sind? Er unterzeichnete mit Hajob. Sein Name: Hans Berker. Von seinen vielen Freunden liebevoll Hänschen genannt.

Anfang des Jahrhunderts kam er als 17jähriger, als Soldat der Kaiserlichen Schutztruppe, in das Sonnenland, um ihm — wie so viele — für immer zu

„Hänschen" Berker — Schauspieler, Dichter und Regisseur

verfallen. Heute würde man ihn als „all-round man" bezeichnen. Er versuchte sich mit Elan in den verschiedensten Berufen. Zuerst also als Soldat, dann — als Not am Mann war — erfüllte er sich einen ersten Kindertraum: er wurde Lokomotivführer auf der Schmalspurbahn durch Steppe und Wüste —, dann einen zweiten: er gründete eine Theatergruppe, fungierte als Schauspieler, Dichter und Regisseur. Aber von solchen brotlosen Künsten konnte man weder Frau noch Kinder ernähren, schon gar nicht in dem geliebten Land, „das der Herr im Zorn erschaffen hat". So entschloß er sich, Auktionator zu werden, denn in den harten Zeiten zwischen und in den Weltkriegen gerieten immer mehr der alten Familien in ernste Not und mußten kostbares Familiensilber, geliebten Schmuck und wertvolle Antiquitäten unter den Hammer bringen lassen. Eines seiner liebenswertesten Gedichte — „Noblesse oblige" — eine Traumerzählung, stammt aus jener Zeit, in der ihn eine illustre Gesellschaft zum „Freiherrn vom Hammerschlag" erhob.

Noblesse oblige

Ich bin wieder einmal — ganz auserlesen —
Auf der Farm bei Funckes als Gast gewesen.
Sie waren wie immer reizend und nett,
sowohl der Geppi, als auch die Dorett.
Beim Eintritt grüßte mich gleich im Flur
eine alte Trompete von Mars-la-Tour,
das letzte Signal von Vionville,
seit vielen Jahren ist sie nun still.

Wir saßen abends gemütlich im Haus
und tauschten Erinnerungen aus.
Teils an den Wänden, teils aufgestellt,
sah man die Fürstlichkeiten der Welt.
Der preußische Adel aus Stadt und Land,
versippt, verschwägert und sonst verwandt,
stieg aus der eichenen Truhe hervor,
ein wirklich stattliches Adelskorps!
Die große Vergangenheit öffnete die Schleusen,
es roch nach Pulver, nach Pferden und Preußen.
Man reichte Briefe und Bilder herum
mit Randbemerkungen, klug — und auch dumm,
und erzählte sich, ohne zu erröten,
tatsächlich erlebte Intimitäten
von dem Erbprinzen W. mit der scharfen Nase
und der Großfürstin O. mit der schwachen Blase.

*Ich kam mir in diesem erlauchten Korps
immerhin etwas geduldet vor,
doch legte ich mich zwischen Fürsten und Grafen
hochachtungsvoll nieder, um endlich zu schlafen.*

*Mitternacht nahte, die Zeit der Gespenster,
der Mond schien hell und klar durch die Fenster;
da wachte ich auf mit heftigem Ruck,
denn vor mir erhob sich gewaltiger Spuk.
Die Bilder des Adels in Gala und Orden,
die waren richtig lebendig geworden
und setzten sich nunmehr leibhaftig und frisch
bei Funckes um den Eßzimmertisch:
von Hohenzollern Kronprinz und Prinzen,
von Arnim, von Bentheim, von Tecklenburg-Roda,
der König von Sachsen mit leichtem Grinsen,
von Wangenheim, Klitzings, die Grafen von Dohna,
von Puttkammer, Maltzahns, von Prittwitz-Gaffron,
die früheren Zierden von Thron und Salon,
von Alvensleben, von Bassewitz
und der richtige Graf von Köckeritz,
Freiherr von Werthern, von Heinitz, von Trotha
(und einige auch aus dem Semi-Gotha),
von Kaehne, von Kuehne, von Kohn und von Koenen
und alle, die heute den Adel verschönen,
sie kamen geschlossen zur Geisterstunde
und bildeten hier eine Tafelrunde,
wie ich sie vorher gesehen noch nie,
ein neu-afrikanisches Sanssouci.
Der Alte Fritz aus seinem Verstecke
krähte „Noblesse oblige" aus der Ecke,
und Langen sagte: „Für Deutschland ich reite!"
Da stand in der Tür — Wilhelm der Zweite!
Alles erhob sich mit einemmal,
es wurde mäuschenstill im Saal;
sie sahen ehrfürchtig und spontan
und voller Erwartung den Kaiser an.
Kaiser Wilhelm fragte rund um den Tisch:
„Wer wirft den ersten Stein auf mich?
Wo wart ihr Stützen von Thron und Altar,
als ich in Holland verlassen war?
Erkläret mir heute auf Glauben und Treu:
Was sucht ihr denn jetzt in der Arbeitspartei?"*

*Hierauf erhob sich ein großes Palaver
mit sehr viel Wenns und noch viel mehr Aber,
und einige schwiegen, blaß und erschreckt,
da hat man mich — auf dem Feldbett — entdeckt!
Man zog mich hervor mit scharfem Tadel
und fragte: „Wer bist du? Bist du von Adel?
Wenn nicht, so scher' dich hinaus, Halunke,
dies ist das Haus des Herrn von Funcke!"
Ich glaube, ich bin vor Schreck erblaßt,
denn schließlich war ich im Haus doch Gast
und stellte mich dem erlauchten Korps
als Vereidigter Auktionator vor
und sagte sehr höflich: „Mit Permission —
die meisten von euch, die kennen mich schon,
denn ich habe doch fast alle versteigert
und keinem die letzte Hilfe verweigert!"
Da wurde mir heimlich zugewunken,
und alles hat auf mein Wohl getrunken.
Der Seydlitz sagte: „Man mag ihn wohl leiden,
er müht sich seit vierzig Jahren zu reiten,
dafür wollen wir ihm Genugtuung geben
und ihn auch sofort in den Adel erheben!"
Der Adelsmarschall trat auf mich zu
und sagte zwinkernd: „Du, Hajob, du!
Von heute an bis zum Jüngsten Tag
heißt du Freiherr von Hammerschlag,
und wenn dich in Zukunft noch einer tadelt,
dann schlag ihn tot, denn jetzt bist du geadelt!"
Na, damit war ich verdammt zufrieden,
wir sind als die besten Freunde geschieden.
Ich verneigte mich vornehm, in heißem Erglühn,
da stieß ich den Kopf mir hart am Kamin
und dachte noch immer, halb im Dösen,
dies sei wohl der Ritterschlag gewesen!
Als ich dann etwas wacher geworden,
sucht ich noch immer den Hosenbandorden.*

*Dorettchen tat nun ins Zimmer schweben,
von Fleisch und Blut eine Alvensleben.
Die Geister verblaßten, das Mondlicht ward milder,
und plötzlich waren es wieder nur Bilder
unter Glas und Rahmen, auf totem Papier
und sprachen gar nicht mehr mit mir!*

*Ein Schakal bellte, ein Hahnenschrei,
die Sonne stieg auf, und der Spuk war vorbei!*

Man klagte, schimpfte damals weniger, man trug sein Schicksal mit Haltung und vermochte sogar noch seinen Leidensgenossen ein befreiendes Lachen zu schenken.

So brach die erste echte Blütezeit des Südwester Laientheaters an und Aufführungen wurden von dem Dichter-Regisseur-Auktionator auf die Beine gestellt, von denen man heute noch spricht. Ein erfülltes Leben also, zu dem das Ende paßte: Reitunfall im schon reifen Alter. Eine schnelle Heilung im schönen Windhoeker Krankenhaus schien dennoch sicher. Im Glauben an seine Genesung erhob er ein Glas funkelnden Weins, um das Leben erneut zu begrüßen. Da nahm es ihm ein anderer aus der Hand, fast lächelnd wie ein Freund, schnell, unerwartet: der Tod. Gestorben und begraben in Südwest. Unfaßbar für seine Familie, für seine Freunde.

Jahrzehnte später: wir befanden uns auf dem Wandelgang des Obergerichtes in Windhoek. Aus dem Gerichtssaal strömten Menschen, strebten dem Ausgang zu. An mir vorbei eilte ein großer, breitschultriger Mann in der schwarzen eleganten Robe des Advokaten: Hans Jochen Berker, der Sohn des heiteren Dichters, Akten unter dem Arm, Schläfen leicht silbergrau, freundlich nach allen Seiten grüßend, denn jeder kannte ihn. Da sah er mich: „Stimmt, das Interview, einen Augenblick noch bitte!" Während ich wartete, hörte ich, wie eine ältere Dame neben mir zu ihrem Mann sagte: „B.A.L.L.B. steht hinter seinem Namen — Legum Baccalaureus beider Rechte! Und mir ist's, als war's gestern, als er als Junge jeden Nachmittag mit seiner Tasche an unserm Haus vorbeitrabte, zur Schule, zu irgendwelchen naturwissenschaftlichen Experimenten, barfuß." — „Barfuß", ihr Mann lachte leise, „barfuß als Kind, das gehört heute schon zur Biographie jedes Erfolgreichen. Denk an Chris Barnard." Wenige Minuten danach brachte mich Advokat Berker zu seinem Wagen, in dem schon seine zwei Töchter in Jeans auf ihn warteten. Enttäuscht musterten sie mich: was nun aus dem Segeln würde, Mutter sei schon vorgefahren, richte das Boot. — Segeln zwischen Wüste und Steppe! Es gibt nichts, was es nicht gibt in diesem Südwest! „Keine Sorge, sie kommt einfach mit", entschied der Mann der zweiten Generation und die hübschen jungen Mädel der dritten Generation waren zufrieden. Raus ging es zum Klubhaus mitten im Busch zwischen sanften Hügeln, in deren Mitte wie ein schimmerndes Auge der Stausee lag, der Goreangabdamm, der die Landeshauptstadt mit Wasser versorgte und zum Paradies der Wassersportler wurde.

Als Hans Jochen BERKER beschloß, hier mit Freunden den „Kalahari-Yachtclub" zu gründen und sein erster Commodore wurde, war das eine Tat. Jachtklub im trockenen Südwest! Aber das Lachen verging den Ungläubigen, als sich dieser schnell anwachsende Klub unter seinem Commodore 1971 und 1973 an der inzwischen zu Weltruhm gelangten, großen internationalen Kap-Rio

Hans Jochen Berker — segelt für Südwestafrika

Regatta beteiligte und Siegerehren errang. Man muß die Begeisterung erlebt haben, als das Radio die Positionen der Südwester Schaluppe OMURAMBA auf ihrer kühnen Wettfahrt quer über den Südatlantik zwischen Südafrika und Südamerika durchgab, als eine gefährliche Begegnung mit Walfischen gemeldet wurde und dann doch noch die Siegesnachricht eintraf. Da hatte sich Hans Jochen Berker mit seiner Mannschaft geradewegs in jedes Südwester Herz hineingesegelt. Erfolg: Ihm wurden die höchsten sportlichen Auszeichnungen unseres Landes zuteil: Verleihung der *Springbokfarben* und die zweimalige Ernennung zum „Sportler des Jahres".

Während nun Marianne, seine temperamentvolle, aparte Frau und die Töchter zusammen mit Sportskameraden das Boot zu Wasser brachten, notierte ich mir noch schnell ein paar weitere Daten aus seinem Leben: Besuch der Deutschen Oberrealschule in Windhoek, der DHPS, Jurastudium an der berühmten Rhodes Universität in Grahamstown, dann Oxfordstipendium, dort Philosophiestudium, groß auch als Sportler, Verleihung der „Oxford Blues", Rückkehr als Dozent nach Südafrika und endliche, endgültige Heimkehr in die Heimat Südwestafrika, jetzt erfolgreicher Advokat in Windhoek, Experte im Handelsrecht, bei besonderen Prozessen als Richter amtierend, überhäuft mit Ehrenämtern, Vorstandsmitglied des Automobilklubs, des Schulvereins, des Hochsee-Segelverbandes, der Südwestafrikanischen Kunstvereinigung, Träger wichtiger Ämter auch im weltweiten Rotarierklub, leidenschaftlicher Sammler aller Werke hiesiger Künstler, Besitzer einer kostbaren Bibliothek mit wertvollen Erstausgaben afrikanischer wie deutscher Literatur — darunter ein kaum schätzbarer Goethe — ausgezeichneter Kenner des Landes, Safari-Enthusiast usw. usw. Beachtliche Fakten! Und wie antwortete er jetzt, als ich ihm meine Frage stellte? „Dieses Land ist groß und reich genug für alle, die ihr Teil zur Erhaltung und Weiterentwicklung des Landes beitragen wollen. Wenn wir alle Vernunft walten lassen, besteht kein Grund, warum wir nicht weiter hier leben und arbeiten sollten. Jeder, der es ehrlich meint, wird heute mehr denn je gebraucht. Ich selbst könnte und möchte wo anders gar nicht leben. Es ist doch meine Heimat, die ich freiwillig nie aufgeben würde."

Rettung des Damara-Turms und des Woermann-Hauses Tetje in der Klavierkiste

Wie sehr hier die Menschen an den Zeugen ihrer Geschichte hängen, beweisen sie, wenn sie erfahren, daß dieses oder jenes historische Gebäude vom Zahn der Zeit oder von Modernisierungsprojekten bedroht ist. Es genügt ein Hinweis in der Presse und schon fühlt man sich zur Rettung aufgerufen. Doch das Entscheidende in solchen Fällen ist, daß die Öffentlichkeit rechtzeitig alarmiert werden kann.

So sind wir froh, daß es gelang, den Damara-Turm, das Wahrzeichen Swakopmunds, und den Gesamtkomplex, das Woermann-Haus, zu erhalten und neuen Zwecken zuzuführen. Aber es ist wohl keineswegs allseits bekannt, daß dies nur der Wachsamkeit und dem mutigen Eintreten einiger Kultur- und Kunstkenner zu verdanken ist, die buchstäblich im letzten Moment alle Hebel in Bewegung setzten und weite Kreise alarmierten, um die bereits fest beschlossene Planung — Abriß und Errichtung eines neuen Schülerheims am gleichen Ort — aufzuhalten. Einiger Kunstkenner, von denen der eine, ein deutschsprachiger Architekt, aus persönlichen Gründen nicht genannt sein wollte, während einer der anderen sofort hervortreten mußte, um den notwendigen Alarm auslösen zu können. Und dieser andere, in diesem Falle die Schriftstellerin Olga Levinson, erkannte, daß keine Minute zu verlieren war. Sie setzte sich mit der Presse in Verbindung und bat den damaligen Chefredakteur der Windhoeker Allgemeinen Zeitung, Kurt Dahlmann, die Öffentlichkeit zu alarmieren und zu Geldspenden für die bestimmt sehr hohen Renovierungskosten aufzurufen. Sie bemühte sich ferner in persönlichen Gesprächen, den kunstliebenden Administrator von Südwestafrika, W.C. du Plessis, für die Rettungsaktion zu gewinnen. Als durch diese und andere entscheidende Maßnahmen der verschiedensten Persönlichkeiten die öffentliche Meinung erweckt und das große Halt erreicht worden war, als von privater und amtlicher Seite Spendenzusagen eintrafen, hieß es noch dafür zu sorgen, daß alle Fäden bei Dr. Alfons Weber in Swakopmund zusammenliefen, damit dieser große, imposante und geschichtlich wertvolle Gebäudekomplex vor dem Abbruch bewahrt werden konnte.

Heute steht man wieder mit Bewunderung vor diesem für die damalige Zeit einzigartigen, repräsentativen, vierflügeligen Wohnbau hoch auf dem Meeresufer zwischen Atlantik und Wüste, der das Vertrauen erkennen läßt, das die Hamburger Familien Woermann und Brock in die Zukunft des Landes setzten. Die Renovierung konnte in hervorragender Weise durchgeführt werden. Und wer unvorbereitet den Innenhof betritt, dem verschlägt es den Atem: den Innenhof, der von einem Säulengang umgeben ist, dessen Kapitelle Seerosenmotive im reinsten Jugendstil schmücken. Welche großzügige Anlage! Sie ruft geradezu nach Festlichkeiten, nach Serenaden. Und im Geist sieht man elegante Frauen in den Gewändern der Jahrhundertwende durch die schönen holzgetäfelten Räume gehen und bevorzugte Gäste das „Fürstenzimmer" betreten.

Der weithin sichtbare Turm des hochgelegenen Hauses war Freund und Helfer aller Seeleute, denn er wurde, wie der alte Kapitän Tetje Woker erzählte, von den Schiffen zum Anpeilen benutzt. Wenn man heute auf den wieder hergestellten, sicheren Treppen ganz hinauf zur Plattform gestiegen ist und sich der herrlichen Aussicht über Meer, Stadt und Dünen hingibt, kann man sich gut vorstellen, mit welcher Freude und Erleichterung die Matrosen im Ausguck nach oft stürmischer Fahrt das Land und den stolzen Turm erkannten und ausriefen: „Land in Sicht — Swakopmund in Sicht!" Und man kann sich auch denken, welche Erregung das Hissen einer Flagge von dieser Plattform unter der Bevölkerung hervorrief, denn sie meldete die Ankunft eines Schiffes.

Ja, Kapitän Tetje Woker gehörte auch zu jenen, die es immer wieder an die herbe Küste des herben Landes zurücktrieb. Er ist auch heute noch — nach seinem Tode — ein Begriff für jung und alt. „Tetje in der Klavierkiste" braucht man nur zu sagen und schon weiß jeder Bescheid. Hatte doch Tetje im Ersten Weltkrieg wahrhaftig versucht, Swakopmund von einer im Wüstensand verbuddelten Klavierkiste aus gegen die gelandeten Engländer zu verteidigen oder wenigstens ihren Vormarsch aufzuhalten. Das erzählt er selbst in seinem Buch „Tetje mit die Utsichten", das er eigentlich nur für seine Nachkommen schrieb und in dem er heiter und unbekümmert auch Swakopmunder Seemannsgarn spann.

Tetje war ein echter Hamburger Jung des Jahrgangs 1890, der schon mit 13 Jahren von der Schule abmusterte und auf einem Schiff der Woermann-Linie anmusterte. Und nachdem er bereits die halbe Welt umschaukelt hatte, landete er kurz vor dem Ersten Weltkrieg in Swakopmund, das sich gerade anschickte, eigene Hafenanlagen zu bauen. Denn das benachbarte Walvis Bay war 1878 von den Engländern annektiert und zu einem Teil der Kapkolonie

Tetje war ein echter Hamburger Jung —

erklärt worden. Die Entfernung dorthin — 32 km — war damals mit der üblichen Eselskarre eine Tagesreise lang, während sie heute auf der geschwungenen Autostraße, direkt zwischen Dünen und Meer, in 25 Minuten überwunden wird. Damals also, als Tetje Woker als neu ernannter Landungsoffizier in Swakopmund an Land ging, bereitete das Landen noch große Schwierigkeiten. Wie in der „Chronik" schon berichtet, mußten die Schiffe auf Reede ankern und man ließ die erschrockenen Passagiere von Bord aus in Korbsesseln mit Dampfwinden in die auf- und abschaukelnden Boote herab. Wie leicht versank bei dieser rauhen Prozedur auch manch kostbares Gut für immer in den Wellen. So war das Amt des Landungsoffiziers für einen so jungen Menschen ein höchst verantwortungsvoller Posten. Doch Tetje zeigte sich ihm gewachsen, wie auch den später folgenden viel schwereren Aufgaben, als man im August 1914 hörte, daß die alte Heimat bereits mitten in einem Krieg war. Eines Tages kam wahrhaftig ein englisches Schiff, das, ganz ohne Warnung, einen Schuß auf die friedliche kleine Stadt abgab. Um ein Haar hätte er ein kleines Mädchen getroffen, das fleißig in seinem Haus am Klavier Fingerübungen machte. Gottlob war es kurz zuvor aus Neugier und Freude über das draußen aufkreuzende fremde Schiff hinausgelaufen. Tetje, als der von dem Engländer verlangte Parlamentär, fuhr dann mit Hauptmann Scultetus in einem Schlepper zu einer Verhandlung hinaus, erklärte dem Kommandanten empört, daß Swakopmund eine unverteidigte Stadt sei, verriet aber nicht, daß die dort befindliche „Truppe" zur Zeit nur aus genau acht Soldaten bestand. Tatsächlich verzichtete der Engländer vorerst auf weitere Maßnahmen und dampfte ab, zumal das Ziel seines unerwarteten Angriffs — der Funkturm, dessen Apparatur ohnehin schon in Sicherheit gebracht worden war, — inzwischen von eigenen Soldaten umgelegt worden war.

Bald darauf entschloß sich der deutsche Hauptmann Scultetus, mit Tetje, einer Mulikarre und einer inzwischen auf 20 Mann angewachsenen Verteidigungsmacht das benachbarte Walvis Bay zu erkunden. Dort fanden sie einen Polizisten, den der Hauptmann und Tetje glaubten, zu ihrem ersten Kriegsgefangenen machen und — per Eselskarre — mitnehmen zu müssen. „Natürlich", so berichtete Tetje weiter, „hatten wir kein Lager für solche Zwecke. So beschlossen wir, ihn zu Mutter Bütow ins Hotel „Fürst Bismarck" zu bringen, sagten ihm, daß er dort alles essen und trinken könne, was er wolle, nur das Hotel nicht verlassen dürfe, — was er auch sehr bereitwillig versprach. Am nächsten Morgen jedoch erschien schon ein englischer Hilfskreuzer, schoß diesmal aus allen Rohren und drohte, ganz Swakopmund zusammenzuschießen, wenn wir unseren Kriegsgefangenen nicht sofort nach Walvis Bay zurückbrächten. Natürlich waren wir bereit, der unfreundlichen Forderung zu folgen, — wer es aber nicht war, das war unser englischer Polizist. Er saß heiter an der Bar des Hotels „Fürst Bismarck" und feierte sein gutes Geschick. Empört wehrte er sich gegen eine so schnelle Freilassung aus seiner fröhlichen Gefangenschaft. So mußten wir ihn mit Gewalt auf die Mulikarre zurückbringen, ja, sogar festbinden, um ihn wirklich wieder in Walvis Bay abliefern zu können." So berichtete Tetje Woker in seinem heiteren Buch. Und selbst wenn nicht alle darin enthaltenen Einzelheiten jetzt noch historisch genau belegbar sein sollten, die Sache mit der Klavierkiste stimmt jedenfalls hundertprozentig.

Hatte doch Tetje von einer hohen Sanddüne aus beobachten können, daß in Walvis Bay ungefähr 15 Schiffe vor Anker gingen und die ersten englischen Truppen bei dem späteren „Rand Rifles" landeten. Er war jedoch seiner geliebten Wahlheimat schon viel zu sehr verbunden, um sie kampflos dem Feind überlassen zu wollen.

So entstand die Idee, in die große Klavierkiste, in welcher der Swakopmunder Postmeister sein Klavier herübergebracht hatte, einen Minenauslösungsapparat samt Feldtelefon einzubauen, das Ganze im Dünensand zu verbuddeln, und dann stieg Tetje selbst hinein, damit die draußen gelegten Minen auch richtig und zum rechten Moment explodierten. Sie taten es. Fünfzehn Meter hoch flogen Sand und Steine in einer gewaltigen Detonation. Tetje in seiner Kiste hätte zwar dabei mit in die Luft fliegen können, — tat es aber nicht. Doch sein Ziel war erreicht: große Verwirrung bei der heranrückenden Truppe, die fürchtete, in eine Falle gegangen zu sein. In dem darauf folgenden Durcheinander konnte Tetje dann heil und ungesehen entwischen. Kein Wunder, daß er für diese verwegene Tat das erste Eiserne Kreuz 1. Klasse erhielt. Kein Wunder auch, daß ihn viele Jahre danach seine einstigen Gegner persönlich aufsuchten, um sich von ihm selbst die so wirkungsvolle Sache mit der Klavierkiste erklären zu lassen. Sie war ja auch in ihren eigenen Kriegsberichten erwähnt worden.

Aus dem jungen Seemann wurde später ein tüchtiger Geschäftsmann, der eine erfolgreiche Schiffsagentur in Walvis Bay gründete. Er wurde sogar Bürgermeister von Swakopmund, hatte eine Frau und zwei Söhne. Der älteste von ihnen, Wolfgang, der, so abenteuerlich das klingen mag, auf der Haifischinsel vor Lüderitzbucht geboren wurde, gehört weiter der Geschäftsleitung der väterlichen Firma an, die nach dem Zweiten Weltkrieg unter dem Namen Sturrock & Woker die Vertretung der Deutschen Ostafrika-Linie übernahm und inzwischen als W. Woker Freight Services zur größten Schiffsagentur im Lande wurde.

Und das zufällig mit angehörte Gespräch zwischen ihm, der Besatzung und den Passagieren an Bord eines solchen Frachters hatte mich ja erst angeregt, das Problem zu ergründen: Was hält euch denn hier fest? Wie hatte er damals geantwortet? „Meine Familie und ich, wir *sind* doch Südwester. Was sollten wir sonst sein?"

Das Hungerdasein unserer Pioniermaler

Das Schlagwort von den brotlosen Künsten galt — und gilt auch heute noch — in stärkerem Maße für unser dünnbesiedeltes Land als für die Industriestaaten. Aber wer kann auch dort nur vom Malen, Schreiben oder Komponieren leben, wenn er nicht zu den großen Umworbenen gehört, wenn er nicht — wie man heute so trocken sagt — „in" ist. Immerhin läßt sich dort zumeist eine zweite Beschäftigung finden, die wenigstens die Lebenskosten deckt und vor Armut bewahrt. In Armut aber lebten und schufen fast alle unsere ersten Südwester Maler, ja, in bitterer Armut, und da es damals noch keinen Rundfunk, vor allem auch keine kunstfördernden Vereinigungen gab, erfuhr es die Umwelt zumeist erst, wenn es zu spät war. Aber, wie es das grausame Schicksal will, heute haben ihre Bilder Museumswert.

Ich spreche diesmal von AXEL ERIKSSON und CARL OSSMANN. Haben Sie, liebe Freunde, gar eins ihrer Werke in Ihrem Hause? So wissen Sie auch, daß diese heute von Liebhabern und Kunstsammlern gleichermaßen begehrt werden.

CARL OSSMANNS Künstlerleben verlief wenigstens in soweit geordneten Verhältnissen im Kreise einer liebenden Familie. Wie sein Schwager Fritz Gaerdes in einem achtungs- und verständnisvollen Nachruf schrieb: „Die Not hat Ossmann das ganze Leben hindurch nicht verlassen. Aber trotz aller Sorge um die einfachsten Lebensnotwendigkeiten herrschten im gastfreien Haus am Okahandja-Rivier Frohsinn und Heiterkeit. Seine gütige, hochbegabte Frau Ulla, geborene Lagemann, trug alle Entbehrungen tapfer und ohne Klagen, nur ihrem Mann und seiner Kunst lebend."

Carl Ossmann
Die Not war sein ständiger Begleiter

Diese Not aber, die der ständige Begleiter seines Lebens in Südwest wurde, war ihm als Kind nicht vorausgesagt worden. Im Gegenteil, er stammte aus einer sehr wohlhabenden Offiziersfamilie und wurde am 26. April 1883 in Loschwitz bei Dresden geboren. Doch schon mit zwei Jahren verlor er die Mutter, mit vier Jahren den Vater. Dem Schulbesuch folgten eine künstlerische Ausbildung in Berlin und Studienreisen mit längerem Aufenthalt in Paris, London und Italien. Diese allerdings verzehrten dann doch sein geerbtes Vermögen. Der Scherl-Verlag bot ihm jedoch eine gute Chance, machte ihn nicht nur zum ständigen Mitarbeiter, sondern entsandte ihn auch nach Südwestafrika, wahrscheinlich zur Ausheilung eines beginnenden Lungenleidens. Südwest wurde ja damals mit seiner trockenen Wärme und Sonne von Ärzten für solche Heilzwecke geradezu empfohlen. Aber dann überraschte ihn der Ausbruch des Ersten Weltkrieges, der auch die Beendigung seines Vertrages mit dem Berliner Verlag nach sich zog. Als Vizewachtmeister einer Kamelkompanie nahm er an den Kämpfen teil. Nach deren Beendigung half ihm zuerst die Gastfreundschaft verschiedener Farmer, so der Schlettweins. Später nach seiner Verheiratung wohnte er eine Zeitlang bei den von Flotows am Waterberg, kurz auch bei seinem Malerfreund Hans-Anton Aschenborn, bis dieser selbst seine Farm aus geldlichen Gründen aufgeben mußte. Das nötige Geld zu einer Rückkehr nach Deutschland fehlte Ossmann jedoch. So war er nun — ganz ohne finanziellen Rückhalt — auf seine Kunst angewiesen. Und obwohl er durch erste Ausstellungen bekannt geworden war, konnte er jetzt kaum noch das Lebensnotwendigste verdienen. Stets werden Künstler von Depressionen und Geldentwertung am stärksten betroffen, stets sind es die Kunstwerke, auf die unsere dann selbst um ihre Existenz kämpfenden Farmer und Kaufleute am ehesten verzichten müssen. Als CARL OSSMANN im Alter von 52 Jahren starb — so berichtete weiter sein Schwager FRITZ GAERDES — deckte der Nachlaß kaum die Verpflichtungen. Und dennoch hatte er unermüdlich gearbeitet. Er schuf sich einen eigenen Stil, der seine Arbeiten unverkennbar machte. Von den ersten tastenden Versuchen, mit den einzigartigen Farbproblemen des Landes fertig zu werden, bis zur Meisterschaft der späten Jahre war es ein weiter Weg. Er wurde der erste Südwester Künstler, dem es gelang, die eigenartige Atmosphäre des Landes einzufangen. Sie spricht aus allen seinen Bildern. Doch blieb er bei aller Vereinfachung und künstlerischer Umformung der Natur treu, deren Größe, Schönheit oder auch Lieblichkeit er zeigen wollte. Man bezeichnete seine Kunst als romantischen *Realismus*.

Am 17. Dezember 1935 fand er durch einen Autounfall — zwischen Teufelsbach und Windhoek — im Alter von 52 Jahren den Tod. Seine Frau und sein ältester Sohn folgten ihm schon wenige Monate nach kurzer, tödlich verlaufener Krankheit, einige Jahre später auch der jüngere Sohn. So wurde eine Familie ausgelöscht. Doch wo immer man die Werke Ossmanns noch sehen kann, geht man in freudigem Erkennen auf sie zu, erblickt das strahlende, helle Licht zwischen den vertrauten Bäumen, über der so vertrauten Südwester Landschaft — kleine Kostbarkeiten — und ahnt nicht, daß der Künstler sie zu oft lächerlichen Preisen abgegeben hatte, nur um das Leben fristen zu können, obwohl sein Ruf damals, nach dem Ersten Weltkrieg, schon fest gegründet war, ja, obwohl er als die führende Gestalt der Südwester Kunst galt.

Anders in Komposition und Farbe sind die Arbeiten AXEL ERIKSSONS, ganz anders, noch dramatischer verlief auch sein Leben. Da war vor allem *das*, was ihn von allen anderen Malern der damaligen Zeit unterschied: er war in Südwest geboren und zwar am 14. Juni 1878 in OMARURU als 5. Kind des damals schon sehr bekannten *schwedischen* Großwildjägers Axel Wilhelm Eriksson. Nachdem ihn seine Eltern zuerst zur Schulausbildung in die väterliche Heimat nach Schweden geschickt hatten, kam er 1902 nach Südwest zurück und arbeitete u.a. als Vormann bei Farmer Krenz im Outjo-Bezirk. Dann, so erfahren wir aus dem ausführlichen Werk „Kunst in Südwestafrika" von Nico Roos, schloß er sich als Koch einer Expedition ins Amboland (heute Ovamboland) an und wurde dabei — so wollte es ein gutes Schicksal, von dem Leiter des Unternehmens, einem Hans Meyer entdeckt. Dieser war von seinem Talent so beeindruckt, daß er sich aufgerufen fühlte, ihm eine Reise nach Deutschland und ein Kunststudium in Berlin zu finanzieren. Dort lernte Axel Eriksson Carl Ossmann kennen und das Mädchen, das er heiratete und mit nach Südwestafrika nahm. Er veranstaltete erste Ausstellungen in Swakopmund. Aber wenn es ihm damals auch gelang, Bilder zu verkaufen, so reichte der

Großwildjäger Axel Wilhelm Eriksson, der Vater des Malers

Erlös in keiner Weise zum Lebensunterhalt für zwei Personen. Zeitweilig unterrichtete er und zog dann ruhelos durchs Land, über die Farmen bis nach Lüderitzbucht, wo er hoffte, durch die Diamantengesellschaften bzw. durch ihre Angestellten einen besseren Absatz für seine Gemälde zu finden. Inzwischen aber — im Jahre 1922 — waren dort die guten Zeiten längst vorbei und mußten viele Betriebe als Folge des verlorenen Krieges schließen. Wenngleich ihn einzelne Bewohner des Städtchens unterstützten, wenngleich ihm auch die Consolidated Diamond Mines einige Aufträge erteilten, so war er inzwischen doch schon zu sehr verschuldet, um aus dem Elend herauszukommen.

Viele seiner Bilder verkaufte er damals für 10 Rand und weniger, ja, er gab sie weg für unbezahlte Rechnungen, für die notwendigsten Lebensmittel.

Schließlich mußte er Lüderitzbucht verlassen, fand ein zeitweiliges Unterkommen auf der Farm des bekannten Arztes Dr. Blumers. Doch seine Frau, die er ja aus Berlin mitgebracht hatte, war nicht länger gewillt, das Hungerdasein mit ihm zu teilen und verließ ihn, kehrte nach Deutschland zurück. Das dürfte ihm den endgültigen Schlag versetzt haben. Auch eine noch von Freunden in Kapstadt organisierte Ausstellung blieb ohne Erfolg. Südwester Künstler waren dort damals noch nicht gefragt. In ärmlichsten Verhältnissen, wieder auf einer Farm in einem winzigen Häuschen bei Warmbad lebend, warf ihn bereits mit 46 Jahren während der Arbeit an einem neuen Bild, ein Schlaganfall nieder. S. S. Terblanche, ein Lehrer aus der dortigen Gegend, den sein Schicksal bewegte, fuhr ihn in einer Eselskarre erst zu einem Arzt und dann nach Ai-Ais, um ihm Heilung zu verschaffen. Er fand jedoch nur gelinde Besserung. Zurückgekehrt, abermals in jammervollen Verhältnissen, trotz linksseitiger Lähmung, trotzdem er sich nur auf Krücken bewegen konnte, versuchte er, weiter zu malen, schaffte es wahrhaftig noch eine Zeit und starb dann doch kurz danach. Er war nur 46 Jahre alt geworden. Seinen gesamten Nachlaß — Malutensilien, angefangene und fertige Gemälde — verpackte der Lehrer Terblanche, der letzte Mensch, der sich selbstlos noch ab und zu um den Einsamen gekümmert hatte, und brachte alles zur Polizeistation in Warmbad, wo es versteigert wurde. — Später, so konnte man weiter erfahren, kaufte der große Forscher Dr. Hans Merensky Erikssons Werke — oft zu hohen Preisen — auf und schickte sie nach Deutschland.

Aber außer den wenigen, die man in den Kunstgalerien erblickt, kann man einzelne auch noch auf Farmen finden, wo der einsame Unstete einst durchgezogen und froh gewesen war, sie zu einem bescheidenen Entgelt oder für Obdach und Nahrung abgeben zu können. Auch bei uns hängt ein solches im Farmhaus. Großvater hatte es in Ehren gehalten. Er liebte diesen Blick auf den „Langen Heinrich", auf das langgestreckte Bergmassiv im ersten kühlen Morgenlicht, zu dessen Füßen noch die Nacht ruht. Wohl Erinnerung an einsame Wüstenritte, einsam und gefahrvoll, denn die Jahreszahl lautet 1915. Heute haben auch diese Bilder Museumswert, während sein Schöpfer, viel zu jung, in Not und Elend sterben mußte.

Ja, das warnende Wort von den „brotlosen Künsten" galt damals in jenen bitterharten Jahren in dem dünnbesiedelten Land noch mehr als heute. Und auch heute kann sich kein Maler allein von seinen Bildern ernähren. Stets braucht er verständnisvoll helfende Menschen, braucht einen zweiten, festen Beruf, braucht vor allem eine Gesellschaft, die Kunst und Künstler großzügig und wirksam unterstützt.

Übrigens hat einige Zeit der später gleichfalls sehr bekannte Maler JOHANNES BLATT in Swakopmund zu Erikssons Schülern gehört. Und ein Bild Blatts war es, das durch seine Aussagekraft zum Schicksal eines alten Südwesters wurde, der selbst ein sehr abenteuerliches Leben geführt hat und von dem man noch heute, Jahre nach seinem Tode, als von einem der erfolgreichsten Männer des Südens spricht. Wir meinen ERNST LUCHTENSTEIN. In dem Buch „*Lords of the Last Frontier*" von Lawrence G. Green, dem bekannten südafrikanischen Schriftsteller, der gleichfalls sein Herz an unser Wüsten- und Steppenland verloren hat und mehrmals über Ernst Luchtenstein schrieb, fand ich diese bemerkenswerte Geschichte. Es ist wohl nicht allerseits bekannt, daß bereits Ernst Luchtenstein als junger Soldat und Reservist des ersten Weltkrieges, um nicht in Kriegsgefangenschaft zu geraten, mutterseelenallein mit seinem Gewehr, Munition und seinem treuen Hund in die Karasberge zog und dort achtzehn Monate lang als Einsiedler lebte. Da 1915 genügend Regen gefallen war, brauchte er nicht zu dursten, auch nicht zu hungern, zumal ihn nicht nur sein Hund mit Nahrung versorgte, sondern auch Hottentotten, die ihm schon früher begegnet waren. Wie Luchtenstein später seinem Schriftstellerfreund erzählte,

Ein Bild von Johannes Blatt war es gewesen...

hätte er eine unbegrenzte Zeit durchhalten können. Aber die südafrikanische Polizei spürte ihn auf, jedoch nicht, um ihn zu verhaften, sondern um ihn zu einem Offizier der südafrikanischen Truppe zu führen, der Wunderdinge über seine Erfolge als Jäger gehört hatte und nun wünschte, ihn als Jagdführer anzustellen. Daß dann mit der Zeit Ernst Luchtenstein zu einem außerordentlich erfolgreichen und wohlhabenden Farmer und Geschäftsmann wurde, weiß man. Doch kennt man auch die Geschichte des Bildes von Johannes Blatt, mit der Lawrence Green das erwähnte Buch wirkungsvoll enden läßt? Sie paßt so gut zu unserem Thema, daß ich sie hier in freier Übersetzung wiedergeben möchte.

Da heißt es u.a. „Von all den südwestafrikanischen Gemälden, die ich gesehen habe, hebt sich eines ganz besonders ab, vermutlich weil es seine eigene Geschichte hat. Ich sah es in Ernst Luchtensteins Farmhaus südlich von Keetmanshoop. Es war in seinem Auftrag gemalt worden in Gedanken an die langen Monate, die er einst als armer Flüchtling in den Karasbergen verbracht hatte. Als Luchtenstein dann eines Tages beschlossen hatte, sich zur wohlverdienten Ruhe zu setzen, zog er nach Kapstadt in ein Haus am Meer. Aber es dauerte nicht lange, da empfand er, daß ihm etwas fehlte. Und Tag für Tag saß er vor Blatts Gemälde und starrte in die leuchtenden Farben. Es war ein Bild des Scharfensteins, des höchsten Gipfels des Bergmassivs. In der Ferne sah man nur die Bläue, aber Johannes Blatt ließ ihn in strahlendem Sonnenlicht aufflammen, so daß der herbe Granit zum Leben erwachte und eigene Farbkraft ausstrahlte. Und genau so hatte Luchtenstein diese Bergeinsamkeit erlebt und geliebt.

Ernst Luchtenstein erzählte dem Schriftsteller dann weiter: „Ich mußte also das Bild unentwegt anblicken, bis mein Haus am Meer zu einem Gefängnis für mich wurde. So sagte ich eines Tages zu meiner Frau: Um Gottes willen laß uns ein Flugzeug nehmen ... — Doch ich grübele noch heute, was mich damals dazu bewogen hat. Blick nur hinaus auf das graue Land — seit Jahren hat es nicht geregnet und es ist schlimmer als eine Wüste. — Aber ich habe auch andere Männer fortziehen sehen und — wieder zurückkehren. Das ist Südwest!" Wir starrten nun beide Blatts Gemälde an. Da sagte Luchtenstein nach einer Weile: „Es muß wohl die Sonne sein ...!"

Die Aschenborns: drei Malergenerationen

Ich erinnere mich noch genau an unsere erste Begegnung, obwohl sie schon lange zurückliegt. Ich stand gerade im Verkaufsraum einer Windhoeker Kunsthandlung, sprach mit dem Kunsthändler Pep Reiter, als seine Frau Otti freudig erregt vom Hof hereinkam: „Aschenborns sind eingetroffen, Aschenborns mit dem Wohnwagen, Dieter mit seiner Frau und den Kindern. Eine richtige Künstlerbehausung. Eigenbau!" „Hat er Arbeiten mitgebracht?" fragte Pep interessiert. „Ja, einen ganzen Berg, sie kommen direkt aus der Etoschapfanne." „Das ist gut, wir wollen sie begrüßen."

Hans-Anton Aschenborn ein Jahr vor seinem Tode in seinem Atelier in Kiel.

Wer sind diese Aschenborns? Man weihte mich ein, bevor wir über den Hof zum Wohnwagen schritten, der dort im Schatten eines riesigen Pfefferbaumes stand: eine mit der Südwester Kunstgeschichte seit Beginn des Jahrhunderts eng verbundene Künstlerfamilie.

Der Vater HANS ANTON ASCHENBORN, Dichter, Maler, Farmer, hat dem Lande bezaubernde, mit Liebe und Können illustrierte Bücher geschenkt und sich mit Erfolg in den verschiedensten Techniken versucht. Die Liste seiner Werke ist groß, Lithographien, Ölbilder, Linolschnitte in Mappen zusammengefügt. Sie zählen heute zu den Schätzen einzelner Africanasammler. Die Originale sind in festen Händen und nicht mehr zu erwerben. Die Themen: Tiere und Landschaft. Die berühmt gewordene „Lebensgeschichte eines Gemsbocks" gilt in Form und Inhalt als kleines dichterisches Werk und mit seinen bezaubernden Illustrationen als ein wahres Kleinod unter den afrikanischen Tiergeschichten. So ging Hans-Anton mit Recht als Pionier-Maler des Landes in unsere Kulturgeschichte ein. Viel zu früh verstarb er an einer zu spät erkannten Tropenkrankheit, seine Frau mit drei Söhnen zurücklassend, von denen der eine, Dr. H. J. Aschenborn sich inzwischen als Direktor der Staatsbibliothek Pretoria durch seine Beiträge zur mikrografischen Normung internationales Ansehen verschaffte, während Dieter, der Maler, das Werk seines Vaters fortsetzt.

Dieters Frau begrüßte uns in ihrem klug eingerichteten, fahrbaren Reich, bot uns Erfrischungen an und wies auf den Stoß Tierzeichnungen, Aquarelle, Kohle, Pastelle, die mich in ihrer Vielfalt und Klarheit der Linien sofort fesselten. Später, als Pep, der Kunsthändler, schon längst mit Dieter, dem großen, sonnenverbrannten, sehnigen Mann im Haus verschwunden war, ließ ich mir noch von der Ehefrau und Mutter erzählen über ihr gar nicht so leichtes Künstlerleben mitten im afrikanischen Busch. — Einige Jahre später traf ich sie dann in der Etoschapfanne, in der damals vor mehr als zwei Jahrzehnten noch so stillen, fast unberührten, echten Wildnis. Dieter hatte einen wunderbaren Auftrag erhalten: man hatte ihn zum ersten Wildwart dieses Tierparadieses ernannt und gab ihm damit die einmalige Gelegenheit, Tag und Nacht ungestört seine Freunde, die Antilopen, die Zebras, Giraffen, Elefanten, ja, die Löwen am Riß zu beobachten. Wohl durch dieses hautnahe Leben mit den Tieren konnte er zu dem werden, wodurch er sich heute auszeichnet und wofür er auf einer Weltausstellung in Deutschland — Thema Wild — durch einen Preis Anerkennung und besondere Erwähnung fand: er gehört zu jenen so seltenen Künstlern, die das afrikanische Wild mitten in der Bewegung, im kühnen Sprung, im Kampf, auf der Flucht, in größter Lebensechtheit darstellen können. Damals in der Etoschapfanne war *er* es auch, der — in echter Nachahmung des afrikanischen Palisadenbaus — harmonisch sich in die Landschaft einfügende Touristenhütten baute. Wie erregend war es, durch die schmalen Spalten der hohen Palisaden nachts die zur Quelle kommenden Elefantenherden, das Raubwild beobachten zu können, so gefährlich nah, so unmittelbar. Man hörte das eigene Herz klopfen. Heute, nachdem sich das Wild wie die Touristen vermehr-

Dieter Aschenborn erzielt immer neue Effekte

ten, mußten leider halbhohe Mauern an jener Stelle in Okaukuejo errichtet werden, um den Frieden und die Sicherheit beider Seiten nicht zu gefährden. Und dennoch kommt es auch heute noch vor, daß Löwen, einen Kudu verfolgend, über die Brustwehr springen und zwischen erstaunten Touristen ihre Jagd fortsetzen. Tierparadies! Menschenparadies!

Kein Wunder, daß es Aschenborn immer erneut in die Etoschapfanne zurückzieht, denn damals, Mitte der fünfziger Jahre, mußte er dann doch — wegen der heranwachsenden schulpflichtigen Kinder — die Wildnis gegen Windhoek eintauschen. Aber neben seinem ständigen künstlerischen Schaffen fand der Maler noch Zeit, Safaris dort hinzuführen. Und wer je mit ihm gefahren ist, vermag zu berichten, welche wunderbaren Geschichten er nachts am Lagerfeuer zu erzählen wußte, denn dieses Talent des Vaters Hans-Anton hatte sich auch auf den Sohn DIETER vererbt. Aber das Erstaunlichste erfuhr die Öffentlichkeit erst, als die Landeshauptstadt ihr 75jähriges Jubiläum feierte. Unter vielen damals im Jahre 1965 veranstalteten Ausstellungen fand eine unter den alten Südwestern ganz besondere Beachtung. Sie nannte sich schlicht: Drei Generationen Aschenborn. Denn neben den aus dem ganzen Lande herbeigetragenen Werken des Großvaters Hans-Anton und der großen Auswahl aus dem vielseitigen Schaffen Dieters, wurden zum erstenmal auch Aquarelle, Linolschnitte und Zeichnungen des inzwischen erwachsenen Enkelsohnes Hans-Ulrich gezeigt. Und wie es hier nicht anders sein konnte, entsprangen auch

Hans-Ulrich Aschenborn
Auch die dritte Generation malt

seine Arbeiten der Liebe zur Südwester Fauna und Flora. Das zahlreich erschienene Publikum konnte sich bei dieser Gelegenheit noch genauer über Leben und Schaffen der drei Malergenerationen unterrichten. So sah man neu aufgelegte Tierbücher und Kunstmappen des alten Aschenborn, erfuhr dabei, daß dieser noch vor dem Ersten Weltkrieg einem Kamelreiterregiment angehört hatte, auf dem Rücken der schaukelnden, lebenden Wüstenschiffe quer durch das Steppenland geritten war, dabei seine gigantische Schönheit entdeckend, der er für immer verfiel und die ihn zum Künstler und Dichter machte. Und daß er, Hans-Anton, der Verfasser eines Liedes war, das inzwischen zum *Volkslied* geworden ist, wer wußte das schon, und dabei singt es die Jugend noch heute mit Leidenschaft auf den Safaris, am nächtlichen Lagerfeuer im Busch:

„Wie oft sind wir geschritten
auf schmalem Negerpfad,
wohl durch der Steppe Mitten
wenn früh der Morgen naht.
Wie lauschten wir dem Klange
dem alten trauten Sange
der Träger und Askari:
Heia, heia Safari!"

Dieter aber ist heute noch mehr als für seine Bilder für seine großartigen Holzschnitzereien und seine Jagdszenen auf Leder bekannt, die man in Ratsälen, Regierungsgebäuden, Privathäusern und Hotels, ja, sogar im berühmten CARLTON der Goldstadt Johannesburg bewundern kann. Er hat ganz eigene Techniken entwickelt und erzielt immer neue Effekte.

Man braucht ihn nicht erst zu fragen, warum er – trotz aller Unsicherheit eines Künstlerdaseins – weiter so an Südwest hängt. Es ist wohl das Vermächtnis des Vaters, der durch jene schlichten Worte seiner Sehnsucht Ausdruck gab:

Ich hatte nichts im Leben wie diese Steppe lieb —
bis mich mit rauhen Händen das Schicksal draus vertrieb.
Ich habe mein Herz verloren wohl an das Sonnenland.
Und wenn ich einst gestorben, möcht ruhn ich dort im Sand.

Unsere Musiker:
Hans Müller — Willi Frewer — Dr. Max Weiss
und das Windhoeker Symphonie Orchester:
Sie legten die Basis

Und was bannte unsere Musiker, unsere Künstler hier fest, die nie und nimmer hoffen konnten, ein ihrem Einsatz entsprechendes Entgelt zu erhalten? Denn Reichtum konnten sie im Dienste der Musen in unserem karg besiedelten Steppenland nicht ernten, — nur Ehre, nur Liebe, doch das schien ihnen zu genügen. Vor ein paar Jahren las man in allen Windhoeker Zeitungen, daß das Staatskonservatorium für Musik drei der längst verstorbenen Männer geehrt

Kirchenmusiker Hans Müller: er legte schon 1907 die Basis

hatte, die einst das Musikwesen in unserem Lande aufgebaut und durch schwerste Kriegs- und Krisenjahre am Leben erhalten hatten. Sie taten es noch ohne jegliche staatliche Unterstützung, allein kraft ihrer Persönlichkeit, und legten damit das Fundament für das rege Musik- und Konzertleben in Windhoek. Wir sprechen von Hans Müller, Willi Frewer und Dr. Max Weisss.

Nennen wir zuerst HANS MÜLLER, den späteren Kirchenmusiker der Christuskirche, der Anfang des Jahrhunderts aus dem traditionsreichen Dresden für die Schutztruppe herausgekommen war und dann — 1907 — anfing, mit viel Idealismus und den wenigen verfügbaren Kräften einen Männergesangverein zu bilden, aus dem 1910 eine „Liedertafel" wurde und zu der sich — seine weitere Gründung — die „Windhoeker Musikfreunde" gesellten. Sehr bald gruppierten sich immer mehr musikbegabte Männer und Frauen um ihn, so daß bereits damals ganz erstaunliche Leistungen vollbracht werden konnten. Hier wurde schon die Basis für das spätere Windhoeker Symphonieorchester gelegt. Welch wunderbares Erlebnis bedeutete es dann für all jene, die noch die schweren Anfänge kannten, als zwanzig Jahre danach, also im Jahre 1927, Brahms großes Requiem als Jubiläumskonzert in der Christuskirche erklang.

Erst 1939 — bei Ausbruch des Zweiten Weltkrieges — übergab der bis dahin so tätige Hans Müller den Dirigentenstab einem jüngeren Musiker, der mit Willy Kehrmann und Hatterscheid als ein Kammertrio nach Windhoek gekommen war: WILLI FREWER.

Geboren war Frewer in Essen, hatte an der bekannten Folkwangschule unter Fritz Lehmann studiert — Cello, Klavier- und den Dirigentenkursus absolviert. Was also brachte ihn hierher? Nun, es waren damals schwere Zeiten für junge Musiker. Da las er eine Annonce in einer Zeitung, die ihn fesselte, die seine Phantasie anregte: Das Café Zoo in Windhoek suchte Musiker. Café Zoo in Afrika! Wiegende Palmen, Sonne — und abends das Rufen bunter, exotischer Nachtvögel, das dumpfe Dröhnen der Negertrommeln. So stellte er es sich vor. Warum also nicht? Statt in der Heimat zu hungern, besser in Afrika musizieren zu können. — So fuhr er hin, fand die ewige Sonne, fand die Palmen, die Papageien, die Nachtvögel und fand noch mehr: die Liebe!

Das Töchterlein seiner Chefin schenkte ihm ihr Herz. Und damit war er gefangen, für immer, dachte nie wieder an Rückkehr. Doch bald unterbrach der Krieg das junge Familienglück. Am Karfreitag des Jahres 1940 konnte er noch unter tiefer Ergriffenheit der Südwester, die um das Schicksal der alten Heimat genau so bangten wie um den Frieden in der neuen, in der Christuskirche Franz Schuberts „Stabat Mater" aufführen. Dann kam auch für ihn der Befehl: Internierung. Aber das ist ja das Wunderbare an einem Musiker: er braucht nichts als sich selbst, als seine Muse, um auch hinter Stacheldraht weiterschaffen zu können. Mit andern begabten Könnern und Enthusiasten — darunter der bereits erwähnte Willy Kehrmann, der auch später eine bedeutende Rolle im Südwester Musikleben spielte — bildete man Kreise für Kammermusik, Chormusik, fand auch Zeit zum Komponieren. Dann kam endlich die Rückkehr

Willi Frewer und das Windhoeker Symphonie Orchester.

zur Familie nach Windhoek. Zwar erwies es sich jetzt als noch schwerer, von der Musik allein zu leben, doch zum Broterwerb bot sich der Ausbau einer Musikalienhandlung an. Und nun ergab sich auch die Möglichkeit, unter Hinzuziehung aller Sprachgruppen aus der vorerst gebildeten „Windhoek Music Society" ein richtiges Symphonieorchester aufzubauen. Aus allen Schichten der Bevölkerung strebten ihm nicht nur ausgebildete Musiker zu, sondern eine noch größere Schar begabter Amateure. Alle stellten sich ohne Ausnahme ohne Honorarforderungen zur Verfügung, trugen auch die Unkosten für ihre Instrumente selbst. Wohl fanden sich Gönner, wohl erwartete ein spendenbereites Publikum begeistert jedes neue Konzert, das stets schon im voraus bis zum letzten Platz ausverkauft war. Dennoch hatte der Vorstand des Orchesters, der Willi Frewer unermüdlich zur Seite stehende und auch als Dirigent und Komponist wirkende, hochgeachtete DR. MAX WEISS, bis zuletzt schwer an der Last der Finanzierung zu tragen. Aber *daß* überhaupt ein Orchester fähig war, sich jahrzehntelang in dem dünnbesiedelten Land ohne Zuschüsse — ohne die in Europa selbstverständlichen hohen Subventionen — zu halten und dadurch zu einem ganz entscheidenden Kulturfaktor zu werden, das allein ist eine Tatsache, die wert ist, vor dem Vergessen bewahrt zu werden. Daß nicht nur unser musikalischer Nachwuchs, sondern daß auch die Vertretung der alten Heimat, das damalige Konsulat der Bundesrepublik, diese Entwicklung in gleicher Weise ansah, bewies die Ehrung, die man Willi Frewer noch kurz vor seinem Tode zuteil werden ließ: Der deutsche Konsul überreichte ihm mit Worten des Dankes und der Anerkennung eine Faksimileausgabe der Matthäus Passion.

Frewers Programm war von Mal zu Mal anspruchsvoller geworden. Man denke nur an die Klavierkonzerte mit Helga Stewien und die Violinkonzerte mit Gerald Fainsinger, um nur einige zu nennen. Allen Mozart-Freunden ist

Willi Frewer und Dr. Max Weiss in gemeinsamer Freude über einen neuen großen Erfolg.

auch heute noch eine wunderbare Wiedergabe des Violinkonzertes Nr. 5 in Erinnerung. Wie gut, daß es seinen Söhnen gelang, dieses Ereignis durch die Mittel der Tonbandtechnik festzuhalten.

Die Söhne Willi Frewers blieben unserem Lande ebenfalls treu. Auch sie basieren, um der Kunst dienen zu können, auf dem väterlichen Geschäft, wenn auch auf verschiedenen Zweigen. Freddy, den der Vater nach Heidelberg auf die Hochschule für Musik und Theater gesandt hatte, entschied sich für das Schauspiel, genoß eine handfeste Ausbildung und kehrte dann nach Windhoek zurück. Obwohl ihm hier für seine Theatergruppe zumeist nur begabte Amateure zur Verfügung standen — und auch heute noch stehen (mit Ausnahme des begabten Schauspielers Claus Ungelenk) — wagte er sich mit Erfolg an Stücke wie Wittlingers Seelenwanderung, wie die berühmte Glasmenagerie, wie die Zwölf Geschworenen u.a. Auch das aktuelle Stück von Max Frisch „Biedermann und die Brandstifter" sowie das psychologisch interessante Spiel „Die Fahrt nach Abendsee" standen auf seinem Programm. Mit seinem Vater brachte er in einer heiteren Laune sogar noch das erste Windhoeker Musical heraus. Ausländische Filmgesellschaften, Fernsehteams und Regisseure suchen immer wieder seine Mitwirkung. Als ich ihm nun meine Frage stellte, was ihn, der doch die größeren künstlerischen Möglichkeiten in Deutschland kennengelernt habe, dennoch bewog, hierher für immer zurückzukehren, hatte er seine Antwort sofort parat: „Hier ist nicht nur das Land unserer Kindheit, unserer Jugend, hier weiß man auch, daß man gebraucht wird, daß man keine Nummer ist, daß man Aufbauarbeit leisten, eigene Initiative entwickeln kann. Ich war gerade jetzt wieder in Europa, um nach neuen Stücken zu suchen. Glauben Sie mir, ich konnte es kaum erwarten, doch wieder in unser Sonnenland zurückzukehren, in die Wärme, in die Weite, die Freiheit und zu all den Menschen, die man kennt, die einen selbst kennen und zu denen man einfach gehört!"

Die Diekmanns kamen vom Jadebusen

„Ja", sagte Wilhelm Diekmann, „so war das gewesen: da stand nun Mutter mit zehn Kindern auf dem Bahnsteig, damals im Jahre 1909, alle wie die Orgelpfeifen. Die Leute haben noch oft davon gesprochen. Nein, so sehr glücklich sah Mutter nicht aus, wenn sie auch froh war, daß Vater noch lebte. Sie hatte ja schon Trauerkleidung angelegt gehabt. Das kam so: Vater war mit mir, seinem Ältesten, nach Südwest vorgefahren. Von der Waterkant kamen wir, vom Jadebusen. Diekmann heißt ja Deichmann, heißt zeitlebens kämpfen gegen das Meer, um das Seine zu schützen. Da packte Gustav, den Vater, das Fernweh, und das weite afrikanische Land, wo soviel Boden brachliegen sollte, das erschien ihm für seine große Familie genau das rechte zu sein. Aber nicht planlos zog er los", so erzählte Wilhelm weiter. Wilhelm, der inzwischen auch schon längst die 80 überschritten hatte. Nein, alles mußte genau durchdacht sein. Und da man gehört hatte, wie teuer dort alles Handwerkszeug, Ackergerät, Saatkorn und Sättel sein sollten, wurde alles verpackt und mitgenommen. Und dann bestiegen Gustav, der Vater, und er, Wilhelm, das Schiff. Zwischendeck natürlich, denn jetzt hieß es, jedes mitgenommene Goldstück sparen, um sich drüben einen guten Anfang zu sichern. Nach langer, stürmischer Fahrt endlich mit Sack und Pack in Swakopmund eingetroffen, ging man nicht etwa in ein Hotel. Nein, man schlug das mitgebrachte Zelt auf. Und dabei blieb es dann auch auf dem langen Zug in den Norden. Denn daß der Norden, die Gegend am Waterberg, besonders gut und wasserreich sein sollte, das hatte man unterwegs beim Herumfragen bald herausgefunden. Doch bei aller Vorsicht, die sie walten ließen, Lehrgeld mußten auch sie bezahlen. Und um ein Haar wäre auf dem anstrengenden Fußmarsch ab Karibib mit den dort gerade erstandenen Maultieren er, Wilhelm, in der trockenen, unwegsamen Steppe elendig umgekommen. Da sie beide, Vater und Sohn, zuvor nie geritten waren, führten sie die Tiere, die ihr Gepäck trugen, am Zügel. Da riß sich eins in einem unbewachten Moment los und verschwand im sausenden Galopp im Busch. Er, Wilhelm, raste los, um es

Wilhelm Diekmann „erst 90 Jahre alt"

einzufangen. Doch bald verlor er die Spur, die Richtung. Aufgeben wollte er nicht, aber Hitze und Durst quälten ihn nach Stunden bis zur Erschöpfung. Schon glaubte er sich in dem wasserlosen, fremden Land verloren. Da tauchte plötzlich vor ihm – welch Wunder – ja, es war ein Wunder – ein Reiter auf. Retter in der Not! Und das durchgegangene Maultier? Das sollte sich, klug wie die Tiere sind, auch wieder einfinden, dort, bei der alten Herde, wo sie es erstanden hatten. Noch einmal verloren sie den Pfad auf ihrem Fußmarsch durch das unbekannte Land, und abermals hatten sie Glück. Und das Glück blieb ihnen auch hold, als Vater Diekmann sich beim Bezirksamtmann in Omaruru um das Farmland bewarb, von dem er unterwegs so viel Gutes gehört hatte: um Hamakari. Doch das sollte noch gar nicht verkauft werden. Aber als Vater Diekmann als letzten Trumpf die Tatsache ausspielte, daß er zwölf Kinder habe – „Was sagten Sie? Zwölf Kinder?" – da erhielt er den Zuschlag. Als sie dann endlich auf Hamakari eintrafen, war da nichts als Steppe und Busch. Doch Wasser sollte es genug geben. So legten sie sich erst einmal zur Ruhe. Am andern Morgen, als er, Wilhelm, glaubte, nun in der Wildnis umherstrolchen, sich am eigenen Grund und Boden erfreuen zu dürfen, sagte Vater: „Anfangen!" Anfangen – das hieß, in der Sonnenglut roden, pflügen, säen, aussäen der mitgebrachten Saat. Und als er dann eines Morgens einfach nicht mehr hochkonnte und vor Kopfschmerzen halb verrückt wurde, sagte Vater: „Arbeiten hilft!" Bis er wirklich nicht weiterkonnte, bis Malaria erst ihn, dann den Vater umwarf. Aber sie kamen nicht um daran. Nachbarn erschienen, sorgten für ihre Pflege, für Chininbehandlung. So haben sie diesen harten Anfang überlebt. Und nun ging es zielbewußt an einen Hausbau. Als der so weit war, sollte die Mutter mit den elf Kindern nachkommen. Aber die zögerte noch, zögerte so lange, bis Vater Gustav der Geduldsfaden riß und er den Sohn telegraphieren ließ, er, das Familienoberhaupt läge im Sterben. Das war nun wirklich ein großer Schock, denn, so meinte die übrige Verwandtschaft am Jadebusen, wenn einer dort drüben im fernen Afrika todkrank würde, bedeute dies, daß er inzwischen schon tot wäre. Also mußte Trauerkleidung besorgt und angezogen werden. Nun, ein zweites Telegramm beruhigte die Mutter der Zwölf. Immerhin bewirkte es, daß sie sich nun doch auf den Weg machte. Und so stand sie denn eben eines Tages mit ihren Kindern „wie die Orgelpfeifen" auf der kleinen Bahnstation von Otjiwarongo. Nun kam die ganze Wirtschaft erst richtig in Schwung mit so vielen Händen zum Zupacken. Und da Gustav erlebt hatte, wie doppelt wichtig es in diesem Lande war, daß man sich stets auf die Kraft seiner Arme verlassen konnte, ließ er jeden seiner Söhne ein Handwerk lernen. Und diese weise Voraussicht ist es dann in den bald hereinbrechenden Jahren der Dürre, der Seuchen, der Heuschrecken und des Krieges gewesen, welche die „Diekmänner" — wie man hier sagt — immer wieder hochkommen ließ. Wenn die Landwirtschaft brachlag, führte ein Teil die Wirtschaft weiter, der andere Teil aber arbeitete als Stellmacher, Maurer, Tischler, Schlachter. Der Stammvater Gustav allerdings hat den verlorenen Ersten Weltkrieg nicht mehr lang überleben können. Daß dieses mit so harter Arbeit erkämpfte Land für die alte Heimat verloren sein sollte, das war zuviel für sein Herz. Als dann für die Witwe die Zeiten immer schwerer wurden, kehrte sie mit den jüngsten Kindern wieder heim. Die älteren Söhne jedoch waren schon zu verwurzelt, sie blieben, holten sich Frauen von drüben oder von anderen Siedlerfamilien und bauten immer weiter auf.

Als wir vor mehr als zwei Jahrzehnten zum erstenmal hinaus nach HAMAKARI kamen, befanden sich dreißig, vierzig Autos auf dem Wege zu den zwei nebeneinanderliegenden ausgedehnten Farmen Groß-Hamakari und Klein-Hamakari. Dort wuchsen nun schon Enkel, inzwischen auch Urenkel auf. Wieder einmal traf das alte Wort zu, daß es in Europa nichts gibt, was es heute nicht auch hier gäbe, denn die zwei Diekmann-Familien hatten gastfreundlich ihre geräumigen Farmhäuser zur Verfügung gestellt für eine Tagung der *Christlichen Akademie,* zu der Redner aus Deutschland, von verschiedenen Universitäten Südafrikas und viele Gäste aus allen Teilen des Landes gekommen waren. Hatte hier einmal jemand ein Zelt aufgebaut, die Maulesel angebunden und am nächsten Morgen zu roden, zu pflügen und zu säen begonnen? Welche gute Saat hatte die harte Arbeit getragen. Nun ging man durch schöne, große Räume, stand unter schattigen, hohen Bäumen, sah den glitzernden Spiegel aufgestauten, kostbaren Wassers, hörte Rinderherden zur Tränke ziehen. Und drüben, im hübsch angelegten Dorf der Ovaherero von Groß-Hamakari spielten Kinder vor den schmucken Häusern der schwarzen Farmarbeiterfamilien, saßen die Männer rauchend auf den Bänken, standen die Frauen am Herd in ihren eigenen Küchen. Wasserleitungen, elektrisches Licht, für alles war Sorge getragen mitten im Busch, sogar für eine Kirche, die Gerd, Wilhelm Diekmanns immer hilfsbereiter Sohn, im benachbarten Hererogebiet Okakarara — gemeinsam mit der Missionsschwester Hanni — mit *eigenen Händen* erbaut hatte.

Als dann der Abend kam, als die ersten lebhaften Diskussionen über die schwere Verantwortung des weißen Mannes in diesem Lande beendet waren, als ein bekannter weißhaariger Pianist am Flügel Platz genommen hatte und die aufmerksamen Zuhörer bei schimmerndem Kerzenlicht in die Welt BACHS und BEETHOVENS entführte, da stand ich draußen unter den Steinbogen des Rundgangs des schönen Hauses von Klein-Hamakari. Und der Professor von der Freiburger Universität, der nach den anstrengenden Debatten noch etwas Erholung unter dem hohen afrikanischen Sternenhimmel gesucht hatte, sagte plötzlich leise, ergriffen vor sich hin: „... zu denken, daß dies alles hier gefährdet, ja, zerstört werden könne ... das darf doch nicht sein!" Ich erschrak, wollte ihn fragen, was er meine, aber da ging er schon leise durch die offene Tür und setzte sich zwischen die andächtig Lauschenden, zwischen diese Menschen aller Sprach- und Berufsgruppen, denen dieses Land Heimat bedeutet und die in dieses gastfreie Haus gekommen waren, um gemeinsam Stunden zu erleben, die sie nie vergessen würden.

Das harte Land mit seinen harten Lebensbedingungen hat auch von den Diekmanns schwere Opfer verlangt. Nicht nur der Stammvater Gustav, sondern auch Männer der zweiten und dritten Generation verstarben zu früh, so auch Gerd Diekmann, der durch einen seiner Brahmanen-Ochsen zu Tode kam, ein Schicksal, das Nachbarn und Freunde zutiefst erschütterte. Doch dann übernahmen gefaßt die tatkräftigen Frauen die Führung und schließlich die Enkel und Urenkel, die auch heute weiter unermüdlich an der Erhaltung des Erbes arbeiten.

Studenten besuchten einen Karakulzüchter auf Farm Paresis.
Die Geschichte des SWAKARA-Modepelzes

Es war der typische Überland-Schulbus, der in das breite Tor der Farm PARESIS einbog. Man sah nur junge Gesichter hinter den Glasscheiben. Ein großer blonder Mann neben dem Fahrer begann zu erklären. Er war nicht älter als die anderen, die alle Studenten der Landbauschule Neudamm waren. Aber er konnte die Führung übernehmen, denn er war der Sohn des Farmers

RUDOLF HOFFMANN, des Mannes also, der diesen großen, vielseitigen Betrieb aufgebaut hatte und dessen moderne, unkonventionelle Methoden von sich reden machten. Das war auch einer der Gründe, warum die Belegschaft des bei Windhoek liegenden Instituts die Fahrt in den Norden unternommen hatte. Der Weg führte dicht am Fuß des großen markanten Bergmassivs entlang, das auch dem Farmkomplex den Namen gab: Paresis.

Bernd, der Sohn, erklärte jetzt, daß sein Vater den Farmbetrieb, zu dem auch ein Teil des Berges gehört, in sechzehn abgezäunte Kamps aufgeteilt hatte. Grundbedingung zur Weideschonung ist ja diese Aufteilung in möglichst viele Kamps, oder, wie man wohl in der alten Heimat sagt, in Koppeln, die alle Zugang zu den verschiedenen Wasserstellen haben müssen. Ja, Wasser! Gerade auf diesem Teil der Farm brachte der Versuch, am Fuße des aus vulkanischem Gestein bestehenden Bergmassivs Wasser zu finden, harte, kostspielige Enttäuschungen: Ganze elf tiefe, aber trockene Bohrlöcher waren das negative Resultat eines erbitterten Kampfes um das lebensspendende Naß. Bis Rudolf Hoffmann zu anderen Methoden griff: Er baute unterhalb der Bergwand einen sogenannten tiefen Schüssel-Staudamm mit langen Zulaufskonturfurchen, um in der stets nur kurze Wochen anhaltenden Regenzeit die dann von den steilen Bergwänden herabstürzenden Wassermassen auffangen und bewahren zu können. Erfolg: der dort errichtete 25 Meter hohe Windmotor konnte nun von dem auf diese Weise aufgespeicherten Wasser monatelang die aufgebauten Tränken füllen. Weithin sichtbar drehte sich die silbern glänzende Windrose.

Die Studenten sahen es, sahen auch die rotbraunen, kräftigen Rinder, die langsam, majestätisch über die goldgelben Weideflächen zum Wasser zogen. Jetzt bemerkte man links der Pad mehrere Schilder mit verschiedenen Daten, die erkennen ließen, daß hier zur Zeit besondere Versuche zur Buschbekämpfung durchgeführt wurden. Buschbekämpfung: ein weiteres ernstes Problem der Südwester Farmer, denn der sich unheimlich ausbreitende, dicht verfilzte Dornbusch reduziert die Tragfähigkeit wertvollen Farmlandes auf erschreckende Weise. Um die verschiedenen Methoden auszuprobieren, hatte Rudolf Hoffmann schon 1 300 Hektar Boden gerodet, sogar einen Flugplatz angelegt, um von dort aus Flugzeuge mit verschiedenen Sprühmitteln aufsteigen und Buschvernichtungsversuche durchführen zu lassen. Sein besonderer Kampf galt ferner den gefährlichen Grasschneidetermiten, die, wie mit Millionen Rasiermessern, die kostbare Grasweide in unheimlicher Schnelligkeit abschneiden und in unterirdische Bauten schleppen.

Die Studenten sahen, hörten und waren beeindruckt. Ja, wer war dieser Mann, der mitten im Busch, ganz auf sich gestellt, solche Entwicklungs- und Forschungsarbeit leistete? Von seinen Eltern, von seinem Vater Otto Hoffmann, der 1903 als Förster und Gärtner aus Schleswig-Holstein nach Südwestafrika auswanderte, hatten wir bereits gehört. Ihm aber, dem in Keetmanshoop, im Süden des Landes geborenen Sohn, ließ man eine besonders zweckmäßige Schulbildung zukommen: Zuerst Realschule in Windhoek, dann Oberrealschule in

Frau Lore Hoffmann, deren Großvater JOHN LUDWIG schon zu den ersten bedeutenden Pionieren gehörte..."

Lübeck; nach Rückkehr in die Heimat Südwestafrika: Landwirtschaftsschule Gamams bei Windhoek, Molkerei-Kursus in Südafrika und zusätzlich eine ausgezeichnete Spezialausbildung auf dem Gebiete der sogenannten schwarzen Diamanten, auf dem Gebiet der Persianerzucht.

Der Bus war jetzt vor dem frei, auf einer Anhöhe gelegenen Farmhaus vorgefahren. Stallungen, Silos, hohe Eukalyptusbäume hatten von fern den Weg gewiesen. Auf der Treppe standen der Herr der Farm, seine beiden Töchter und seine liebenswürdige, schöne Frau Lore, deren Großvater John Ludwig schon zu den ersten bedeutenden Pionieren gehört hatte.

Sie begrüßten die jungen Gäste herzlich. Nach einer freundlich gereichten Erfrischung ging man zu einer Betonfläche hinter dem Haus. Sauber gekleidete Ovambo-Schafhirten brachten für eine geplante Demonstration ausgesuchte Tiere herbei: kostbare, kräftige Karakulramme, schöne Muttertiere mit ihren schwarzglänzenden Lämmern. Und anhand dieser prächtigen Tiere und ihrer gezeigten „Pedigrees" hielt Rudolf Hoffmann einen sehr interessanten Vortrag über die Karakulzucht in Südwestafrika. Es gibt Millionen von Persianern — so erfuhr man — die in der Buchara, in Turkestan, Afghanistan produziert werden und wovon ein Teil von Leningrad, Moskau und Kabul aus über die europäischen Länder im Handel verbreitet wird. Und doch fragt die modebewußte Frau heute nicht mehr nur nach irgend einem Persianer, wenn sie den Modesalon betritt, sondern nach SWAKARA, nach dem südwestafrikanischen Karakulpelz. Um dieses Gütezeichen auf Pelzstücke drucken zu dürfen, brauchten die Karakulzüchter und Farmer über sechzig lange Jahre, bis sie in zäher gemeinsamer Arbeit mit einem Karakulzuchtverein, mit Regierungszuchtstationen, mit branchekundigen Firmen, Forschern und Wissenschaftlern dieses Ziel erreichten. Und wie kam es dazu? Um die Jahrhundertwende, bei der Besiedlung des Landes, ging es vor allem darum, Haustiere zu finden, die in dem harten Klima existieren konnten und deren Nutzwert über dem Niveau der primitiven einheimischen Tiere stand. So ermöglichte dann im Jahre 1907 — nach langwierigen Ermittlungen der Fachleute — der Gouverneur von Lindequist den ersten Import von 2 Böcken und 10 Karakulmutterschafen, dem sich im Jahre 1909 ein größerer Import direkt aus der Buchara anschloß. Es brauchte jedoch fünfzig Jahre im Auf und Ab der Zeiten, um durch unermüdliche Geduld, Rückschläge und Neuanfänge, das Karakulschaf zum Rückgrat der Farmwirtschaft in den ariden Teilen des Landes werden zu lassen. 1919 hatte man den Zuchtverein gegründet, der feste Vorschriften erließ. Jedes reinblütige Schaf wurde mit Ohrmarken gekennzeichnet, als eintägiges Lamm fotografiert, seine Pelzeigenschaften genauestens auf dem sogenannten Pedigree beschrieben, dazu eine Ahnentafel angelegt, auf der die Vorfahren nachgewiesen wurden. Wie bei den Zuchtverbänden in Europa wurden und werden weiter diese Unterlagen kartographiert und registriert und bilden den wissenschaftlichen Unterbau für die Klassifizierung der Mustergruppen und den züchterischen Hintergrund eines jeden angekörten Zuchtschafes. Privatinitiative, freie Marktwirtschaft, wissenschaftliche Forschung, kultureller Hintergrund mit traditioneller Bindung zum Heimatland: Das sind die Eckpfeiler, auf denen eine Industrie aufgebaut wurde, die heute ihren sichtbaren Erfolg aufweist in den ca 5 Millionen SWAKARA-Fellchen, die, produziert auf einsam gelegenen Farmen, ihren Weg über den europäischen Markt, über die Kürschner, in die Modesalons der ganzen Welt finden. SWAKARA wurde zum Gütezeichen für besondere Qualität und Leichtledrigkeit, für Schönheit und Anschmiegsamkeit des so geschätzten, schimmernden Modepelzes der eleganten Frau. Die erhöhten Einnahmen, die durch diese Erfolge der Südwester Landwirtschaft zufließen, kommen, wie man weiß, allen Bevölkerungsgruppen und der Aufwärtsentwicklung des ganzen Landes zugute. — Soweit die Worte Rudolf Hoffmanns.

„Was aber", so fragte nach beendigter Demonstration einer der jungen Gäste, „was aber würde aus der hochentwickelten Karakulindustrie, die — wie man sieht — so unbedingt abhängig von fachlich geschulten Menschen, von deren Können, Wissen und der Erfahrung von zwei, drei hart arbeitenden Generationen ist, was also würde aus ihr, wenn diese Forschungs- und Entwicklungsarbeit plötzlich durch Ereignisse von außen ein gewaltsames Ende fände?"

Der Farmer blickte den jugendlichen Frager lang und ernst an, dann antwortete er: „Ersparen Sie mir, alle sonstigen katastrophalen Folgen auszumalen. Nur ein Faktum sei genannt. Allein durch Zerstörung oder Unterbrechung unserer Südwester Karakulzuchtarbeit würden unserer Volkswirtschaft jährlich 50 Millionen Rand in der so notwendigen ausländischen Valuta verloren gehen und nicht nur das: eine Haupteinnahmequelle, von deren Weiterbestand soviel für die wirtschaftliche Zukunft des Landes abhängt, würde damit vernichtet. Der Schaden wäre für die ganze Bevölkerung unermeßlich."

Die Teppichweberin von Ibenstein/ Tochter des Diamanten-Stauch

Farm Ibenstein: wir hatten oft schon von dieser ersten Teppichweberei im südwestafrikanischen Busch gehört, hatten bereits auch bei Freunden oder in repräsentativen Gebäuden diese künstlerisch so hervorragenden, handgeknüpften Erzeugnisse MARIANNE KRAFFTS bewundert. Nun hatten wir uns angemeldet, um selbst zu sehen, zu lernen und zu erfahren, wie diese begabte Malerin und Designerin als erste auf den Gedanken gekommen war, aus der beim Scherprozeß abfallenden, langhaarigen Karakulwolle diese so geschmackvollen Teppiche zu weben.

Und nun, nach einigen Stunden Fahrt, waren wir angekommen, brauchten nur der Wagenspur zu folgen, hielten am Rande des Hofes und dann wies uns das Surren und Klacken den Weg: das Surren der Spinnräder, das Klacken der Webstühle. Da blieben wir stehen, so hübsch war das Bild; die farbigen Frauen mit den bunten Kopftüchern, in den langen Röcken, vor der Hauswand an ihren Spinnrädern sitzend: „Spinn, spinn, Rädelein ..." Alte Kinderreime fielen uns ein. Es war wie im Märchen. Die Frauen waren an den Anblick überraschter Besucher gewöhnt. Klack, klack, die Füße wippten, die Räder surrten und die Spindeln tanzten.

Jetzt trat uns Marianne Krafft freundlich entgegen, lud uns zu einem Rundgang ein und führte uns durch die Werkräume, erklärte uns alle Arbeitsgänge von Beginn an: Das Aussortieren der Karakulwolle, das Entfilzen durch den Reißwolf, das Spinnen, Waschen und Auswählen. Allein zwanzig Naturfarben ließen sich unterscheiden. Bei dem für besondere Effekte notwendigen Einfärben wird auf chemische Mittel verzichtet, denn was man selbst und die Kunden wünschen, war ja das reine Naturprodukt. Dementsprechend groß war auch die Haltbarkeit und Strapazierfähigkeit. Ibensteiner Teppiche, das wußte man inzwischen, können Generationen überdauern. An den großen Webrahmen saßen junge Farbige, arbeiteten mit geschickten Händen. Die Entwürfe stammten von

Marianne Krafft geb. Stauch: sie war als erste auf den Gedanken gekommen...

Marianne Krafft selbst. Wir bewunderten die Verschiedenartigkeit der Motive und Ausführung und erfuhren auch, daß der Betrieb durch ständig neue Aufträge mehr als ausgelastet war. Nein, Reklame brauchte sie nie zu machen. Es war von Anfang an deutlich gewesen, daß sie – wie man heute sagt – eine Marktlücke entdeckt hatte: gute, gediegene Handarbeit von den eigenen Menschen, von der im Lande gewonnenen Wolle der Karakulschafe, unserer schwarzen Diamanten. Eine so einfache und deshalb geniale Idee. WIE WAR SIE DARAUF GEKOMMEN?

Nun, sie hatte wohl den wachen Blick, die Kombinationsgabe und die Entschlußkraft ihres Vaters geerbt, denn Marianne Krafft ist eine Tochter des – wie man hier sagt – „Diamanten-Stauch", des Mannes also, der 1908 als junger asthmakranker Eisenbahnangestellter im wehenden, heißen Sand der Namibwüste auf seinem Arbeitsfeld die ersten Diamanten entdeckt hatte und damit das bisher so arme, verachtete Land urplötzlich zum Traumziel aller Schatzgräber werden ließ. Ja, also wie kam Marianne Krafft, geb. Stauch, auf ihre Idee? Die ersten Karakulschafe Südwests wurden bekanntlich aus der Buchara eingeführt. So hatte ihr der Vater ihres Mannes, der mit seiner Familie 1918 aus Rußland geflohen war, von den Nomaden jener Steppen erzählt, die aus Karakulwolle ihre Zelte und Teppiche knüpfen. Als Kunststudentin in Berlin hatte sie auch bei ihrem Bauhaus-Lehrer wunderbare handgewebte Teppiche gesehen und plötzlich erstand vor ihren Augen das Bild Ghandis am Spinnrad. Ghandi, der indische Weise, der sein Volk zurück zur Hausspinnerei und Hausweberei führen wollte. Hatte sie nicht auf der väterlichen Farm die nach dem Scherprozeß abfallende Karakulwolle unverwertet liegen gesehen. Den Grund hierfür kannte sie: die Nachfrage aus den Industrieländern war zeitweise so gering, daß sich Arbeit und Kosten für ein marktfertiges Reinigen, Herrichten und Versenden einfach nicht lohnten. So verwandte der Farmer sie dort, wo sie ihm selber half: zum Ausfüllen von Schlaglöchern in seinen steinigen Wegen oder in seinen ausgewaschenen, sogenannten Rivieren, den ausgetrockneten Flußbetten, um dadurch seine an solchen gefährlichen Stellen ohnehin schwer strapazierten Lastwagen vor einem Absacken zu bewahren. Doch was geschah mit dem Überschuß? Die Gedanken ließen sie nicht mehr los, fügten sich zusammen, bis die große Idee geboren war.

Sie war inzwischen mit ihrem Mann Nikolai auf die väterliche Farm Ibenstein gezogen. Der zweite Weltkrieg war vorbei. Auf ihrer ersten Europareise nach zwanzig Jahren schritt Marianne Krafft zur Tat: sie suchte und fand eine deutsche Webmeisterin, die sich von ihren kühnen Plänen faszinieren ließ und bereit war, mit nach Südwestafrika zu gehen. Nun beschafften sie sich Holzspinnräder aus Finnland und lernten mit Geduld und Ausdauer schwarze und farbige Menschen an, leisteten auf ihre Weise eine Art Entwicklungshilfe und konnten — die Weberei besteht seit 1952 — inzwischen Hunderte ausbilden. Übrigens bewährten sich im heißen, trockenen Klima die Holzspinnräder nicht, sie mußten bald durch Metallräder ersetzt werden.

Während uns Marianne Krafft all das erzählte, waren wir zum Wohnhaus hinübergegangen. Dort, auf der offenen, schattigen Terrasse an einem mit kostbarem alten Porzellan gedeckten Kaffeetisch saß Oma Stauch: Oma Stauch, verehrt und geliebt, die, wenn man sie darum bat, von ihrem langverstorbenen Mann August Stauch erzählte. Die alten Geschichten — man möchte sie immer wieder hören — wie sie noch mit ihren Kindern im Pommerland saß, besorgt über das Fernsein ihres asthmakranken Mannes im fernen Afrika — seine ersten Briefe, die ihr versicherten, wie gut ihm die Arbeit an der sandverwehten Eisenbahnstrecke im trocknen Wüstenklima tat — und dann eben die erregende Meldung von seinen Diamantenfunden.

Sie war skeptisch gewesen, natürlich, und da schickte er ihr zum Beweis ein paar der kostbaren Steine einfach so in einem Couvert ... einfach so. Sie versank in Erinnerungen, die weißhaarige, lebenskluge, freundliche, weit über 80 Jahre alte Frau Ida Stauch. Vier Kinder hatte sie ihrem Mann geboren, von denen zwei ausgeprägte künstlerische Begabungen zeigten: ihr Sohn Hellmut, der sich als genialer, neue Wege beschreitender Architekt weit über die Landesgrenzen hinaus einen Namen machte, und die Tochter Marianne, die uns Südwestern zeigte, wie man aus einem ungenügend verwerteten Produkt der kostbaren Karakulschafe neue Kostbarkeiten schaffen konnte.

Ich blickte umher: wie schön war es hier, kühl durch die schattenspendenden Bäume und Kletterpflanzen, die Blumen in den Kübeln. Was sie hier festhielt? Ich brauchte sie nicht zu fragen. Wem es gelungen ist, etwas Erstmaliges zu schaffen und auszubauen und wer sich für den Weiterbestand verantwortlich fühlt, der ist viel zu sehr mit dem Lande verwachsen, um es freiwillig zu verlassen. Oma Stauch hat es auch nicht mehr verlassen. Sie ist inzwischen, betrauert von ihrer Familie und ihrem großen Freundeskreis, im gesegneten Alter von 86 Jahren im Deutschen Altersheim in Windhoek verstorben.

Und Marianne Krafft, die auch schon lange Witwe ist, hat ihr Werk in jüngere Hände legen können, in die Hände ihrer Tochter Berenike und deren Mann Frank Gebhardt, die sich beide darauf vorbereitet hatten. So ist die Erhaltung dieser Arbeit für weiße und farbige Menschen gesichert. Und weiter surren die Spinnräder, klacken die Webstühle mitten im afrikanischen Busch ...

Die Nonne, die ein Krankenhaus baute — Schwester Reinholda und das St. Theresien Hospital in Otjiwarongo

Als ich vor Jahrzehnten zum erstenmal vor der von Bäumen beschatteten und mit Blumen bepflanzten Anlage stand, fragte ich erstaunt: Das soll ein Krankenhaus sein? Wir gingen durch das schmiedeeiserne Gartentor, sahen das dreiflüglige ebenerdige Gebäude mit den breiten Fenstern, hinter denen sich zarte, bestickte Gardinen bauschten, sahen die Rosenbeete, die Geranien, die Bougainvillea, die sich in leuchtenden Farben an den Mauern emporrankte, standen vor der Eingangstür und lasen in klaren Lettern: St. Theresien Hospital. Zögernd betraten wir die kleine, freundliche Halle, in der ein Bild seiner Schutzherrin, der Heiligen Thérèse, gütig auf wartende Kranke herabblickte. Freundlich uns zunickend gingen Nonnen, ging ein Arzt im weißen Kittel vorbei. Eine schwarze Schwester schob einen weißhaarigen Alten im Rollstuhl zu den Behandlungsräumen. Dann wieder Stille: aber keine Stille der Angst, der Sorge, sondern eine Stille des Friedens.

Da trat eine Frauengestalt auf uns zu, ebenfalls in der schlichten Tracht der Nonnen, doch etwas Besonderes war an ihr. Man spürte, sie mußte die Oberin sein. Und sie war es auch. „Schwester Reinholda", so stellte sie sich selber vor, und als sie bemerkte, wie erstaunt und erfreut wir um uns blickten, erklärte sie sich bereit, uns zu führen und uns die Geschichte dieser Insel der Hilfe und Rettung in der kleinen Stadt im Busch zu erzählen.

„Ja", sagte sie, „wir haben immer versucht, durch lichte, freundliche Farben, durch schöne Bilder, bestickte Kissen, durch bequeme Sessel alle Zimmer wohnlich zu gestalten. Die Kranken — und wie viele von ihnen kommen aus dem harten Leben im Busch — sollen sich wohl bei uns fühlen, — keine Krankenhausatmosphäre sondern..." „Ja", unterbrach ich sie, „das ist es! Man glaubt sich in einem wunderhübschen Sanatorium. Alles scheint farblich aufeinander abgestimmt zu sein, die Wände, die Gardinen, selbst die Fußböden. Und keine Säle?" „Nein, Einbett-, höchstens Zweibettzimmer." „Auch für Kassenpatienten?" „Gewiß, selbst für Sozialrentner." „Und wie schaffen Sie das finanziell?" Schwester Reinholda lächelt gütig: „Sie wissen doch, Nonnen, Patres und Brüder arbeiten für Gottes Lohn." Dann fuhr sie fort: „Wissen Sie, wie wir angefangen haben? Mit 15 Pfund, mit durch Bügeln, Hand- und Näharbeiten in der hiesigen kleinen Gemeinschaft selbstverdienten 15 Pfund, die wir auf die Postsparkasse tragen konnten. Das waren damals 300 Mark. Waren wir stolz! Wir, das waren eine Krankenschwester, ein, dann zwei Patres, eine Kindergärtnerin, eine Küchenschwester und ich — im Jahre 1936. Ich, ja, ich hatte eigentlich einen ganz anderen Weg gehen sollen." „Erzählen Sie", bat ich, denn daß hier vor uns eine außergewöhnliche Frau mit außergewöhnlichen Gaben stand, das empfand man vom ersten Augenblick an. Sie hatte uns inzwischen weitergeführt, hatte uns in verschiedene der so wohnlichen, geschmackvollen Zimmer blicken lassen, war mit uns über den Hof zum Mütterhaus gegangen, wo schon ungezählte kleine Südwester Erdenbürger das Licht der Welt erblickt hatten. Überall Blumen, Sessel, lichte, zarte Gardinen und diese Atmosphäre des Friedens und der Freude am Dienen. Nach der Straße hin lag die kleine Kirche mit dem Zwiebelturm, ja, klein und bescheiden. Eben verschwand eine Nonne mit einem Arm voller Rosen in einer hinteren Tür, die wohl zum Altar führte. Wir setzten uns auf die Gartenstühle in den Schatten des großen Pfefferbaumes. „Erzählen Sie uns von sich selbst", bat ich noch einmal. Sie sah mich forschend mit gütigen Augen an: „Das ist sonst nicht unsere Art", sagte sie zögernd. Und dann begann sie doch.

Ja, mit 17 Jahren hatte sie ganz plötzlich den Entschluß gefaßt, in ein Kloster zu gehen. Drei ihrer Schwestern hatten im gleichen Jahr geheiratet. Da war ihr urplötzlich klar geworden, daß das nicht ihr Weg sein konnte, ein solcher Lebenskreis schien ihr zu eng. Sie mußte für *viele* Menschen dasein, wollte dabei etwas erleben, die Welt sehen, andere Menschen und andere Kulturen. Darum meldete sie sich — trotz des Erschreckens ihrer Eltern — bei einem Missionsorden an. Und vom ersten Augenblick an hatte sie das Gefühl, dort zu sein, wohin sie gehörte. Das war Freiheit, echte, fröhliche Freiheit, für niemanden verantwortlich zu sein, *nur der Vorbereitung* auf zukünftige Aufgaben, *dem erwählten Studium* leben zu dürfen, *das Reich des Wissens* zu erobern, ob auf dem Gebiet der Sprachen, der Mathematik oder Physik, denn sie wollte lernen, um lehren zu können. Und schon sollte sie nach Nordamerika zur Fortsetzung ihrer Studien, schon war sie auf einem großen holländischen Dampfer auf dem Weg in die Neue Welt, als sie der U-Boot-Krieg zur Umkehr zwang.

Der Traum von der weiten Welt war erst einmal ausgeträumt, bis nach 17 Jahren ein neuer Ruf an sie erging: aus Südwestafrika. Ihm durfte sie folgen. Über Missionsstationen im Süden des Landes, über erste Lehrtätigkeit in Rehoboth kam sie dann im Frühjahr 1936 nach Otjiwarongo, wo ihre Mission eine neue Station eröffnet hatte. Ihre erste Aufgabe galt dort der Errichtung einer Schule auf der Werft. Aber abermals hieß es *Lernen*, lernen, denn die Erziehungsabteilung der Regierung verlangte von ihr das Matrik in Afrikaans. Die deutschen Examina und das englische Matrik genügten nicht den hiesigen Anforderungen. Also wurde studiert und im Dezember 1937 das Matrik bestanden. Bereits im Februar hatten verschiedene Familien, deutsch- sowie afrikaanssprachige — gebeten, ihre Kinder, die in Otjiwarongo die Schule besuchten, bei den Schwestern und Patres in Pension geben zu dürfen. Man schaffte Platz für sie, beköstigte sie und beaufsichtigte ihre Schularbeiten. Die Eltern bezahlten pro Monat 2 Pfund. Und davon wurde der ganze Lebensunterhalt bestritten. Auch die kleine Schule auf der Werft brauchte noch Verbesserungen, denn sie war aus Holz, ohne Fundament, und bei heftigem Sturm — kippte sie um.

Schwester Reinholda.
Mit 86 Pfund „Kapital" wagte man sich an den Krankenhausbau.

Doch mit dem Kommen des dann so sehr beliebten Arztes Dr. Jordaan nahm ihre Arbeit eine andere, ja, entscheidende Wendung, denn Dr. Jordaan, der gerade sein Studium in Deutschland — in Leipzig — beendet hatte, erkannte sofort: *Hier* — zwischen Tsumeb und Windhoek — gehörte ein Krankenhaus her, da es zwischen diesen 450 km entfernten Ortschaften damals noch keinen einzigen Arzt gab. Die erste Notoperation wurde in der Spülküche mit den allerprimitivsten Mitteln durchgeführt: Löffelstiele wurden zu Haken gebogen, Sterilisation in kleinen Trommeln im Backofen des kleinen örtlichen Hotels besorgt.

„Immerhin", so berichtete Schwester Reinholda weiter, „zeigte das Postsparbuch inzwischen einen Bestand von ganzen 86 Pfund Sterling. Damit konnte man doch beginnen, ein *Hospital* zu bauen! Das glaubten wir wenigstens, und so begann der Ordensbruder, der zu unserer kleinen Gemeinschaft gehörte, mit der Errichtung des Baus, Stein auf Stein, 6 Krankenzimmer, 2 Operationsräume, ein kleines Labor, — sanitäre Anlagen und einen Aufenthaltsraum. Ein Waschhaus und ein Bügelzimmer folgten.

Und als wir soweit waren, *da brach der Zweite Weltkrieg aus,* da wuchsen die Anforderungen schlagartig, da gab es auch für schwierige Krankheitsfälle, für schwere Operationen keine Auslandsreisen mehr, da mußten wir bauen, bauen, und unsere Patres nahmen selbst die Kelle in die Hand. — Auch heute noch kommen neue Aufgaben auf uns zu. Dort drüben, wo die Zementmischmaschinen stehen, wo Herr Pater eben entlanggeht ..." — Herr Pater? Ich sah nur einen eilig laufenden blonden Mann in Arbeitskleidung mit Kabeln in der Hand. Schwester Reinholda lächelte: „Ja, Herr Pater Koppmann, er ist so begabt, so tatkräftig, energisch und mutig, ohne ihn könnte man sich an das neue Projekt nicht wagen: zweistöckig wird der Neubau, und Operationsräume, Labor, Röntgenzimmer, alles muß erweitert, modernisiert, umgebaut werden. Es reißt nie ab."

Wie in sich selbst ruhend, stolz und demütig zugleich wirkte diese Frau, als sie von dem Werk berichtete, das sie — in gemeinsamer Arbeit mit den Patres, den Ordensbrüdern und Schwestern — hier zwischen Busch und Steppe errichtet hatte. Was war es doch, das sie bewogen hatte, Nonne zu werden? Sie hatte für *viele* Menschen dasein wollen. Dieses Lebensziel hatte sie schon jetzt voll erreicht.

Seit unserem Gespräch unterm Pfefferbaum sind weitere Jahrzehnte ins Land gegangen. Der damalige hart arbeitende Pater in der rauhen Arbeitskleidung ist inzwischen Bischof geworden. Und Schwester Reinholda wurde von ihrem Orden mit noch weiteren Aufgaben betraut, übernahm weitere Lehrämter, übersetzte Lehrbücher in Afrikaans, leitete und baute Schulen aus. Die kleine, die sie einst vor 44 Jahren für schwarze und farbige Schüler mit nur 15 Kindern begann, zählt heute über 700 Zöglinge. Sie selbst hat bereits das 85. Lebensjahr vollendet. Und in dem längst vergrößerten Bau und in der vergrößerten Kirche wurde im Beisein des Bischofs und der ganzen katholischen

Gemeinde ihr eisernes, also 60jähriges Profeß-Jubiläum festlich begangen. Heute wirkt sie in Tsumeb, wo sie mit der Betreuung alter, vereinsamter, kranker Menschen auf der Werft ein neues, zusätzliches, wohl unerschöpfliches Arbeitsgebiet gefunden hat. Wieder mußte sie — wie zu Beginn ihres Wirkens in unserem Lande — versuchen, die für ihren Samariterdienst notwendigen Geldmittel zu beschaffen. Aber mit Briefen und Tonbandberichten ist es ihr gelungen, ihre alte Heimatgemeinde in Deutschland zur Mithilfe zu gewinnen. Denn was sie als notwendig und richtig erkannt hat, das führt sie durch mit der Energie einer Jungen, doch mit der Weisheit des Alters. Die alte Heimat hilft der neuen, denn längst ist ihr Südwest zur wahren irdischen Heimat geworden. Und all das ist selbstverständlich für sie. Von Lob will sie nichts hören, denn — so sagt sie energisch — sie tue nichts als ihre Pflicht, genau wie all die anderen Schwestern, Ärzte, Ärztinnen, wie die Brüder und Patres, die oft unter noch schwereren Bedingungen auf einsamen Krankenstationen bei Tag und Nacht ihren Dienst tun — selbst bei Lebensgefahr — oben an der Grenze. *Nur* — um Gottes Lohn.

Die Johanniter — das Martinshorn im Busch
Jugend will aufgerufen sein —
Unfallhilfe der DHPS

Wir waren schon lange über die sogenannte Wellblechpad — das heißt, über eine alte, ungeteerte Sandstraße gefahren, hatten eine munter dahertrabende Eselskarre mit buntgekleideten Hererofrauen überholt, als uns aus unserer leisen Mittagsmüdigkeit ein Ton aufschreckte, ein Ton, den man hier nicht erwartete: Das Martinshorn! Wir drosselten sofort die Geschwindigkeit, schwenkten zur Seite. Da sahen wir schon zwanzig, dreißig Meter vor uns den weißen Ambulanzwagen in großer Eile aus einer Farmpad, einer Pad, die von einem Farmhaus kommt, herausbiegen. Deutlich erkannten wir die weithin leuchtenden Malteser- und Johanniter-Kreuze, das flackernde Rotlicht, Signale aussendend: Achtung, Menschenleben in Gefahr! Und in Sekundenschnelle war das Ganze in einer großen Staubwolke verschwunden.

„Die Johanniter", sagte ich benommen, „die Johanniter hier in dieser weltabgelegenen Einsamkeit!" Und der zweite Gedanke: welch Segen, daß es sie gibt, daß sie gerufen werden können, selbst hierher! Und zu denken, daß sie nur aus kleinen Gruppen bestehen, aus Freiwilligen, zumeist Berufstätigen, die Tag und Nacht bereit sind, in den Krankenwagen zu springen und in solche verlorenen Gegenden zu fahren, um Menschen in Not zum nächsten Arzt zum nächsten Krankenhaus zu bringen! Wir überlegten uns dann, um was es sich in diesem Fall gehandelt haben mochte: Um Schlangen-, um Raubtierbiß, um Herzanfall, um Fehlgeburt. Und dann beschlossen wir, uns gleich nach unserer Heimkehr einmal ausführlich über Herkunft und Wirken des Johanniter-Ordens in unserm Lande zu erkundigen. Bisher wußten wir nur, daß in unserm kleinen Ort eine „St. Johns Ambulance" tätig war, die höchstens aus ein, zwei Dutzend Menschen bestand. Ferner hatten wir erfahren, daß dieser Rettungswagen, den wir soeben in Aktion gesehen hatten, ein Geschenk des Johanniter-Ordens an diese kleine Brigade war. Aber wie das alles zusammenhing, das wußten wir nicht.

So suchten wir nach unserer Rückkehr Christa Nowack auf, die damals noch als sehr tüchtige, erfahrene Sprechstundenhilfe in einem Haus am Marktplatz arbeitete, in dem alle vier Ärzte des Ortes ihre Sprechstunden abhielten. Ihre Telefonnummer, das hatten wir gesehen, war als Notruf für die Unfallhilfe angegeben. Christa, so ungefähr drei Telefone auf einmal bedienend, sagte auf unsere Frage: „Als erstes gebe ich Ihnen hier eine Zeitschrift der Johanniter-Unfall-Hilfe mit, aus der Sie die Geschichte des Ordens sowie Einzelheiten über die neuste Gründung in Windhoek erfahren können, über die Jugendgruppe, die aus Schülern und Schülerinnen der Deutschen Höheren Privatschule besteht. Aber wenn Sie — was hierzulande beispielgebend ist — etwas über die Zusammenarbeit des englischen Zweiges des Ordens, der in Südwest- und Südafrika stationierten St. Johns Brigade und dem deutschen Orden wissen möchten, dann besuchen Sie am besten den Beauftragten des Johanniterordens im südlichen Afrika, HERRN VON LA CHEVALLERIE."

Herrn von La Chevallerie? Ihm waren wir schon begegnet, er ist Südwester Farmer wie wir, lebte mit seiner Gattin oben bei Grootfontein, doch seit einiger Zeit war er aus Gesundheitsgründen nach Swakopmund gezogen.

Dort besuchten wir ihn dann auch, in seinem kleinen Haus mit den kostbaren antiken Möbeln — Danziger Barock — und uralten Stichen an den Wänden. Man sah und begriff: Nachkommen alter preußischer Familien, verlorene Heimat Ostpreußen, herausgekommen nach Südwestafrika, hier neue Wurzeln geschlagen und sich aus Tradition dem Orden weiter verbunden fühlend. Nun erfuhren wir auch, daß der Johanniter Orden schon vor dem Ersten Weltkrieg ganz unten im Süden des Landes, in Keetmanshoop, ein eigenes Krankenhaus erbaut hatte, das im Juni 1912 eröffnet worden war. Es blieb auch nach dem Ersten Weltkrieg Eigentum des Ordens. Während des Zweiten Weltkrieges jedoch wurde es beschlagnahmt und an die Stadtverwaltung verkauft. Doch dann erreichte Herr von La Chevallerie, daß eine finanzielle Entschädigung gewährt wurde. Für diese Großzügigkeit war er sehr dankbar, sie war für die Fortsetzung der karitativen Arbeit von großem Wert. Die Johanniter sind ja ein evangelischer Orden, kein Verein. Es sind verschiedene Vorbedingungen zu erfüllen, um aufgenommen zu werden. So muß man u.a. ein evangelischer positiver Christ sein und sich bereits aktiv für die Gemeinschaft eingesetzt haben. Der Orden gilt als frühester geistlicher Ritterorden, die Gründung geht auf die Zeit der Kreuzzüge zurück. Von Anfang an erkannte man als Hauptaufgabe die Fürsorge, die Krankenpflege, ja, die Verteidigung der christlichen Pilger an. Und immer war auch in späteren Jahrhunderten der Orden primär karitativ. Nach der Eroberung der Heiligen Stadt durch die Moslems mußten die Ordensschwestern ins Abendland flüchten, wandten sich zum Teil nach Spanien, Italien, Frankreich, England und Deutschland. Malta und Rhodos wurden zum Hauptsitz des Ordens, bis Napoleon die Inselgruppe besetzte. In Brandenburg hatten sich die Mitglieder bereits seit dem 16. Jahrhundert zum evangelischen Glauben bekannt. Religionskämpfe, Verstaatlichungen gefährdeten immer wieder den Bestand des Ordens. Und dennoch überlebte er, setzte sich geistig und rechtlich ungebrochen bis in die Gegenwart fort. Daß wir ihn aber auch hier in Südwest wiederfinden, ist ein neuer Beweis für die Wahrheit der oft ausgesprochenen Behauptung, daß es einfach nichts im alten Europa gibt, was man nicht auch hier im geliebten Steppenland wiederfände. „Hier bei uns", so berichtete uns noch Herr von La Chevallerie, „arbeitet der Orden eng mit dem englischen Bruderorden zusammen, der in Südwest durch die St. John's Brigade vertreten ist und deren aktive Mitglieder allen drei Bevölkerungsteilen angehören. In Windhoek konnten wir gemeinsam — und unter Mitarbeit des Roten Kreuzes — an der Deutschen Höheren Privatschule eine Johanniter-Unfallhilfe gründen, die aus 20 deutschsprachigen Jungen und Mädchen des Internats besteht. Sie hat sich inzwischen schon großartig in schwierigen Situationen bewährt. Wieder erwies sich die alte Regel als richtig: Jugend will gefordert, will aufgerufen sein. Zuerst mußten wir uns auf die Angola-Flüchtlinge konzentrieren, es wurde ein Hilfsfonds gegründet, Patenschaften übernommen. Der Aufgaben sind so viele."

Inzwischen, so erfuhren wir, wird die Jugend auch samstags und sonntags im Katholischen Krankenhaus eingesetzt. Man weiß ja, wie akut der Schwesternmangel ist. Und der Präsident der Johanniter-Unfallhilfe in Südwestafrika, Pfarrer Graf von Pestalozza, übergab uns jetzt einen Bericht über die weitere Ausbreitung der Organisation im Osten des Landes, wo es schon seit längerem eine sehr aktive Gruppe der Erwachsenen-Johanniter-Unfallhilfe gibt. Der Nachfolger des Herrn von La Chevallerie, RR O. von Platen, war zur Eröffnung einer festen Station bei Gobabis erschienen, die vor allem durch Spenden aus Deutschland und durch den persönlichen Einsatz des Ehepaars R. und K. Rumpf errichtet werden konnte. In der kurzen Zeit ihres Bestehens konnten dort bereits 75 schwarze und farbige Patienten versorgt werden. Zugleich laufen Kurse in Erster Hilfe sowie ein erster für Analphabeten.

Soviel haben wir nun erfahren über eine Organisation, von der wir bisher so wenig wußten. Unser Interesse war ja erst beim Aufklingen des Martinshorns auf einer einsamen Farmpad erwacht.

Übrigens, das hatten wir auch noch erkunden können: damals ging es sogar um zwei Menschenleben, um eine junge Frau und ihr gefährdetes Neugeborenes. Beide konnten gerettet werden — dank der ständigen Einsatzbereitschaft selbstloser Menschen in jahrhundertealter christlicher Tradition.

Wieviele Ostpreußen gibt es im Lande?
Lagerfeuer auf Waltershagen —
Löwen auf Masuren

Wieviele Ostpreußen heute hier leben und wann sie kamen, das mit Sicherheit festzustellen, wäre schwer bei der Größe und Weite des Landes, denn es gibt keine Einwohnermeldeämter, die Einzelheiten erfassen. Immerhin kann man drei Phasen unterscheiden. Die ersten kamen im vorigen Jahrhundert. Fernweh und die Kunde von der ewigen Sonne lockten sie. Oft wollten sie auch nur ihre Dienstjahre in der damaligen Kaiserlichen Schutztruppe ableisten. Von ihnen ging so mancher zurück, als Südwest nach dem Ende des Ersten Weltkrieges Deutschland verloren ging. Andere blieben, hatten schon zuviel Kraft und Herz in die Arbeit, in die Farm hineingesteckt. Und gerade dann in den Zwanziger Jahren kamen auch neue heraus. Die harten landwirtschaftlichen Verhältnisse im deutschen Osten, Gebietsabtretungen, Verluste zwangen so manchen, sich anderswo eine neue Existenz aufzubauen. Und genau so geschah es nach dem Zweiten Weltkrieg, als ganz Ostpreußen verloren ging. Der unendliche Horizont, die Herbheit der Steppe sowie vor allem die Hilfsbereitschaft und fast unerschöpfliche Gastfreundschaft der Bewohner halfen den Vertriebenen, hier neue Wurzeln zu schlagen. Doch sie vergaßen die alte Heimat nicht. Da erblickt man die Elchschaufel über dem Kamin neben den Ahnenbildern, da sieht man alte, kostbare, vergilbte Stiche von der Marienburg, von Königsberg. Und in den Bücherschränken reiht sich die Ostpreußenliteratur aneinander: von Sandens Bücher, Graf Lehndorffs „Ostpreußisches Tagebuch", Gräfin Dönhoffs „Namen, die keiner mehr nennt", Agnes Miegels Gedichte und viele andere, neben Fotobänden und dem „Ostpreußenblatt", — Zeugen einer stillen, selbstverständlichen, inneren Verbundenheit. Ein Besucher behauptete, daß er bisher noch immer in jedem größeren Kreis deutschsprachiger Südwester mindestens ein, zwei Ostpreußen angetroffen hätte. Und von einem Interniertenlager, also noch vor Ende des Zweiten Weltkrieges, erzählt man, daß sich darin 150 Männer befanden, die auch aus Ostpreußen stammten und deren weitere Familienmitglieder über das ganze Land verstreut lebten.

An all das mußten wir denken, als wir wieder einmal rund um das große Lagerfeuer bei unsern Nachbarn, bei Ilse und Ulli KAISER versammelt waren.

*Der kleine Anfang der großen Simmentaler Zuchtfarm.
Die erste Generation der Kaisers Waltershagen 1914*

Denn der junge Farmer, Erbe und Leiter der großen Simmentaler Rinderzuchtfarm Waltershagen, ist auch ein Ostpreußensproß. Sein Großvater Albert Kaiser kam im Jahre 1896 aus Makrabowa in Ostpreußen. Er hatte zu denen gehört, die nur in der Schutztruppe ihren Dienst ableisten wollten. Aber dann erging es ihm wie so vielen anderen: Die Natur, die Sonne, die Menschen nahmen ihn gefangen, er fand den Weg nicht mehr zurück, eröffnete einen kleinen Handel, arbeitete hart, bis er es mit den Jahren zu eigenem Grund und Boden brachte und eine Familie gründen konnte. Seinen Sohn Ulli, der 1911 geboren wurde, sandte er in Verbundenheit zum fernen Ostpreußen auf das Realgymnasium nach Königsberg. Aber den freiheitsgewohnten Jungen trieb es nach beendeter Schulzeit doch wieder zurück nach Südwestafrika, das ihm, der zweiten Generation, schon zur Heimat geworden war. Zuerst noch mit dem Vater, dann mit seiner jungen Frau, einer Südwester Kaufmannstochter, baute er den großen, gesunden Farmbetrieb im Norden des Landes auf. Zwar mußten erst harte Dürrezeiten durchstanden werden, bis es soweit war, daß sie sich in den dreißiger Jahren die ersten beiden Simmentaler Vollblutbullen von dem bekannten Windhoeker Züchter Gerhard Voigts kaufen und mit diesen ihre

*Ulli und Ilse Kaiser mit ihren Kindern Erika, Uschi und Ulli junior:
So ging es aufwärts und aufwärts, bis...*

eigene Zuchtarbeit beginnen konnten. Der Erfolg blieb nicht aus. Nun konnten sie selbst hochwertige Tiere aus Deutschland und der Schweiz – dem berühmten Simmental – importieren und damit ihren Zuchtbetrieb ständig verbessern und vergrößern.

Eine Kuh mit dem Namen Heidi machte durch ihre Vermehrungsfreudigkeit hier Geschichte: im Laufe von 12½ Jahren hat sie dreizehn Kälber gebracht, darunter viermal Zwillinge.

So ging es aufwärts und aufwärts. Längst waren zwei Töchter und ein Sohn geboren. Die Wohnhäuser, die Stallungen auf der Stammfarm Waltershagen mußten vergrößert, neue Weidegründe, neues Land dazu gekauft werden. Der Name wurde bekannt über die Grenzen hinaus, in Südafrika, und damals bis nach Angola. Schon waren die Töchter erwachsen, gründeten eigene Familien auf eigenen Farmen.

Da kam der furchtbare Schlag: Mitten aus diesem erfolgreichen Leben, im besten Mannesalter, wurde im Laufe weniger Wochen Ulli Kaiser herausgerissen. Ein schnelles, unheilbares Leiden fällte diesen starken, klugen, heiteren, allseits beliebten und stets hilfsbereiten Mann wie der Blitz einen großen Baum. Doch den sicheren Tod vor Augen, regelte er bis zum letzten Atemzug noch alle Angelegenheiten auf solche Weise, daß seine Frau Ilse und ihr damals noch schulpflichtiger Sohn Zucht und Farm weiterführen konnten. Wohl glaubten viele, einen Niedergang der jahrzehntelangen Zuchtarbeit voraussagen zu müssen. Er trat nicht ein. —

Zwei Jahrzehnte sind inzwischen vergangen. Man erhielt und baute auch das aus, was ULLI KAISER, der Vater, sonst noch schuf: Ein eigenes Wildschutzgebiet damals schon, wo Giraffen, Bergzebras, Gemsböcke, Kudus und sonstige Antilopenarten ungestört aufwachsen und sich vermehren konnten. Dies bildete eine gute Grundlage für die heutige Anerkennung als Jagdfarm. Kurz vor Sonnenuntergang hatte uns heute Ulli, der Sohn — der inzwischen auch schon verheiratet und Vater eines Kindes der 4. Generation ist — durch die Stallungen und Kräle geführt, hatte uns die mächtigen importierten oder selbst gezüchteten Bullen, Kühe und Kälber sehen lassen, die so oft auf den großen landwirtschaftlichen Ausstellungen prämiiert worden waren. Silberpokale, gravierte Schilder und Plaketten zeugten davon.

Als wir nun alle um das große Braaivleisfeuer saßen, das Mutter und Sohn Kaiser ihren Freunden und Nachbarn bereitet hatten, als wir aus der Nähe das tiefe, satte Muhen der Kühe und aus der Ferne, aus dem Busch das vertraute Rufen der Nachtvögel hörten, als die Sterne aufleuchteten und der ganze Frieden der afrikanischen Nacht uns umfing, da fragten wir uns, ob es denn möglich sei, daß all das gefährdet sein könnte, die ganze Aufbauarbeit der Generationen, die doch dem Wohle des ganzen Landes dienen sollte?

Die Flammen loderten auf, weckten uns aus trüben Gedanken. Wir blickten in die Runde, sahen entspannte, von der Sonne gegerbte Gesichter, denn die Menschen aller Bevölkerungsgruppen lieben diese Art des zwanglosen Beisammenseins in der Natur, das einfache Gespräch beim Braaivleis.

Wieviele Ostpreußen mochten nun heute hier anwesend sein, von der eigenen Familie ganz abgesehen. Da waren der junge Hausherr und seine Schwestern, das wußten wir schon. Sein Schwager Ulrich Todtenhöfer, Sohn des Landwirtschaftsrates Todtenhöfer, der die Landwirtschaftsschule in Rustenburg leitete, war nach dem Zweiten Weltkrieg herausgekommen, hatte die älteste Kaiser-Tochter geheiratet und dann auf Rodenhofen, einer Nachbarfarm, mit seiner Frau und vier Kindern gelebt, bis ihn ein tödlicher Unfall aus dem Leben riß.

Gerade als wir noch weiter auf der Suche nach Ostpreußen um uns blicken wollten, sahen wir sie: eine ältere, grauhaarige, sportliche, sehr temperamentvolle Frau. In eine Gesprächspause hinein rief sie: „Nein, nein, es waren nur 21!" Alle lachten, denn jeder wußte sofort, wovon die Rede war. *Nur 21*, das bedeutete, daß sie, Anneliese Kopp geb. Ehlert, als junge Frau auf Farm Masuren nur 21 Löwen erlegt hatte. Und dann mußte sie erzählen, obwohl sie es nicht gern tat, denn sie haßte jede Angabe und verachtete Jägerlatein. Wo sie das exakte Schießen gelernt habe? Nun, daheim in Ostpreußen, als halbes Kind noch, auf dem Gut bei Angerburg, angelernt vom Vater: Abschießen der Ratten im Schweinestall. Gab es damals dort viele Ratten! Na, und hier, als sie als junge Frau mit ihrem Mann und drei Kindern herauskam, um 1930, da waren es eben die Löwen, die drohten, ihren ganzen mühseligen

„Nein, es waren nur 21!"
Anneliese Kopp auf Farm Masuren mit einem der selbsterlegten Viehräuber

Anfang zu zerstören: Kostbare einundzwanzig Rinder rissen sie ihnen mitten aus der Herde heraus gleich im ersten Monat! Da kann man nicht die Hände ringen und klagen, da muß man handeln! Und ihr Beginn überhaupt! Mit dem Ochsenwagen hatten sie den Hausrat herbeigeschafft. Grund und Boden, der war erworben, aber darauf stand nichts als ein Windmotor zum Wasserpumpen an der Tränke, das war alles. Ihr Mann hatte dazu ein paar Wellblechplatten besorgt. Die wurden zusammengeschlagen und dieser glühendheiße Schuppen, das war ihr erstes Wohnhaus. So wohnten sie genau so bescheiden, wie ihre schwarzen Arbeiter. Und dann gings gleich los in der ersten Nacht. Krach, Rufe, Schreie: Die Elefanten kommen, eine ganze Herde! Hatten sie doch in ihrer Unerfahrenheit ihre Wellblechvilla in die Nähe des Wassers gestellt, genau dort, wohin die Riesen wollten. Ihr Mann gab das Kommando: Alle rauf auf den Windmotor, so hoch wie möglich, außer Reichweite der Rüssel! Und das im Dunkeln der Nacht. Also rauf mit den Kindern. Da hielten sie sich krampfhaft fest, das scharfe Metall schnitt in die Hände. Und die Elefanten, die Alten mit ihren Jungen, nahmen sich Zeit, soviel Zeit, bis sie nach Stunden abzogen. Über 50 Jahre ist das jetzt her und ist doch, als war es gestern. Am nächsten Morgen haben dann die Schwarzen Drähte um ihren Wohnplatz gespannt und leere Benzinkanister daran gehängt. Nicht die Drähte, aber der fremde Krach sollte die Elefanten vertreiben. Und natürlich bauten sie ihre Behausung nun auch weiter entfernt vom Wasser auf. Aber wie primitiv, hart und gefährlich das Leben im Busch damals war, das schrieb sie, die ostpreußische Gutsbesitzerstochter, ihren Eltern doch lieber nicht heim, das wollte sie ihnen nicht antun. Vor Löwen dagegen hatte sie nicht Angst, das war einfacher, da brauchte man nur Feuer anzuzünden, das war das kleinere Übel, bis sie dann eben begannen, ihre Rinder zu reißen. Und genau das taten die Kerle wieder, als inzwischen der Zweite Weltkrieg ausgebrochen war und ihr Mann sich drüben an die Front gemeldet hatte, um die alte Heimat Ostpreußen zu verteidigen. Was nun? Die Zeiten für die Farmersfrauen waren auch ohne Löwenplage schwer. Ihre Waffen hatten sie ja, aber woher Munition nehmen und nicht stehlen? Die Kriegsgesetze erlaubten ihnen keine. Aber man hatte treue Freunde, z.B. den alten Janson. Durch ihn erhielt Frau Anneliese selbstgemachte Patronen. „Besser als nichts", dachte sie und zog nun — ohne ihren Mann — auf die Löwenjagd, zwei getreue Ovahimbas an ihrer Seite, bewaffnet mit Äxten. Und da kam der Räuber schon auf sie zu, direkt auf sie zu: jetzt galts' — rankommen lassen, nicht zu früh, nur nicht zu früh. Heiliger Hubertus, die selbstgemachte Patrone, würde sie zünden? Los! Ein furchtbarer Krach — eine dicke schwarze Pulverwolke vor den Augen! Hatte sie getroffen — *oder?* Ja, sie hatte! Tot lag das mächtige Tier zu ihren Füßen. — Die treuen Ovahimbas sprangen hoch vor Freude und verkündeten stolz ihren Ruhm.

Von nun an baten sie auch die anderen männerlosen Nachbarinnen um ihre Hilfe. So kam es eben ganz zwangsläufig — so meinte Anneliese Kopp — zu der Zahl 21. „Wenn man gerufen wird, muß man doch helfen. Das ist doch selbstverständlich." Warum sie ihre Farm „Masuren" tauften? Ach, das Gelände war so flach, der unendlich weite Horizont — die Sonnenuntergänge — fast wie daheim. Ja, Masuren! Und als sie dann weiter erzählte von edlen Pferden und vielen Gästen, da gingen die Bilder ineinander über: Die Farm im Busch und die noch immer geliebte, verlorene Heimat Masuren.

Ostpreußen und Südwestafrika! Sollte ein ähnliches Schicksal die Menschen hier bedrohen?

Oh, nein, solchen trüben, nutzlosen Gedanken geben sich die Südwester ostpreußischer Herkunft nicht hin. Viel zu fest sind sie schon mit ihrer neuen Heimat verwurzelt. Und da ertönte bereits, von frischen Stimmen gesungen, die Melodie und die Worte, die sie alle so lieben: „Hart wie Kameldornholz ist unser Land ..." Natürlich, wo gäbe es ein Braaivleis ohne fröhliches Singen — ohne unser Südwester Lied!

Die barmherzige Fliegerin

Es war ein strahlend klarer Sonnentag, lichtblau der Himmel, wie so oft, wie fast immer in unserem Land. Zwei weißgekleidete Ordensschwestern standen im Blumengarten des St. Theresien-Hospitals, neben ihnen zwei junge Frauen. Alle blickten gespannt, zum Teil lächelnd, zum Teil besorgt hinauf, wo ein silberner Vogel seine Kreise zog. Nein, kein Vogel, ein Flugzeug. Immer höher stieg es, schwang aus, schwebte wie schwerelos. Welch wunderschöner Anblick! Ich trat zu der kleinen Gruppe, fragte: wer ist das? Eine der Schwestern antwortete leise: „Unsere barmherzige Fliegerin!" — Barmherzige Fliegerin? — „Ja", sagte eine der Frauen, ohne den Blick von dem immer kleiner werdenden Flugzeug zu wenden, „so nennen wir sie. Sie hat unsere armen keuchhustenkranken Kinder bei sich. Möge es helfen!" — Und dann erfuhr ich, daß eine Keuchhustenepidemie herrschte und daß die Ärzte Frau Anneliese von Baum gebeten hatten, die gefährdetsten Babies hinauf zu nehmen, bis in 3—4 000 Meter Höhe, in die kristallklare, dünne, reine Luft. Dort husteten die armen Kleinen, die schon am Ersticken waren, einfach alles aus, fielen anschließend in einen gesunden Genesungsschlaf und schon konnte die gefährliche Krisis überwunden sein. Eine Therapie, die auch oft in Europa angewandt wurde. Welch Glück, daß unsere kleine Stadt im Busch auch eine leidenschaftliche Fliegerin besaß, die in solchen Notfällen so gerne half.

Das Ganze spielte sich erst vor ein paar Jahren ab. — Am nächsten Tag suchte ich Anneliese von Baum in ihrem Büro auf. Sie saß über Zahlenreihen, Lohnlisten, Firmenkorrespondenzen, denn sie ist eine sehr beschäftigte Frau, hilft ihrem Mann, der die VW-Vertretung des gesamten Nordens des Landes hat. Sie stammen beide von alten Pionierfamilien ab, haben drei Kinder und finden — wie es gerade oft bei hart arbeitenden Menschen ist — doch auch noch Zeit, um für andere dazusein, um zu helfen, wo Hilfe gebraucht wird.

„Wie kamen Sie zum Fliegen?", fragte ich die dunkelhaarige, schlanke, kaum mittelgroße Frau, deren Älteste ihr schon lang über den Kopf gewachsen ist. „Hatten Sie sich das von Kind auf gewünscht?" — „Oh nein, gar nicht, im Gegenteil. Wann sahen wir Südwester Kinder auch schon Flugzeuge! — Zum Fliegen kam ich nur durch eine Notwendigkeit. Sie wissen, die unerhörten Entfernungen in unserm Land. Und als mein Mann die VW-Vertretung erhalten hatte und wir zu der hiesigen noch eine zweite Werkstatt in Tsumeb ausbauen konnten, ergab sich, daß wir diejenigen waren, die am weitesten entfernt von der Mutterfirma, den VW-Werken in Port Elizabeth wohnten und arbeiteten. Da konnten wir nicht bei jedem dringenden Fall, bei Ersatzteilbeschaffung, bei notwendigen Konferenzen erst ins Auto springen und Tage und Nächte unterwegs sein. Da *mußten* wir *Autofahrer* einfach fliegen lernen. Und da ich meinen Mann nicht gern allein den ganzen südlichen Kontinent überqueren lassen wollte — denn darauf kommt es ja hinaus — lernte ich mit ihm.

Sehr mutig war ich gar nicht gleich. Ganz am Anfang, noch lernend, flog ich mit zwei Piloten, doppelt hält besser. Sie ließen mich steuern. Soweit — so gut. Doch plötzlich wurde mir bang. „Bitte, übernehmen Sie wieder," sagte ich zaghaft, blickte zur Seite. Was sehe ich? Mein Pilot schläft! Ich versuche ihn anzustoßen, — keine Reaktion! Ich blicke zum zweiten, er schläft ebenfalls. Ja, da brachte ich zwangsweise meinen ersten, unfreiwilligen Soloflug hinter mich. Auch an den nächsten, den eigentlichen, erinnere ich mich ganz genau. Es war bereits gegen Abend. Ich wollte einfach noch nicht allein aufsteigen. Da wurde mein Lehrer böse, fuhr mich scharf an, packte mich bei meinem Ehrgeiz: ‚Du kannst es, beweis es, beweis es jetzt! Ich warte draußen am Tor! Los! — Also los!' Es ging, ging über Erwarten gut. Aufatmend, stolz und glücklich landete ich nach der verlangten Platzrunde. Da machte ich im letzten Augenblick einen dummen Fehler: ich bremste wie beim Autofahren. Erfolg: im wilden Zickzackkurs ging es über die Sandbahn. Zu meinem Glück hatte es mein Lehrer nicht mehr gesehen, war bereits in sein Auto gestiegen und fort. — Da fuhr ich schnell heim, holte einen Besen und — ja, kehrte bei einbrechender Dunkelheit den Flugplatz, kehrte meine schlimme Spur — meine Schande wieder hinweg. — Wenn mich da einer gesehen hätte ... ‚Typisch Frau', hätte man gesagt.

Übrigens mein Mann war keineswegs galant zu mir. Er hatte mir von vornherein erklärt, daß ich — wenn ich fliegen wollte — auch alles selber machen müßte, Flugzeug selbst rausholen aus dem Hangar, testen, ob alles o.k. usw. Da wollte ich dann an einem Sonntag einen Flug mit den Kindern unternehmen, unsere Kinder waren ja von meinem Mann her das Fliegen schon gewohnt und kannten sich ganz gut aus. Wir hatten damals ein kleines, altes Flugzeug, bei ihm mußte man den Propeller noch selbst anschwingen. Damit es aber nicht schon allein startete, hatte ich meine größere Tochter und deren Freundin an je einen Flügel zum Festhalten gestellt, das kann man ja bei diesen leichten Flugzeugen, kein Problem. Unsere Dreijährige saß bereits angeschnallt drin. Ich schwinge also den Propeller an, der Motor faßt, da läßt die Freundin vor Schreck los und damit begann das Teufelskarussell — im Kreis — immer im Kreis, ich versuchte vergeblich mit dem Fuß zu bremsen, der Fuß als Anker, weiter im Kreis, wollte mit der Hand ans Amaturenbrett, reichte nicht weit genug, bin zu klein, hoffnungslos, das Kind, das dreijährige, drin, das Kind! Ich schrie ihr durch den Motorenlärm zu, wies auf den Hebel, den es abstellen sollte, schrie, schrie, und da begriff das kleine Wurm, schaffte es, stellte den Magneten ab, das kleine Ding! Gerettet! Natürlich war alles meine Schuld gewesen, hatte vergessen, die Räder zu blockieren. Natürlich hatte es auch Zaungäste gegeben, die garantiert ‚typisch-Frau', gesagt hatten. Als das Teufelskarussell endlich stillstand, kam ein Polizist auf einem Motorrad hergefahren, fragte freundlich: „Kan ek help, mevrou? ..."

Übrigens, als ich 1970 meinen Flugschein gemacht hatte und so stolz war, sagte Dirk Mudge — der selbst Flieger ist — gütig lächelnd zu mir:

„Ja, Mädchen, das hast du gut gemacht, aber glaub mir, auch du wirst noch deine Momente haben, wo du Blut und Wasser schwitzt ..." Und so kam es ja auch. — Da war Oma zu Besuch, brachte einen neuen Fotoapparat mit, wollte für ihre Bekannten einmalige prächtige Fotos aufnehmen. Wohin also? Zum Waterberg, dem wildzerklüfteten Bergmassiv, auf dem seltenes Wild in absoluter Freiheit lebt. Wir fliegen — wie immer — in meiner einmotorigen Maschine. Oma ist begeistert, sie rutscht hin und her, blickt rechts hinunter und knipst, blickt links herunter und knipst, ich kurve, sie ist glücklich: riesige Wildherden in dieser romantischen Landschaft! Wie wird man sie bewundern. Plötzlich Stille, tiefe Stille, tödliche Stille! Der Motor setzt aus. Mein Gott! Ein letztes Aufpluffen. Aus! Oma hört es wie ich. Ich blicke unter mich: dichter Dornbusch, Akaziengestrüpp, Schluchten, steile Felswände. Hier notlanden? Wo — wo? Da wende ich mich noch einmal um zu der leichenblassen Oma. Und da sehe ich es: der Gashebel! Ich reiße ihn herum, schnell, schnell. Gottlob, der Motor fängt wieder an. Gerettet! Was war geschehen? Oma — bei ihrem Hin- und Herrutschen, Sich-Bücken, Sich-Wenden, war gegen ihn gestoßen, hatte ihn ungewollt abgestellt."

„Sie haben schon Schwerkranke aus der Etoschapfanne herausgeholt?" frage ich noch, denn von einer solchen Rettung hatte ich einmal gehört. „Ja, gottlob erreichte uns der Notruf noch rechtzeitig. Teilnehmerin einer Safari, Darmverschluß, es ging um Leben und Tod! Es gibt ja eine ganz gute Landebahn dort. Doch muß man aufpassen: Erdmännchen buddeln Löcher in den Boden, Zebraherden ziehen darüber hin und am gefährlichsten fand ich die Springböcke, sie haben sich an Motorengeräusche gewöhnt, lassen sich nicht stören, bleiben einfach auf der Landebahn liegen. Wer ahnt denn das? — Und einmal, als ich jemanden von Namutoni holen sollte, blickte ich schreckerstarrt hinunter, glaubte lauter große Steine auf der Landebahn zu sehen. Dann war es nur — Elefantenlosung! — Aber eins habe ich auch gelernt in den zehn Jahren: Wenn ich fliege, bin *ich* der Kapitän, da darf ich mir nicht reinreden lassen, auch von meinem eigenen flugerfahrenen Mann nicht. In der Bibel heißt es ja sonst, daß die Frau dem Mann untertan sein soll, aber das gilt nicht oben, nicht in der Luft, da trägt der Kapitän allein die Verantwortung — ob Mann oder Frau ..."

Ich kann gar nicht anders, als diese neben ihrem sehr großen Ehemann so klein und zierlich wirkende Fliegerin — das ganze Gegenteil von einem Mannweib — bewundernd anzublicken und stelle noch eine weitere Frage an sie: „Hatten Sie einen Beruf erlernt, bevor Sie heirateten?" „Oh ja", sagt sie lächelnd, „aber keinen mutigen. Ich bin gelernte Kindergärtnerin." Das erinnert mich daran, daß sie die Tochter Dr. Leitners ist, dessen Eltern, aus Bayern stammend, auch bereits Ende des vorigen Jahrhunderts ins Land kamen. Also ein Südwester Kind durch und durch. „Sorgen Sie sich um unsere Zukunft", frage ich noch. „Wer täte das nicht", antwortet sie ernst. „Aber gerade dann, wenn mich die Sorgen gar zu sehr bedrücken, dann ist es für mich das Schönste, unser kleines Flugzeug zu besteigen und hoch, immer höher zu fliegen. Dann läßt man alle Angst mit der alten Erde unter sich. Dann erscheint alles so einfach, so wunderbar einfach und dann hofft und glaubt man wieder, daß doch alles gut werden muß und uns der Frieden in unserem geliebten Land erhalten bleibt!"

Die Nachkommen des Opernkomponisten Friedrich von Flotow in SWA
Geschichte seiner Enkelin Martha

Das Portal der Heliandkirche in Otjiwarongo war weit geöffnet. Schon setzte die Orgel ein. Doch noch weitere Autos kamen, immer mehr dunkel gekleidete Menschen mit Blumen und Kränzen nahten und besetzten die letzten Plätze des Gotteshauses. Man brauchte nicht zu fragen, wem die Trauerfeier galt, man wußte es: Der alten Gräfin Martha zu Bentheim-Tecklenburg-Rheda geborener von Flotow. Der Landespropst selbst war von Windhoek hoch in die Nordenstadt gekommen und erwähnte jetzt in seiner Ansprache die Ereignisse und Daten, die als Marksteine dieses erfüllten, 84 Jahre langen Menschenlebens gelten konnten. Wer war diese Frau, der soviel Achtung und Zuneigung erwiesen wurde und der heute Freunde und Mitglieder der ganzen großen Familie das letzte Geleit geben wollten?

Ja, wer war diese Farmersfrau, diese Mutter von sieben Kindern, Großmutter von 24 Enkeln und Urgroßmutter von 9 Urenkeln?

Sie war — und das interessiert auch jeden Musikkenner — die Enkeltochter, also eine direkte Nachkommin des Opernkomponisten Friedrich von Flotow, der mit der Oper *Martha* eines der volktümlichsten, bezauberndsten Werke der deutschen Opernliteratur schuf.

Und den gleichen Namen MARTHA erhielt auch sie, die Enkeltochter, die genau wie er auf Gut Teutendorf in Mecklenburg-Schwerin geboren wurde. Sie stammte aus der zweiten Ehe Friedrich von Flotows, der seine blutjunge erste Frau durch einen Schlittenunfall verlor. Auch Martha wurde nach dem Tod des Großvaters bald Waise, wuchs in Töchterheimen auf, bis sie — die Afrikasehnsucht packte. Seltsamerweise erfaßte alle Enkel aus dieser zweiten Ehe des lebenshungrigen Musikers der Drang in die Ferne. Marthas zwei Brüder, der ältere, Friedrich von Flotow, sowie der zweite, Wilhelm von Flotow, wanderten schon vor ihr nach Südwestafrika aus. Es war nicht leicht, das Leben, in jenem ersten Jahrzehnt des Jahrhunderts in dem noch so menschenleeren Steppenland und es war schwer, aus dem Nichts etwas aufzubauen. Der

Martha von Flotow mit Hubert Graf zu Bentheim am Hochzeitstag (1913) in Otjiwarongo.

jüngere ließ sich bei Okahandja nieder, der ältere erst in Omaruru, bis er von dem quellenreichen Waterberg hörte. Water — Wasser, es war da! Und während in der übrigen Steppe karg die Weide gedieh, grünte es dort und blühte in fast tropischer Üppigkeit. Sein Bericht also gab der 1890 geborenen jüngeren Schwester den Mut, die weite Fahrt zu wagen. Es sollte nur ein Besuch werden, natürlich, und dann erging es auch ihr so: Sie kam nicht mehr los von dem Land, heiratete bereits zwei Jahre später den auf Sumatra geborenen und inzwischen auch hierher übergesiedelten Grafen Hubert zu Bentheim. Alsbald begann das Paar die Farm Hohenfels bei Otjiwarongo auszubauen. Doch schon brach der erste Weltkrieg aus und die junge Frau aus Deutschland stand ganz unvorbereitet — wie viele ihrer Schicksalsgenossinnen — vor der harten Tatsache, nun ohne ihren bald in Gefangenschaft geratenen Mann die Farm allein bewirtschaften zu müssen. Das sagt sich so leicht, aber wieviel Mut, wieviel Willenskraft und Selbstüberwindung gehörten dazu, um im afrikanischen Busch, nur mit schwarzen, im Krieg auch unruhigen Männern und Frauen den Farmbetrieb aufrecht zu erhalten und gegen Seuchen, Diebstahl und Raubwild anzukämpfen. Doch sie schaffte es und — das ist das Besondere — richtete sogar noch gegen Ende des Krieges auf der eigenen Farm eine Schule, eine sogenannte Farmschule ein, um den Kindern aus der eigenen Familie, der Brüder und der Nachbarn durch deutsche Lehrkräfte zu der dringend notwendigen ersten Schulbildung zu verhelfen. Ein verantwortungsvolles, schwieriges, mutiges und mühsames Unterfangen, zumal bei dieser freiheitsdurstigen, der strengen Hand der Väter schon lange entwöhnten Jugend. Farmerskinder, die gern über Schulbüchern sitzen, während draußen der Busch mit allen Herrlichkeiten lockt, müssen erst noch geboren werden. Ja, Spuren lesen, mit

Die Urenkel des Komponisten, Roswitha und Ingo, lieben ihre Tiere mehr als Bücher und Noten.

Farmhaus auf Hohenfels
Fünfzig Jahre lebte die Frühverwitwete dort.

schwarzen Spielkameraden auf Jagd gehen, mit der Steinschleuder Perlhühner, Marder, Schlangen erlegen, mit Mut und Geschick den wilden Honig der wilden Bienen kletternd aus hohlen Baumstämmen rauben und dem großen Räuber, dem Leoparden, Fallen stellen, *das* war ihre Freude, ihr Stolz. Solche Aufgaben zu erfüllen, erschien ihnen sehr viel notwendiger als das Einmaleins. Und wer sie stattdessen zum Stillsitzen und Pauken zwingen wollte, der mußte ihr Feind sein. Und was tat man mit einem Feind, der nicht aufhören wollte, einen zu quälen? Den mußte man in die Flucht schlagen, so oder so. Beim geheimen Kriegsrat im Busch wurden die schaurigsten Pläne geschmiedet: vom Buschmannsgift im Tee bis zur Baumschlange am Fenster. Ein Glück nur für die ahnungslosen Lehrer, daß solche düsteren Rachepläne kleiner Burschen nie zu Taten werden, schon gar nicht bei der im Grunde so harmlosen, gutherzigen Südwester Jugend.

Längst waren die kleinen Wilden von damals selbst zu Vätern, ja, zu Großvätern geworden, saßen jetzt in der Kirche, während die Orgel brauste, die Trauergemeinde sang, und dachten an einst, an ihre herrliche Jugend. Ja, die damals noch junge Martha Gräfin zu Bentheim hatte durchgehalten, hatte die eigenen Kinder wie die der Brüder und Nachbarn während der männerlosen Zeit in ihrer kleinen Farmschule mit fester Hand erzogen und sie lebenstüchtig gemacht.

Doch Jahrzehnte später brachte der Zweite Weltkrieg ihr neue Schicksalsschläge. Der schon lange schwerkranke Ehemann verstarb und ihre herangewachsenen Söhne wurden interniert. Nur ihr Jüngster konnte ihr noch zur Seite stehen. Der Betrieb blieb erhalten, doch reich konnten sie dabei nicht werden, aber das Leben ging weiter, ein Leben voller Höhen und Tiefen, so bezeichnend für das der Frauen und Mütter in diesem harten Lande.

Der zweiten Generation folgte die dritte, den Enkeln die Urenkel. Als dann viele von ihnen kamen, um mit der geliebten Großmutter das Fest des 80. Geburtstages zu begehen, da hatte man sich für sie eine besondere Freude ausgedacht: da brachte der Rundfunk ihr zu Ehren genau zur rechten Stunde das Lied, das sie über alles liebte: „Die letzte Rose" aus der Oper Martha in der Vertonung von Friedrich von Flotow.

Wieviele Nachkommen des berühmten Komponisten noch heute hierzulande leben mögen? Es wäre müssig, all die Flotows und Bentheims zählen zu wollen, es müssen weit mehr als ein halbes Hundert sein. Sie leben verstreut über das ganze Land, gehen den verschiedensten Berufen nach. Und die wenigsten von ihnen hatten bisher die Möglichkeit, eine Oper zu hören, geschweige denn die des Urahns. Aber wenn sie als echte Südwester auch nicht viel Wesens davon machen, irgendwo im Winkel ihres Herzens sind sie doch stolz auf ihn, auf den Schöpfer der bezaubernden Oper Martha.

Mattenklodt, der Freischütz des Dschungels

Es sind mehr als zwei Jahrzehnte her, daß wir eines Tages beschlossen hatten, Grootfontein zu besuchen, diese kleine Ortschaft im Norden des Landes. Wir wußten, daß es landschaftlich reizvoll lag, zwischen schönen Mopanewäldern. Auch lockte uns der Name Grootfontein — große Quelle. Es sollte nur ein Tagesausflug werden. Und dann saßen wir unter den hohen Bäumen, unter denen ein offenes Wasser, einem Bache gleich, entlang floß. Offenes Wasser, der Quell, welche Seltenheit in unserem Steppenland! Schon als die Kinder das Plätschern hörten, stürzten sie hin, knieten nieder und ließen das kostbare Naß über die Hände rinnen. Und dann konnten wir uns gar nicht mehr von dem Schattenplatz und dem leisen Murmeln trennen, — bis wir erschrocken feststellten, daß es schon spät war, zu spät fast für eine rechtzeitige Heimkehr zur stundenweit entfernten Farm. Da kam plötzlich eine freundliche ältere Frau auf uns zu, die wohl von weitem die Freude der Kinder an dem fließenden Wasser bemerkt und jetzt unsere Sorgen mitangehört hatte. „Wenn Sie mit unseren Gastzimmern vorlieb nehmen wollen", sagte sie herzlich, „dann brauchen Sie nicht durch die Nacht zurückzufahren." — Wieder ein Beweis der Südwester

Gastfreundschaft: Sie wußte nicht unseren Namen, wir nicht den ihren. Und doch bot sie uns hilfsbereit Haus und Lagerstatt an. Wie dankbar folgten wir ihr. Als wir uns dann zum Abendbrot an ihren Tisch setzen sollten, fehlte noch unser Sohn, und als ich ihn ungeduldig rufen wollte, fand ich ihn im Gastzimmer, hellbegeistert vor einem Stoß von Büchern. „Schau nur", sagte er, „ganz, ganz alte Bücher, verblichen, mit Anmerkungen, und das — was ist das? — ein Tagebuch?" Da stand schon Herr Klatt, der Herr des Hauses, hinter uns, kerzengrade, obwohl bereits an die 80 Jahre. „So, mein Jung", sagte er freundlich, „weißt du auch, von wem all die Bücher handeln? Von WILHELM MATTENKLODT! Er war mein Freund". — „Mattenklodt", rief mein Mann. „Ja", sagte unser Gastgeber, „und hier in dem Schreibtisch, vor dem Sie stehen, habe ich ihn mehrmals tagelang vesteckt, stets, wenn er hungernd und durstend vor der Polizei fliehen mußte. Doch nie hat einer das Versteck entdeckt. Gottlob! Denn Mattenklodt war ein anständiger, ehrenhafter Mann und nur nach hartem Kriegsgesetz schuldig. Darum half ihm jeder." „Mattenklodt", sagte mein Mann noch einmal überwältigt. „Ich habe sein eigenes Buch ‚Verlorene Heimat' gelesen." Und dann beim Abendbrot und noch lange, bis tief in die Nacht hinein erzählte uns unser Gastgeber ausführlich von diesem freiheitsliebenden Mann, der heute, fünfzig Jahre nach seinem Tode, schon zu einer Sagengestalt geworden ist und nach dem man in Windhoek sogar eine Straße benannt hat.

Wilhelm Mattenklodt entstammte einer alten westfälischen Bauern- und Handwerkerfamilie, sein Vater war Gastwirt in Lippstadt. Nach Schule, landwirtschaftlicher Lehre und Militärzeit überkam ihn das große Fernweh, für das sein Vater Verständnis hatte. Er zahlte ihm sein Erbe aus. So konnte der junge Mattenklodt 1908 nach Südwestafrika fahren und sich dort, in der romantischen Gegend um Grootfontein, eine eigene Farm erwerben. Hart war der Aufbau. Und ab und an, wenn er noch mehr sehen und erleben wollte, zog er durchs weite Land als Frachtfahrer oder unternahm Jagdzüge durch das südliche, noch so wilde Angola an der Nordgrenze Südwests. Dann brach 1914 der Krieg aus. Da hatte er sich zu stellen. Und nach harten, verlustreichen Kämpfen gegen eine vielfache Übermacht kam für die zahlenmäßig so kleine Truppe bereits 1915 das Ende. Dem jungen Vizefeldwebel wurde erlaubt, auf Parole auf seine Farm zurückzukehren. Da erreichte ihn, den inzwischen wohlbekannten Jäger und Landeskenner, eine geheime gefährliche Botschaft aus einem Gefangenenlager: Fünf internierte deutsche Offiziere baten um seine Hilfe. Er sollte mit ihnen flüchten und sie quer durch den Kontinent nach Ostafrika zu der dort unter Lettow-Vorbeck noch kämpfenden Truppe führen. Das bedeutete für Mattenklodt Bruch der Parole. Ein schwerer Entschluß. Dennoch glaubte er, zusagen zu müssen. Da wurde der abenteuerliche Plan verraten und Mattenklodt sofort verhaftet. Es gelang ihm aber, wieder zu entkommen. Und damit begann das große, erregende, aber auch erschütternde Abenteuerleben eines Mannes, der lieber alle harten Strapazen und mörderischen Gefahren im Busch, zwischen Raubwild, Schlangen, hungernd und durstend, auf sich nahm, als sich zu ergeben. So außergewöhnlich waren seine Erlebnisse, daß sie einer ganzen Reihe von Afrikaschriftstellern jener Tage — u.a. Paul Ritter, Hauptmann Steinhardt, Karl Raif und selbst Hans Grimm — Stoff zu mehreren Erzählungen und Romanen lieferten. Doch uns fesseln in diesem Zusammenhang besonders seine eigenen Berichte, aus denen, ohne Pathos, seine große, fast wilde Liebe zu Afrika spricht. Im Jahre 1919, nach Ende des Krieges, hatte er es endlich geschafft, unter dem romantischen Namen „Freischütz" mit zwei gleichfalls flüchtenden Männern namens Voswinckel und Feuerstein nach Angola zu entkommen, von wo aus er hoffte, bald Deutschland zu erreichen. Aber dort erkannte sie ein englischer Detektiv, mit dem traurigen Erfolg, daß sie zweimal in angolanischen Gefängnissen landeten, bis es zuerst Mattenklodt gelang, die portugiesischen Behörden für eine Ausreiseerlaubnis zu gewinnen. Einige Monate später kamen auch seine Kameraden frei. Doch Mattenklodt erging es, wie so manchem jungen „alten Afrikaner". Er konnte drüben in der Enge nicht mehr leben und die Sehnsucht trieb ihn abermals zurück. Aber Südwest, das geliebte, wo seine Farm lag, blieb ihm zu seinem Schmerz verschlossen. Das Urteil gegen ihn, das auf nicht beweisbaren Annahmen und unklaren Aussagen beruhte, war noch nicht aufgehoben, sondern, im Gegenteil, sogar verschärft worden. Man vermutete in ihm wohl gar einen gefährlichen Feind, einen Mann in der Art eines Lawrence von Arabien, der aufgrund seiner großen Landeskenntnisse in der Lage wäre, die Einheimischen gegen die neue Regierung aufzuwiegeln. Nur so ist es zu verstehen, daß er als „vogelfrei" erklärt worden war.

Da zog er von da an in großer Einsamkeit als Großwildjäger durch den Dschungel Angolas — Jahre und Jahre.

Doch dann ereilte ihn auf andere Weise sein Schicksal: dort — auf einer Elefantenjagd in einem selbst von den schwarzen Menschen aus abergläubiger Furcht gemiedenem Urwalddickicht — überfiel ihn mit voller Wucht die Schlafkrankheit. Es blieb ein Wunder, daß er es — todkrank — noch schaffte, in diesem Zustand quer durch das große Land bis an die Küste zu gelangen. Dort erbarmte sich das deutsche Konsulat seiner und brachte ihn in einem Hospital unter. Aber nun schlug das Schicksal doppelt zu: eine falsche ärztliche Diagnose — Nichterkennen der Schlafkrankheit, stattdessen Behandlung auf Malaria — zerstörten seine letzten Kräfte. Doch da fiel noch in den letzten Verzweiflungskampf eines verglühenden Lebens ein letzter Lichtstrahl, ein Gnadengeschenk: Lag da zufällig ein deutscher Dampfer im Hafen von Lobito mit Südwester Deutschen an Bord. Die hörten, daß dort Mattenklodt, der sagenumwobene, auf den Tod lag. Erschüttert brachten sie gemeinsam soviel Geld auf, daß der Schwerkranke an Bord genommen und nach Swakopmund gebracht werden konnte, ins St. Antonius-Hospital, zu deutschen Ärzten und Schwestern. Jetzt erlaubten auch die südafrikanischen Behörden dem Gejagten die Rückkehr ins

Land seiner Sehnsucht. Doch alle ärztliche Hilfe kam zu spät. Er starb im August 1931.

Dennoch: Er hatte noch heimkehren und die Liebe und Treue seiner alten Freunde erleben können. — Und so ruht er nun am Rande der Wüste in dem stillen Friedhof in einem mit Südwester Rosenquarz umrandeten Grab. — Ein halbes Jahrhundert ist vergangen. Doch als wir neulich davor standen, lag ein frischer Strauß darauf. Wer mag ihn gebracht haben? „Jugend", sagte man uns, „wohl die Pfadfinder, sie schmücken die Gräber unserer einsamen Toten."

Die Teufelskralle — das Geheimnis des Medizinmannes

Immer öfter findet man heutzutage in deutschen und kanadischen Zeitschriften das Bild des Negermädchens, das anmutig aus einer Schale den südwestafrikanischen Heiltrank der Teufelskralle schlürft, — jener Teufelskralle, deren Entdeckung für Heilzwecke eine besondere Geschichte hat.

Es war Anfang des Jahrhunderts, als ein junger Schaffarmer namens Gottreich Hubertus Mehnert Zeuge einer seltsamen Heilung wurde. Ein Hot-

Auch das sollte ein Farmhaus werden.
Aller Anfang ist schwer. G.H.M. Mehnert auf seiner Farm Nababis 1909

tentotte, Angehöriger des im Süden lebenden kriegerischen Stammes, war schwer verletzt worden, so schwer, daß alle ärztliche Hilfe erfolglos blieb. Der Tod schien ihm gewiß. Da erschien bei dem Schwerkranken, herbeigerufen von seiner Familie, ein Medizinmann seines eigenen Volkes. Er kam, verschwand wieder, kam bald zurück und nach vielem geheimnisvollen Tun behandelte er den Kranken mit Teilen einer unbekannten Wurzel. Und das Unbegreifliche geschah: der an der Schwelle des Todes Stehende genas.

Mehnert war von dem Ereignis so beeindruckt, daß er den Medizinmann bat, ihm Art und Fundstelle der Wurzel zu nennen. Doch dieser weigerte sich, sein Geheimnis preiszugeben und verschwand. Auch weitere Versuche scheiterten, ja, man bedeutete ihm, daß auf Verrat der Tod stünde. Aber Mehnert gab nicht auf, zu sehr beschäftigte ihn die Wunderheilung. So rief er seinen klugen Jagdhund und ging auf Suche. Tatsächlich: das Tier fand die Stelle, wo der Medizinmann gegraben hatte und nicht nur das, er entdeckte in einem Springhasenloch das abgerissene, versteckte Kraut, das ihm nun die in der Erde ruhenden weiteren Teile dieser geheimnisvollen Pflanze, die sogenannten Speicherwurzeln anzeigen konnte. Doch vorerst blieb dem jungen Schaffarmer wenig Zeit, die nun notwendigen Versuche anzustellen. Aber das Erlebnis vergaß er nicht, auch nicht die seltsame Pflanze, die, wie er bald feststellen konnte, auf seiner eigenen Farm wie auch in anderen Teilen des Landes weit verbreitet war und deren Frucht aufgrund ihrer lästigen Widerhaken — eben der Teufelskralle — als Unkraut galt.

Es vergingen die Jahre, angefüllt mit harter Arbeit, mit Ringen um den Bestand der Farm. Der Erste Weltkrieg und seine schweren Folgen für die Farmerschaft waren überstanden. Da kam der zweite und brachte Mehnert — wie so vielen anderen Männern deutscher Sprache — die Internierung, die verlorenen Jahre hinter Stacheldraht. Und dort, angesichts mancher Krankheiten, gegen die es nur ungenügende Behandlungsmöglichkeiten gab, erinnerte er sich plötzlich der Teufelskralle. So sandte er eine Botschaft heim und bat dringend, ihm mehrere der Wurzeln zu senden. Und nun konnte er im Laufe der Jahre in Ruhe mit Methode das Heilmittel an seinen Mitinternierten ausprobieren. Und siehe da, es half, es half ganz unwahrscheinlich gegen die verschiedensten Beschwerden, gegen so verschiedenartige, daß es fast unglaubhaft erschien. Diese deutlich erwiesenen Erfolge ließen ihn nicht mehr ruhen. Endlich heimgekehrt, ging er systematisch vor und erreichte, daß der von ihm nun aus der Wurzel gewonnene Tee — den er unter dem Namen „G.H.M.2 — Harpago Tee" als Warenzeichen eintragen ließ — von deutschen Universitäten wissenschaftlich untersucht wurde. Das Resultat? Es wurde ihm bescheinigt, daß Harpago das einzigste Naturmittel der Welt sei, welches Giftstoffe über den Harn ausscheidet.

Es vergingen abermals Jahre, da traf man Mehnert auf einer landwirtschaftlichen Ausstellung, auf der er Erzeugnisse seiner Karakulzucht, auch Ergebnisse besonderer Kreuzungsversuche zeigte. Doch jedem Besucher erzählte er, daß ihm mehr noch als alles andere die Verwertung der Teufelskralle als ein universelles Heilmittel am Herzen läge. Er wies die erwähnten Gutachten vor. Weitere Versuche, so sagte er, würden noch laufen. Und er sprach von der Heilwirkung gegen Rheuma, Arthritis, Gallen-, Nieren-, Blasenleiden, gegen Arterienverkalkung usw. usw. Wäre die Liste der angeblichen Heilerfolge nicht gar so lang gewesen, wer weiß — vielleicht wären die Farmer hier oben im Norden des Landes, die nichts von seinem Wirken im Internierungslager gehört hatten, weniger skeptisch gewesen. So ließ man sich — mehr aus Gutmütigkeit — eine Tüte seines mitgebrachten Tees geben, nahm sie — zusammen mit anderen Proben, Listen, Katalogen heim — und vergaß sie wieder. Was konnte man denn auch im Zeitalter des siegreichen Penicillin und der gesamten Anti-Biotika noch Besonderes von Teetüten erwarten? —

Bis dann nach weiteren Jahren die Warnung der Ärzte vor zu schnell, zu oft und zu wahllos genommenen Anti-Biotika, vor Penicillinschocks und Spätfolgen stets lauter wurde, bis auch der Ruf nach unschädlichen, ja, Naturheilmitteln immer hörbarer erklang. Da erinnerte sich so mancher wieder an die damaligen, so erstaunlichen Heilerfolge Mehnerts.

Und für uns kam ein persönliches Erlebnis dazu: wir waren auf großer Fahrt durchs Land, als mein Mann plötzlich einen Rheumaanfall von großer Heftigkeit erlitt. Durch Spritzen, die ihm ein Arzt in der nächsten Stadt gab, schafften wir es wenigstens, noch zurück zur Farm zu gelangen. Doch was nun weiter? Da fiel mir das seit Jahren im Medizinschrank liegende Tütchen mit dem Tee der Teufelskralle ein. Ich las die einfache Gebrauchsanweisung, brühte den Tee auf, denn schaden konnte er auf keinen Fall. Und — schon nach wenigen Tagen ging mein Mann wieder aufrecht umher, als wäre er nie krank gewesen. Da schrieb ich einen späten, aber aufrichtigen Dankesbrief an Farmer Mehnert und bekam eine sehr freundliche Antwort von ihm. Sein Tee hätte schon so vielen helfen können, daß er ihn nun buchstäblich zentnerweise nach Europa und Südamerika senden müßte. Man hätte sogar schon Heilerfolge bei Hautkrebs erzielt.

Weitere Jahre sind vergangen. Sein Betrieb wuchs immer mehr, mußte vergrößert werden. Seine Mitarbeiter, Hottentotten, suchten und fanden jetzt gern für ihn die heilende Wurzel, die, in besonderer Weise zerkleinert, in alle Welt verschickt wurde und weiter verschickt wird. In deutschen Apothekerzeitungen sowie in größeren wissenschaftlichen Abhandlungen konnte man nun ausführlich über das Phänomen lesen. Und aus den Botanischen Mitteilungen der SWA Wissenschaftlichen Gesellschaft erfuhr man, daß bereits sechs chemische und eine pharmakologische Doktorarbeit an deutschen Universitäten zu dem Thema Teufelskralle erschienen sind. Und all das begann mit einem todkranken Hottentottenkrieger, dem weisen Medizinmann, dem aufmerksamen Schaffarmer und einem klugen Jagdhund. Längst weiß man ja, daß so mancher Zauberdoktor aus dem Schatz uralter Überlieferungen schöpft und daß die Zauberheilungen oft auf sehr realen Grundlagen basieren. Ein Glück, daß die Samenmenge der

Teufelskralle in günstigen Regenjahren so reichlich ausfällt, daß ein Aussterben nicht so leicht zu befürchten ist. Dennoch hat jetzt die Administration — Abteilung Naturschutz — die Pflanze, die den botanischen Namen Harpagophytum procumbens D.C. trägt, unter Naturschutz gestellt und angeordnet, daß sie nur noch mit Genehmigung ausgegraben und exportiert werden darf, um zu verhindern, daß durch übermäßige Sammeltätigkeit allzu Geschäftstüchtiger das kostbare afrikanische Heilmittel der eigenen Bevölkerung entzogen wird. Übrigens lockt sie mit zauberhaften, zyklamenroten Blüten. Die Früchte jedoch werden — austrocknend — zur dornigen Teufelskralle, die als lästiges Unkraut erschien, bis der Schaffarmer Gottreich Hubertus Mehnert ihr Geheimnis entdeckte.

Inzwischen ist Mehnert hochbetagt gestorben, aber seinen heilkräftigen Tee findet man heute wohl in jeder Farmapotheke.

Vom Seidenweber zum Senator: Dr. h.c. Heinrich Vedder

Wir hatten kurz halt gemacht vor dem kleinen schmucken Postamt der Gartenstadt OKAHANDJA, wollten das eine Autostunde entfernte Windhoek anrufen. Doch die Telefonzelle war belagert, von Ortsfremden, wie die draußen wartenden Wagen verrieten. Ein buntbemalter VW-Bus fiel uns besonders auf. Die deutsche Autonummer und verschiedene Plaketten und Aufschriften verkündeten, daß seine Insassen auf Safari quer durch Afrika waren. Zwei junge Männer stiegen soeben aus, Landkarten in den Händen. Auskunft suchend traten sie auf uns zu: Das wäre hier doch Okahandja, ob man ihnen sagen könnte, ob das der Ort sei, wo ein Missionar und Sprachforscher namens HEINRICH VEDDER gelebt hätte.

Kurz vor ihrer Abfahrt aus dem heimatlichen Ravensberger Land hätte ihnen ein Mitstudent so erstaunliche Geschichten über den Mann erzählt, der ganz in ihrer Nähe, in Westerenge irgendwann im vorigen Jahrhundert geboren sein soll. Ob hier noch jemand Genaueres über ihn wüßte? — Wir hatten die jungen Leute nicht unterbrechen wollen, doch sie hielten jetzt selbst inne, erstaunt über unser Lächeln, über unsere wachsende Heiterkeit: „Genaueres über ihn wüßte? Sehen Sie die Autoreihen dort drüben, die Verkehrspolizisten, die Pfadfinder, die die Wagen in die schmale Seitenstraße einweisen? Hören Sie das Singen von dort herüberschallen? Vorprobe für heute abend, alles dem großen alten Mann zu Ehren. Ihr Dr. Heinrich Vedder lebt ja noch hier und feiert heute frisch und lebendig mit allen, die zu ihm kommen, seinen 85. Geburtstag. Willkommen zum Ehrentag Ihres großen Landsmannes!"

Den beiden hatte es die Stimme verschlagen: „Das ist ja ..., kann man, darf man da auch?" „Natürlich, jeder darf hin, das war von jeher so, und es ist

Tradition, daß der Tag durch ein großes Lagerfeuer gekrönt wird, zu dem alle kommen können, die möchten: alt und jung, Freunde, Schüler, Amtsbrüder, Bekannte, Unbekannte. Zu jedem seiner Geburtstage kommen sie von weither aufs neue, und nun heute gar zu seinem fünfundachtzigsten. Man erwartet Regierungsvertreter, Diplomaten, Wissenschaftler!" — Die jungen Leute konnten es noch immer nicht ganz begreifen: „All das ihm zu Ehren? Er kommt doch aus ganz armen, bescheidenen Verhältnissen, war Weber ..." „Stimmt, vom Seidenweber zum doppelten Doktor und Senator. Wenn Sie es noch nicht getan haben, sollten Sie seine Lebensgeschichte lesen, er hat sie selbst erzählt in seinen vielen Geschichten: der Vater Häusler, hielt nichts von Schulbildung. Auch die Lehrer, die bald die Sprachbegabung des Jungen entdeckten, kamen nicht gegen ihn an. Doch die Mutter, die verstand den Sohn, verriet ihn auch nicht, wenn er seine Lektionen heimlich im Kuhstall beim Steckrübenputzen lernte. Und *ein* Satz der Mutter bestimmte seine Zukunft: Wenn du einmal als Missionar nach Afrika gehen würdest, wollte ich mich freuen." — Die jungen Leute, das sah man ihnen an, begannen einen wachsenden Stolz auf ihren Landsmann zu fühlen, wollten jetzt weitere Auskünfte: „Er hat doch enorm viele Bücher geschrieben, soll ein wahres Sprachgenie sein." — „Das ist er. Hier", ich griff in meine Mappe und holte die Festschrift hervor, die Dr. Vedder zu Ehren im Auftrag der Wissenschaftlichen Gesellschaft, Windhoek, herausgegeben worden war. Die jungen Leute griffen danach, begannen zu lesen: „Zur Vollendung des 85. Lebensjahres dem Missionar, Forscher und Erzähler, dem Ehrendoktor der Universität Tübingen, Deutschland, und Stellenbosch, Südafrika, dem Ehrenmitglied des Afrika-Institutes, Pretoria, Südafrika, und der SWA Wissenschaftlichen Gesellschaft, Windhoek, dem Senator der Union von Südafrika HEINRICH VEDDER — gewidmet von Wissenschaftlern und Freunden aus Europa, Südwest- und Südafrika, — herausgegeben von Professor Dr. W. Drascher, Tübingen, und Dr. H. J. Rust, Windhoek." — „Schlagen Sie jetzt das letzte Kapitel auf, dort sind seine Veröffentlichungen aufgeführt, acht Seiten lang, hier die Unterteilungen: Schriften in den Sprachen der schwarzen und farbigen Völker; Schriften des Forschers: Sprachwissenschaft, Völkerkunde, Geschichte. Einführung in die Geschichte Südwestafrikas. Das alte Südwestafrika, das wegen seiner großen Bedeutung als Standardwerk für die Geschichtsforschung jetzt von der Wissenschaftlichen Gesellschaft neu aufgelegt wird. Dann: Heinrich Vedder als Erzähler: Am Lagerfeuer — Geschichten aus Busch und Werft — Nani, der Buschmann — Die schwarze Johanna — Afrikanische Tiergeschichten — Vom Mann, der nie zufrieden war — Der Buschmann und das Echo usw. usw. Man hat ihn mit Matthias Claudius, mit Wilhelm Raabe verglichen."

Die jungen Leute blätterten noch weiter in der 168 Seiten umfassenden Festschrift, die den Untertitel trägt „Ein Leben für Südwestafrika". So überließ ich sie ihnen, wies ihnen noch den Weg zum Rastplatz, wo sie sich erfrischen konnten, bis wir uns am Lagerfeuer wieder treffen würden. Sie waren so interessiert, so angeregt und strahlten über ihr Glück, gerade rechtzeitig zu dem großen Ereignis eingetroffen zu sein und — daran teilnehmen zu können — wie auch die anderen alle, die dann bei sinkender Sonne dem festlich vorbereiteten Platz zustrebten.

Wie in den Jahren zuvor, hatte es sich der greise Dr. Vedder auch diesmal nicht nehmen lassen, die kunstgerechte Aufrichtung des drei Meter hohen Holzstoßes selbst zu leiten. Dann kamen sie alle und begrüßten ihn: die Gäste von nah und fern, Vertreter höchster Regierungsstellen, kirchlicher Gremien, des deutschen Konsulats, der Erziehungsbehörden, der Wissenschaftlichen Gesellschaft, — ferner die Angehörigen des Windhoeker Jugendbundes, die Pfadfinder, die Teilnehmer der „Singwoche", die sich alljährlich in der Geburtstagswoche Dr. Vedders in Okahandja versammelten. Und alle ließen sich — dicht bei dicht — auf den herbeigetragenen bescheidenen Bänken nieder. Unter ihnen auch die jungen Leute. Ich sah sie lebhaft mit anderen sprechen, sie gehörten schon dazu, eingefangen von der wunderbaren Stimmung, die jeden ergriff, der dieser Stunde beiwohnen durfte.

Dr. Heinrich Vedder an seinem 85. Geburtstag

Als dann die ersten Sterne am hohen afrikanischen Himmel aufblitzten, war es soweit: Opa Vedder — wie man den geliebten Jubilar nannte — trat an seinen Holzstoß und entzündete feierlich das große Feuer. Atemlose Stille herrschte, in die hinein seine warme Stimme — tief wie eine Glocke — das schöne Wort aus dem Lukas-Evangelium erklingen ließ: „Ich bin gekommen, daß ich ein Feuer anzünde auf Erden. Was wollte ich lieber, denn es brennete schon!" — Und als die Flammen lodernd emporschlugen, begann er auch diesmal wieder nach alter Tradition aus seinem langen, reichen Leben zu erzählen: Erlebnisse aus unserm Land, aus dieser einmaligen Welt der vielen Völkerschaften, aus der Welt der Herero, der Nama, der Ovambo, der Farbigen und der rätselhaften Ureinwohner, der Buschmänner, von ihren Freuden und Leiden, ihren Sitten und Gebräuchen, ihrer Kultur und ihrem Glauben. „Kurze Geschichten aus einem langen Leben" hatte er bescheiden eines seiner Bücher genannt, in dem er von seinen eigenen Hoffnungen, Enttäuschungen, harten Schicksalsschlägen aber auch tiefen Freuden berichtete. Vom Webstuhl zum Ehrensitz eines Senators im Parlament in Kapstadt: welch einmaliger Weg für einen Menschen, der stets nur seinem Herrgott und den ihm anvertrauten Menschen aller Sprachen und Rassen dienen wollte! —

Die Funken sprühten. Langsam, langsam brannte das gewaltige Feuer herab, begleitet vom gemeinsamen Gesang der großen Runde. Später ging Doktor Heinrich Vedder allein zu seinem kleinen, so bescheidenen Haus zurück, sank auf der Veranda in seinen alten Korbstuhl, griff nach der Pfeife und lauschte noch lange dem Singen der Jugend, die noch nicht müde wurde. Er lächelte gütig, denn er liebte sie alle, diese Menschen dieses Landes, dem er seine ganze Kraft, sein ganzes Leben gegeben hatte.

Heinrich Vedder als Erzähler

Jahre später fuhren wir noch einmal nach Okahandja, der Stadt der Gärten, in der unter hohen Eukalyptusbäumen jene Hererogräber liegen, die eng mit der Geschichte des Landes und dieses stolzen Volkes verbunden sind, zu denen jedes Jahr Hunderte seiner Angehörigen in festlicher Kleidung pilgern, um an diesen Gräbern zu trauern.

Diesmal suchten wir den inzwischen neunzigjährigen Dr. Vedder in seiner kleinen, einfachen Studierstube auf, wo er bis an sein Lebensende arbeitete und lebte. Nein, irdischen Besitz hatte er, trotz seiner unermüdlichen Forschertätigkeit, trotz seines großen Fleißes und seiner hoher Ämter, nicht angesammelt. Das wußte und sah man. Er war sich und seinen Erkenntnissen treu geblieben. „Das Wertvollste, was wir haben, ist nicht unser Besitz, auch nicht unser Wissen. Es ist unser Erleben", so hatte er gesagt. Und als wir ihm zuhörten, wie er über seine Erlebnisse sprach, da mußten wir an die Worte denken, mit denen ein Wissenschaftler versucht hatte, das Geheimnis dieser so einzigartigen, verehrten und geliebten Persönlichkeit zu enträtseln: es sei die so seltene, so vollkommene Übereinstimmung von Lehre und Tat.

    Oft sprach er von den *Brücken*, die er für so entscheidend hielt für ein harmonisches Miteinander aller Völker und Rassen in dem von ihm so geliebten Land. Da sei die Sprachenbrücke, hatte Heinrich Vedder schon damals, als er 1903 ins Land gekommen war, gesagt. Keine andere Brücke sei so stark wie die Sprachenbrücke. Darum lernte er selbst jede, aber auch jede der so außerordentlich verschiedenen Sprachen der Schwarzen und Farbigen beherrschen, ergründete ihre schwierigen Strukturen, verfaßte Grammatiken, Wörterbücher und schrieb in ihnen sogar Schulbücher und Geschichten, setzte also das Werk der ersten Missionare fort und legte eine feste Grundlage zur schulischen Ausbildung der schwarzen und farbigen Völker. Die zweite Brücke, wie er später dem damaligen Ministerpräsidenten Malan in einem Gespräch sagte, sei die Brücke der Arbeit, die breit und fest sein müsse, denn der schwarze Mensch brauche den Weißen und der Weiße könne nicht vorwärtskommen ohne den Schwarzen. Eine weitere Brücke aber zu bauen, so hatte er betont, bleibe die Arbeit der Kirche und der Mission nach dem Wort des Paulus: „Ein Herr, ein Glaube, eine Taufe, ein Gott und Vater unser aller, der da ist über euch allen und durch euch alle und in euch allen!" — Nach dieser Erkenntnis, in der Übereinstimmung von Lehre und Tat lebte er. So war es kein Wunder, daß ihm auch im hohen Alter in so einmaliger Weise Vertrauen, Zuneigung, ja, höchste Ehren zuteil wurden. An seinem 90. Geburtstag, an dem er noch einmal das Lagerfeuer selbst entzündet hatte, sprachen — als Höhepunkt der Feier — zwei seiner ehemaligen Schüler, der Hereropastor Andreas Kukuri und der Bergdamapastor Friedrich Awaseb, von dem eine der schönsten Erzählungen Vedders handelt. Sie dankten ihm für seine Arbeit und seine Führung. Und der Postminister überreichte ihm feierlich die soeben erschienene Briefmarke mit seinem Abbild, dem gütigen weißhaarigen Gelehrtenhaupt, — das Antlitz, das nun für lange Zeit seinen lieben Südwestern aller Sprachen und Rassen von allen Briefen entgegen blicken sollte. —

    Als er dann am 26. April 1972 im gesegneten Alter von 95 Jahren starb, versammelten sich wieder alle, die er gelehrt, die ihn verehrt und geliebt hatten — weiße, farbige und schwarze Menschen, um den Mann zu ehren, den nicht Ehrgeiz, sondern Liebe und Mitleiden vom Webstuhl zum Senatorensitz in Kapstadt und — auf eigenes Verlangen — dann wieder herab in seine kleine, stille Gelehrtenstube in Okahandja geführt hatten. Ja, auf eigenes Verlangen, denn er hatte erschüttert erkennen müssen, daß die Welt der großen Politik nicht die seine war und daß es dort noch schwerer als sonst schon war, in Übereinstimmung von Lehre und Tat zu handeln und zu leben, denn Ideen, die in der Theorie gut zu sein schienen, konnten in der Praxis unvorhergesehene, unbarmherzige Auswirkungen haben. Diese Erkenntnis hatte ihn noch weiser, noch demütiger werden lassen.

Ein tiefempfundenes Dankwort sprach auch Bischof Auala an seinem Grabe, der selbst ein Schüler Dr. Vedders gewesen und zu einer anerkannten Persönlichkeit in der ganzen lutherischen kirchlichen Welt geworden war.

Und was ist mit den Geschichten, die er über das von ihm so geliebte Land schrieb? Was ist ihr Geheimnis, daß man sie immer aufs neue so gern hört und liest? Ist es nur der schlichte Erzählton, die fast klassische Einfachheit? Lassen wir Heinrich Vedder selbst zu Wort kommen mit einer dieser Geschichten, die er uns am Lagerfeuer erzählt hat und dann in seinem letzten Buch noch niederschrieb (Verlag der Rheinischen Mission). —

„In dieser Zeit ereignete sich eine seltsame Geschichte, die ich nicht übergehen mag. Ein Bergdamaknabe, bekleidet mit einem kleinen Lederschurz, bat mich um Arbeit. Ich dachte, er wolle sich Geld verdienen, da sein Vater gestorben war und seine Mutter kaum für ihn sorgen konnte. Deshalb riet ich ihm, sich in den Häusern Swakopmunds nach Arbeit umzusehen. Er aber entgegnete: ‚Es geht mir nicht ums Verdienen; ich möchte gern lernen. Wenn ich in der Stadt Arbeit finde, wird man mir keine Zeit geben, die Schule zu besuchen. Wenn du mich aber aufnimmst, helfe ich Deiner Frau, und ich werde zur Schule gehen dürfen.' — Ich besprach die Sache mit meiner Frau. Sie war einverstanden, kleidete den kleinen Mann ein, und er wurde ihr allezeit williger Küchenjunge. Nachmittags ging er zur Schule und lernte gut. Nach einiger Zeit meldete er sich zum Taufunterricht und wurde nach einem Jahr getauft. Er erhielt den Namen Friedrich. Von nun an stieg er in seinem Dienst auf. Ihm wurde die Kirchenglocke anvertraut. Täglich hatte er am Morgen und Nachmittag die Kinder zur Schule zu rufen, und an den Sonntagen lud er mit der Glocke die Gemeinden zum Gottesdienst ein. — Eines Morgens, als kaum die Sonne aufgegangen war, klopfte es an die Tür meines Arbeitszimmers und herein kam Friedrich. Er sagte: ‚Ich habe in der vergangenen Nacht einen schrecklichen Traum gehabt. Er bedeutet sicher etwas, ich weiß aber nicht, was das sein mag.' Ich bat ihn, mir den Traum zu erzählen. Friedrich berichtete: ‚Du weißt, daß ich oft in die Kirche gehe, um dort zu beten. Nun träumte ich, ich wäre in der Kirche am Altar und betete. Da kam aus dem Kirchturm am Glockenseil der Teufel herunter, er kam den Gang zwischen den Kirchenbänken herab bis zu mir und wollte nicht zulassen, daß ich bete. Ich rief ihm in meiner Angst zu: ‚Weiche von mir, Satan!' Da lief er zurück zum Glockenseil, kletterte daran hinauf bis zur Glocke und machte sich daran zu schaffen. Er brach die eiserne Glockenzunge heraus und wollte damit nach mir werfen. Das schwere Stück Eisen fiel aber auf den Boden. Von dem lauten Aufschlag wurde ich wach. Nun wußte ich, daß ich geträumt hatte. Aber dieser Traum bedeutet sicher etwas. Ich möchte wissen, was er bedeutet.' Ich sagte: ‚Ich will darüber nachdenken; geh jetzt, zünde das Feuer an und hole Brennholz herbei.' Er ging. — Nach dem Frühstück machte ich einige Hausbesuche, verrichtete meine Morgenarbeit und kehrte mittags heim. Friedrichs Traum und Frage hatten mich gar nicht beschäftigt. Als es ein Uhr war, rief ich ihm zu: ‚Friedrich, es ist Zeit zum Läuten!', denn die Schüler der Nachmittagsklasse sollten kommen. Er lief zur Kirche und läutete zweimal, dreimal, dann schwieg die Glocke. Ich rief: ‚Friedrich, du mußt länger läuten, sonst hören es die Kinder nicht.' Er: „Ja, aber ich kann nicht; komm doch her und sieh!" Ich ging hinaus und erschrak. Die schwere Glockenzunge lag auf dem Boden. Sie lag genau da, wo Friedrich gewöhnlich stand, um zu läuten. In der feuchten Luft Swakopmunds war die Glockenzunge in ihrem Gehänge abgerostet und dann abgebrochen. Hätte Friedrich an seinem gewohnten Platz unter der Glocke gestanden, so wäre er erschlagen worden. Nun aber hatte er an seinen Traum gedacht, war zur Seite getreten und hatte von der Seite her am Glockenseil gezogen.

Ich brauchte Friedrich die Bedeutung seines Traumes nicht mehr zu erklären. Er ist später Lehrer geworden, dann Evangelist, schließlich besuchte er das Predigerseminar in Karibib, und heute ist er ordinierter Pastor der Bergdamagemeinde in Grootfontein."

Soweit die Erzählung. Und es war dieser Bergdamaknabe, der damals so wunderbar bewahrt wurde, und der dann Jahrzehnte später als ordinierter Geistlicher die Festpredigt zum 90. Geburtstag seines großen Lehrers hielt. Wie lautete doch Dr. Vedders geliebter Spruch aus dem Lukas-Evangelium: „Ich bin gekommen, daß ich ein Feuer anzünde auf Erden. Was wollte ich lieber, denn es brennete schon!" Möge das Feuer, von dem er sprach, das Feuer des Glaubens und der Liebe auch weiter brennen in dem Lande, das er so liebte und dem er bis zum letzten Atemzug treu blieb.

Die liebe Eisenbahn — jedes Leben ein Roman — die Töchter in der Butterkiste

Es ist eine schöne Sitte und entspricht ganz dem Charakter unseres vielsprachigen Landes, daß man auch solche Menschen mit einem Nachruf ehrt, die von sich aus nie versucht haben, in den Vordergrund zu treten. Findet man einen solchen Lebensbericht in unserer Windhoeker „Allgemeinen Zeitung" liest er sich oft wie ein Roman. Das gilt auch für die Geschichte Elsa Gusindes.

1912 war sie nach Südwestafrika gekommen, um ihre hier lebende Schwester zu besuchen. 1913 fand sie in Erich Gusinde, der gerade die Farm Osema erworben hatte, ihren Lebenskameraden und nun sollte geheiratet werden. Da ergab sich, daß die mitgebrachten Personalpapiere nach deutschen

Hochzeitsbild von Erich und Elsa Gusinde (1913)

Vorschriften noch nicht ausreichten. Was nun? Da kam ihnen die rettende Idee: der Hafen Walfischbucht gehörte zwar geographisch zu Südwest, war aber — und ist auch heute noch — Eigentum Südafrikas. Und die dort herrschenden englischen Gesetze der Kapregierung waren glücklicherweise weniger streng, erlaubten also sofort die geplante Eheschließung. So mußten sie sich halt zu dieser tagelangen schunkelnden, runkelnden Eisenbahnfahrt durch Steppe und Wüste entschließen, die sehr wenig Ähnlichkeit mit der erträumten Hochzeitsreise hatte. Nein, das hatte sie wirklich nicht, denn, was Eisenbahnfahrt damals bedeuten konnte, das erfahren wir aus Berichten von Zeitgenossen. Schrieb doch da ein armes Opfer empört in der Zeitung: „Wie Ihnen bekannt sein dürfte, muß man, wenn man einen Güterzug benutzen will — weil kein anderer fährt — eine Fahrkarte 1. Klasse nehmen und obendrein einen Zuschlag von 12 Mark bezahlen. Außerdem muß man einen Vertrag unterschreiben, in dem man von vornherein auf alle Ansprüche verzichtet, falls man durch die Bahn zu Schaden kommt..." Und dann erzählt der Unglückliche weiter, wie er dann tatsächlich übel zugerichtet wurde durch Achsenbruch des vor ihm fahrenden vollbeladenen Wagens, wie er zum Arzt mußte und all das ohne jegliche Aussicht auf Schmerzensgeld! — Und ein anderer, mehr humorbegabter Reisender schilderte die Zustände in „jenen wilden Zeiten" wie folgt: Die kleinen deutschen Lokomotiven wurden damals noch mit Holz geheizt. Das hieß, mehrmals anhalten, entlang der Eisenbahnlinie Holz aufladen und bei dieser günstigen Gelegenheit etwas Wild schießen, braten — man hatte ja so viel Zeit — oder auch mitgeführte Hühner einfangen, die unglücklicherweise ihrem Käfig entkommen und krähend und gackernd aus Türen und Fenstern geflogen waren. Die Waggons waren noch nicht in Abteile aufgeteilt, hatten vielmehr nur harte Holzbänke, die an beiden Seiten die Längswände einnahmen. Diese waren so unbequem und schmal, daß man bei jedem Versuch, darauf zu schlafen, herunterfallen mußte, es sei denn, es gelang einem, eins der Fenster so zu öffnen, daß man seinen Arm auf solche Weise heraushängen konnte, daß er einen wie ein Anker festhielt. Dazu kam, daß die Waggons noch nicht mit Preßluftbremsen versehen waren. Doch wurde das Bremsen höchst wirkungsvoll von Schwarzen durchgeführt, die zu diesem Zwecke auf den Dächern der Waggons saßen. Auf ein bestimmtes Signal von der Maschine her drehten sie schnell ein Rad, das als mechanische Bremse wirkte. Das einzig Unberechenbare an der Erfindung war, daß der größere Teil der Schwarzen sanft in Schlaf fiel, so daß der zuverlässige wache Rest — um das Ausfallen seiner Arbeitskameraden wieder wettzumachen — seine Bremsräder mit solcher Gewalt in Aktion setzen mußte, daß die Waggons stets in Gefahr gerieten, aus den Schienen zu springen.

Nein, das geeignete Beförderungsmittel für romantische Hochzeitsreisende war die gute Eisenbahn damals noch nicht. Im Falle des jungen Paares gehörte außerdem noch die Hin- und Rückfahrt per Mulikarre zwischen Swakopmund und Walfischbucht dazu. Der Weg führte am Strand entlang, wobei zu beachten war, daß man ihn noch bei Ebbe schaffte. Ja, und die mehr als bescheidenen Übernachtungsmöglichkeiten in dem kleinen südafrikanischen Hafenort gaben auch keineswegs den erhofften schönen Rahmen für die Brautnacht ab. Wie mündlich überliefert, soll es vielmehr eine Null-Stern-Unterkunft gewesen sein. Was mußte man nicht alles ertragen, um ordnungsgemäß im Hafen der Ehe zu landen.

Und als Erich und Elsa Gusinde, heil von der strapazenreichen Expedition zurückgekehrt, endlich auf der Farm Osema anlangten, fand die junge Ehefrau dort auch nichts als eine kleine Steinhütte vor, in der es von Taranteln, Skorpionen, Schlangen nur so wimmelte und wo neugierige, lästige Affen ihr Wesen trieben. Eine Küche, in der man nach deutscher Art schalten und walten konnte, gab es noch nicht. Gekocht wurde vorerst unter freiem Himmel und das Brot — nun, das buk man in einem Erdloch. Das liest man in all den alten Berichten, aber nachvollziehen möchte es wohl niemand von uns, bei Sonnenglut, zwischen sirrenden stechenden Insekten, im Sog der Funken, im Qualm des Rauches! Wieviel Liebe zu dem Angetrauten, wieviel persönlicher Mut gehörten dazu, um all das klaglos zu ertragen.

Bis es endlich soweit war, bis die Steinhütte vergrößert und weitere Räume angebaut werden konnten, bis das erste Kindchen sich anmeldete. Aber da stand kein Ochsenwagen, keine Pferdekarre bereit: zu beschwerlich, zu lang wäre die Fahrt durch das steinige Berggelände gewesen. Nein, Frau Elsa bestieg ein Pferd und ritt vom Farmhaus querfeldbusch, bergauf — bergab, hinunter zur

Bahnstation Otjihavera im Tal und fuhr von dort mit dem berühmten Zug weiter nach Windhoek.

Natürlich mußte eine solche Reise rechtzeitig angetreten, aber unvorhergesehene Wartezeiten dann auch in Kauf genommen werden. Denn man konnte ja damals nicht schnell und bequem — wie heute — für noch zwei, drei Wochen Wartezeit zur Farm zurückfahren, wenn Arzt oder Hebamme das für zulässig hielten.

So schrieb dann Elsa Gusinde Ende Juli 1914 aus dem Elisabethhaus an ihre Mutter in Deutschland: „Ich bin nun schon vier Wochen hier und warte auf unseren Jungen — bis zum 5. August muß er da sein! Erich besucht mich jeden Sonntag, das ist immer ein Lichtblick ... ich bin ja ungern in der Stadt. Wenn das Kind da ist, geht's dann bald wieder auf die Farm, da wird's dann um so schöner sein".

Aber diese Karte ging nie ab, denn am 2. August 1914 brach nicht nur der Erste Weltkrieg aus, sondern wurde auch den Gusindes anstelle eines Jungen das älteste von vier Mädchen geboren. Immer wieder erfolgte die Anreise wie im ersten Falle, wenn die Zeit gekommen war, und sobald dann die junge Mutter wieder kräftig genug war, kehrte sie zurück, das erste Stück abermals mit der Eisenbahn. Und an der kleinen Station erwartete sie der getreue Ovambo Katiti mit dem Pferd am Zügel und mit einer sorgfältig vorbereiteten Butterkiste. In diese hinein legte Frau Elsa ihr Neugeborenes, das nun auf dem Kopfe des vorsichtig und stolz dahinschreitenden Schwarzen quer durch den Busch heimgebracht wurde. Erst vor der Geburt der jüngsten Tochter 1920 war bereits eine zuverlässige Pferdekarre vorhanden, mit der Frau Elsa rechtzeitig nach Windhoek und mit ihrem Baby wieder zur Farm zurückgebracht werden konnte.

Noch folgten harte Jahre der Pionierarbeit, der Rückschläge, bis Erich Gusinde Anerkennung fand für seine Versuche in der Karakulzucht. Immer bessere Methoden mußten gesucht und viel Lehrgeld bezahlt werden. Heute hängt sein Bild in den Räumen des renommierten Karakulzuchtvereins in Windhoek, zu dessen Mitbegründern er zählt.

Man ging mit der Zeit mit. Man gehörte zu den ersten, die sich auf der Farm im Busch hinter den Bergen eine elektrische Lichtanlage anschafften. Damals eine Sensation, zumal es selbst heute noch eine ganze Anzahl Farmersfrauen gibt, die ohne die arbeitsparende Kraft der Elektrizität auskommen müssen. Der Unternehmungsgeist verbunden mit Glück und Durchhaltekraft trug Früchte. Und die hübschen Töchter, die einst in der Butterkiste ins Haus getragenen, wuchsen heran. Und wo Töchter sind, finden sich — besonders in dem damals noch frauenarmen Land — ständig Besucher ein. Man kam zu Pferd, zu Wagen — und auch aus der alten Heimat. Bernd Rosemeyer, der Rennfahrer, Elly Beinhorn, die Fliegerin, Prinz Hubertus von Preußen als Jagdgast und viele, viele andere gehörten zu ihnen. Man verstand die Kunst, fröhliche Feste zu feiern und so gehörte Osema bald zu den gastfreisten Farmen der Gegend.

Als die Töchter geheiratet hatten und ausflogen, als Enkel kamen und — das Alter, da zogen die Gusindes nach Windhoek, wenn es auch Vater Erich bis kurz vor seinem Tode immer wieder auf seine Farmen im Osten und Süden des Landes zurückzog.

Und in Windhoek sah ich ihn und Frau Elsa zum letztenmal bei einem besonderen Anlaß: im Theater der Kunstvereinigung, das sonst den ernsteren Musen, guten Konzerten, gutem Ballett, dem Schauspiel gehörte, hatte man eine deutsche Filmvorstellung veranstaltet. Ein Johann-Strauß-Film erlebte für Windhoek seine Première.

Und plötzlich ergriff der ganze Zauber der Wiener Walzerseligkeit das Haus. Man sah nur frohe, lächelnde Gesichter, Begeisterung bei jung und alt. Nur frohe Begeisterung? Vor mir, ich sah es mit Staunen, versuchte der alte Herr nur mühsam seiner Bewegung Herr zu werden. Da begriff ich: es gibt glückliche Erinnerungen, die auch schmerzen können, Erinnerungen an frohe Feste, die nicht wiederkehren — Erkenntnis, daß alles, alles vergeht.

Bald nach dieser Begegnung hörte man vom Tode Erich Gusindes. Und dann — im gesegneten Alter von 91 Jahren — hat auch Elsa Gusinde diese Erde verlassen. In dem Nachruf schrieb man, daß sie eine der letzten Pioniersfrauen Südwests gewesen sei, daß ihr bewegtes Leben einem Roman gliche. Einem Roman mit einem guten Ende, denn sie konnte dem Lande, das sie liebte, bis zuletzt in Frieden die Treue halten.

Ottilie Nitzsche: Werdegang der bekannten Photographin Dokumentation der Geschichte der letzten Jahrzehnte

Alle Kronleuchter, alle Wandleuchter erstrahlen im vollen Licht. Echte tiefrote Teppiche schmücken weißgoldene Logenbrüstungen, ganze Fliederbüsche duften aus großen, üppigen Vasen. Anmutige Ballettänzerinnen gleiten über die spiegelglatte Fläche des überdeckten Zuschauerraums, der, verbunden mit der Bühne, in einen Riesenballsaal verwandelt wurde: der glanzvolle Rahmen für das glanzvolle Fest des alljährlichen Opernballs in der Kunst- und Barockstadt Dresden. Noch herrscht Frieden. Anfang der dreißiger Jahre.

Ein junges Mädchen geht langsam, mit prüfendem Blick zwischen den Logen, zwischen den Tischen am Rande der Tanzfläche entlang. Schwer trägt sie an ihren großen Aufnahme- und Blitzlichtapparaten. Sie sucht nach neuen Motiven, nicht nur nach den Prominenten von Oper und Schauspiel, von Regierung und Wirtschaft. Sie sucht weiter, will mehr, will die echte Freude einfangen an der Musik, am Tanz, an der Fülle des Lebens. Sie ist nicht aufdringlich, ihre natürliche Art schafft es, daß keiner sie abweist, daß man sogar ins Gespräch kommt, sie an den Tisch bittet. Wer ist sie, die Suchende? Höflich nennt sie ihren Namen: „Ottilie NITZSCHE, Photographin. Kommen Sie doch einmal in mein Atelier, bald, ich plane eine Ausstellung. Tun Sie mir den Gefallen!" — Man tut ihr den Gefallen, besucht sie in ihrem kleinen, modernen Atelier und erkennt sofort, daß sie eine hervorragende künstlerische und technische Ausbildung genossen hat. Zum Abschluß — so erklärt sie — will sie noch eine Ausstellung in größeren, gemieteten Räumen durchführen. Zum Abschluß? Ja, denn sie will zurückkehren in ihre Heimat Südwestafrika. — Südwestafrika? Während sie jetzt für weitere Aufnahmen den Apparat und die Lampen richtet, grübelt man: was will diese junge, so eindeutig künstlerisch begabte, zielstrebige Photographin in der fremdartigen, afrikanischen Steppe? Noch fühlt man sich getragen vom Fluidum des gestrigen Opernballs und fragt deshalb zögernd: „Kann denn dort ein künstlerischer Mensch wie Sie überhaupt leben?" Sie lächelt: „Aber gewiß, es ist doch meine Heimat! Das Land der ewigen Sonne, der blauen Berge, des hohen, klaren Himmels!" Wie die Familie dort hinkam? Sie erzählt es freiwillig. Den Vater, Otto Nitzsche, hatte es schon in jungen Jahren gepackt, kam vom väterlichen Gut bei Pirna, wollte aber zur See, schaffte es mit 16 Jahren Matrose zu werden, erhielt einen Posten bei der Ostindischen Kompanie, die Interessen am Kap und in Indien besaß. Doch wohin schickte sie ihn im Jahre 1889? Nach Südwestafrika, wo er zuerst als kaufmännischer Angestellter bei der Firma Mertens & Sichel arbeitete, bis er nach Windhoek kam, das es eigentlich noch gar nicht gab, denn es wurde

Paula Nitzsche war die neunte weiße Frau in Windhoek (1898)

erst 1890 gegründet. Er war ein heller Sachse, der Vater, er sah die Möglichkeiten in diesem menschenleeren Land, arbeitete Jahr für Jahr. Aber zu weiteren Plänen brauchte er eine Frau. So kehrte er noch einmal zurück, wieder nach Pirna. Und dort im Hause der Witwe Gursch sah er die siebzehnjährige blonde, blauäugige Tochter Paula. Die Mutter jedoch wollte sie nie und nimmer nach Afrika lassen. Traurig trat Otto Nitzsche allein die Rückreise an, war schon in Hamburg, als ihn die erschütternde Nachricht erreichte, daß die gerade noch so besorgte, energische Mutter plötzlich gestorben war und Paula, nun urplötzlich Waise, bereit war, ihm zu folgen. So kehrte er um, heiratete sie nach angemessener Zeit. Als er dann mit seiner jungen Frau, die voller romantischer Träume war, 1898 in Swakopmund eintraf, war halbmast geflaggt: Malaria und Rinderpest waren ausgebrochen und forderten bei Menschen und Tieren schwerste, grausamste Verluste. Es schien ein düsteres Omen. Tatsächlich überfiel die blutjunge Paula auf dem anstrengenden Treck mit dem Ochsenwagen ins heiße Inland schon unterwegs die gefürchtete Malaria. Nur gefährlich hohe Dosen Chinin retteten sie. So hart war also die Wirklichkeit. Und Windhoek selbst? Nur ein paar einfache Häuser, keine Gärten, eine rauhe Männerwelt: Siedler, Soldaten, Pioniere. Sie war dort die *neunte* weiße Frau.

Für den Photographen posierte man elegant — Kaufmann Otto Nitzsche — Postsekretär Junker und Post- und Polizeimeister von Goldammer (1896)

Verzweifelt dachte sie an die grüne Heimat, an den breiten, rauschenden Strom zurück, an die Elbe. — Ob es ein Trost für sie war, daß die rauhen, frauenlosen Männer in ihr etwas Kostbares sahen, daß selbst die Schwarzen sich ihr mit Geschenken nahten und sie den Engel nannten, — einen Engel, weil sie noch nie zuvor ein so blondes, blauäugiges, zartes Geschöpf gesehen hatten.

So zählten dann also die Nitzsches zu den ersten Bewohnern und ersten Kaufleuten Windhoeks und die Firma Nitzsche und Gutsche, die sie begründeten, erfreute sich bald eines guten Rufes.

Wie ihre Geschwister, so wurde auch Ottilie in der Landeshauptstadt geboren. Ihr fehlte der Fluß nicht, für sie war alles von Beginn an die einzige, geliebte Heimat. Und als sie heranwuchs, entstand in ihr der Wunsch, die in der Welt noch so unbekannten Schönheiten des Steppenlandes im Bilde festzuhalten. Sie wurde Photographin.

Das also war Ottilie Nitzsches Geschichte. Ich sah mir dann noch ihre modern anmutende Ausstellung in Dresden an. Dann hörte ich nichts mehr von ihr, vergaß sie auch, bis — sechzehn Jahre danach. Der furchtbare Krieg war gekommen und hinterließ eine Trümmerwelt: Es gab keinen Opernball, nicht einmal das Opernhaus mehr, alles war versunken, Fotos, Kindheit, Jugend. Ich selbst war nun in Afrika in dem Lande, in dem leben zu können, mir einst unvorstellbar erschienen war. Wir saßen auf der Veranda des Farmhauses mitten im Busch: mein Mann, seine Eltern, die Kinder. Wir lasen beim Schein der Petroleumlampe die Windhoeker Allgemeine Zeitung, lasen einen Namen: Ottilie Nitzsche. Ich wiederholte ihn laut. „Ja", sagte der Großvater, „Ottilie, die beste Photographin, macht ausgezeichnete Porträts, alles fährt zu ihr hin." Ganz benommen ging ich zum Telefon, rief sie an, wollte mich zögernd erkundigen, ob sie sich erinnere ... Da unterbrach sie mich lachend: „Hier in meinem Atelier liegt ein Stoß der Dresdner Photos, darunter auch die von Ihnen, hatte sie gerade in der Hand. Ich plane eine Ausstellung in Otjiwarongo im Mai. Werden Sie da sein?" — Ich war da. Und dort in dem Pavillon in der kleinen afrikanischen Stadt hingen zwischen den neusten Porträts hiesiger Staatsmänner und Künstler, zwischen wunderbaren Landschafts- und Pflanzenstudien, auch jene Photographien von damals, verschont von Krieg und Vernichtung. Welcher Trost und welche Freude! Es lagen auch Alben und Prospekte aus, Zeitungsberichte von einer Ausstellung, die sie nach ihrer Rückkehr in ihre Heimat in Windhoek veranstaltet hatte. Es war ein Ereignis gewesen. Albert Voigts, der sie eröffnete, hatte warme Worte für die junge Photographin und ihre Arbeiten gefunden: „Du Kind dieses Landes, in der alten Heimat herangebildet, hast uns ein großes Stück deutscher Kultur durch Deine Bildkunst hierher gebracht!" Ihr erstes Photolabor hatte sie noch auf dem väterlichen Grundstück, auf dem jetzt das Carl-List-Haus steht, eingerichtet. 1936 heiratete sie dann. Ihr Mann, Joseph Reiter, der ursprünglich aus Regensburg gekommen war und starke kunstgeschichtliche Neigungen sowie das erforderliche Fachwissen besaß, gab um ihretwillen die Farmerei auf, so daß sie gemeinsam um 1939 ein Photo-

Ottilie Nitzsche
„Du Kind dieses Landes..."

und Kunstatelier in der Kaiserstraße eröffnen konnten. Er wurde zum ersten Kunsthändler des Landes. Freilich unterbrach die Internierung während des zweiten Weltkrieges, die auch ihm nicht erspart blieb, die gemeinsame Arbeit. Doch sogleich nach seiner Rückkehr wandte er sich mit doppeltem Elan seinen künstlerischen Plänen zu, jetzt gemeinsam mit seinem Freund, dem Maler Otto Schröder. Der angekündigte Besuch des damaligen Ministerpräsidenten General Smuts in Südwestafrika ließ ihn den Gedanken fassen, eine umfassende Gruppenausstellung Südwester Künstler zu arrangieren. In der Gattin des Administrators jener Jahre, Frau Emma Hoogenhout, fand er eine enthusiastische Unterstützerin des Projektes. Sie nahm auch am 11. Juli 1947 in dem einstigen Café-Zoo-Gebäude die Eröffnung vor. Und der Erfolg: General Smuts war so stark beeindruckt von den Werken zeitgenössischer und verstorbener Südwester Künstler, die Joseph (Pep) Reiter und Otto Schröder auf ausgedehnten Fahrten quer durch das Land zusammengetragen hatten, daß er die inzwischen schon als klassisch angesehenen Worte ausrief: „I cannot believe my eyes – such culture in what I thought was a desert!" Ja, solche Kultur in einem Lande, das er für eine Wüste gehalten hatte. – General Smuts wurde bei dieser Gelegenheit ein Album überreicht mit Photographien der gezeigten Werke, Aufnahmen von Ottilie Nitzsche. Aus heutiger Sicht scheint uns dies eine Sternstunde gewesen zu sein, in der ein südafrikanischer Ministerpräsident zum ersten Mal erfuhr und die Beweise in guten künstlerischen Wiedergaben mit sich nehmen konnte, daß es in dem „Wüstenland" schon seit langem eine selbständige, sehr ernst zu nehmende Kultur und Kunst gab, denn noch in demselben Jahre schritt man zur Gründung des Südwester Zweiges der SA Kunstvereinigung, der sehr bald die ganz entscheidende Rolle beim Aufbau des gesamten Südwester Kunstlebens spielen sollte. Und das mit den besten Werken der Südwester Künstler

11. Juli 1947: Der Kunsthändler Joseph Reiter und Otto Schröder hatten eine Sammelausstellung der Werke lebender und verstorbener Südwester Maler veranstaltet, bei deren Anblick der damalige Ministerpräsident General Smuts in die Worte ausbrach: „I cannot believe my eyes – such culture in what I thought was a desert!"
v. rechts nach links Pep Reiter, General Smuts, Otto Schröder, Gesundheitsminister Dr. Gluckman

ausgestattete, geschmackvolle Heim des Ehepaars Nitzsche-Reiter und ihr Photo- und Kunstatelier wurden zu einem Treffpunkt der Maler und Kunstfreunde.

Inzwischen sind weitere Jahrzehnte vergangen. Nach einer harmonischen Ehe ist Ottilie wieder allein, ist Witwe geworden und schafft nun als Ottilie Reiter an ihrem Lebenswerk: an einer Dokumentation geschichtlicher und künstlerischer Ereignisse dieser Zeit, deren Zeuge sie war. Sich selbst zum Ruhm? Oh nein, der bedeutet ihr nichts. Es geht ihr nur um ihre Heimat, deren eigenartige Schönheit, deren Menschen sie im Bilde festhalten wollte. Darum hatte sie den Beruf einer Photographin erlernt. Darum war sie in ihr Geburtsland zurückgekehrt, um hier für immer zu bleiben.

Die Großen Drei: Nicht Staatsmänner – sondern Maler
Otto Schröder

Es war vor Jahren in einer Konzertpause im Foyer des Windhoeker Theaters, als ich, in einer Gruppe von Kunstfreunden stehend, den Ausruf hörte: „Natürlich, er ist einer von den ‚Großen Drei'! Übrigens da kommt er!" – Einer von den ‚Großen Drei', einer der Staatsmänner jener Großmächte, die heute

Unverwechselbar — ein echter Schröder

durch einen Druck auf einen Schalter alles Leben auf diesem Erdball auszulöschen vermögen? Wie konnte das sein? Da trat ein großer, schlanker, eleganter Mann lächelnd, höflich auf die Gruppe zu: OTTO SCHRÖDER, der Maler. Da begriff ich: wenn man hierzulande die ‚Großen Drei' erwähnt, da meint man nicht Männer der Weltpolitik, sondern der Kunst, der Malerei, da meint man *unsere* Maler: an ihrer Spitze Adolph JENTSCH, geboren 1888 in Dresden, Landschaftsmaler von hohen Graden, — Fritz KRAMPE, den aus Berlin stammenden kraftvollen Tiermaler des Jahrgangs 1913 und Otto SCHRÖDER, 1913 in London geboren, aufgewachsen und ausgebildet in Deutschland, in seiner Art der vielseitigste von ihnen. Ihnen allen war eins gemeinsam: sie kamen in dieses Land der ewigen Sonne, der flimmernden Luft, der sanften Hügel, des endlosen Horizontes und verfielen ihm für immer.

Otto Schröder war ich zum erstenmal im Hause des Kunsthändlers Pep Reiter begegnet. Das heißt, was ich zuerst von ihm erblickte, war ein zartgraues, lichtflimmerndes, winddurchwehtes Kunstwerk. Der Rahmen entsprach der offensichtlichen Kostbarkeit des Werkes. „Ein Impressionist, ein Franzose!" rief ich erstaunt. Aber nein, das war ja die Wüste, die Namib — Sand, Sand und das durch diesige Luft verhalten dringende Sonnenlicht, und da — nur geahnt — Telegraphenstangen, schwirrende Drähte, sich fern, im wehenden Sand verlierend. Menschenwerk: so hinfällig, so ausgeliefert der ewigen, unsterblichen Wüste! — So beeindruckt war ich von der Aussagekraft des kleinen Werkes, daß ich das Eintreten seines Schöpfers gar nicht bemerkt hatte. — Aber nicht seinen eigenen Arbeiten galt dann unser darauf folgendes, lebhaftes Gespräch, sondern andren Themen, die ihm damals am Herzen lagen: dem Ausbau der Südwestafrikanischen Kunstvereinigung, zu deren Gründern er sowie Pep Reiter gehörten, dem *Projekt*, seinen Künstlerkollegen durch Teilnahme an repräsentativen Ausstellungen in SÜDAFRIKA und ÜBERSEE Ansehen auch im Ausland zu verschaffen. Die *Gruppe Drei*, das waren die Männer aus Europa, die nun hier lebten und arbeiteten, aber man hatte auch schon von einer Gruppe Vier oder Fünf gesprochen, denn diese Gruppenbildung galt nie einer besonderen künstlerischen Richtung — jeder einzelne von ihnen war ein Individualist — sondern dem bestimmten Zweck, gemeinsam anerkannte Ausstellungen zu beschicken. So gehörten auch schon die gebürtigen bekannten Südwester JOACHIM VOIGTS und HEINZ PULON dazu. Denn Otto Schröder wünschte, allen die Chance zu verschaffen.

Daß Südwestafrikas Maler erstmalig 1956 bei der ersten Südafrikanischen Quadriennale ausstellen konnten und daß zuvor bereits im Jahre 1954 eine bedeutende Sammlung Südwester Arbeiten in Deutschland gezeigt werden konnte, war ebenfalls dem dynamischen Organisationstalent Otto Schröders zu verdanken, der die junge Kunstvereinigung und ihre guten Beziehungen zur Administration so erfolgreich einzusetzen verstand. Das Komitee, das seinerzeit für die Auswahl der Südwester Werke für die Ausstellung in Deutschland verantwortlich war und aus südafrikanischen Experten bestand, hatte u.a. Arbeiten von folgenden Künstlern ausgewählt: AXEL ERIKSSON, CARL OSSMANN, PIERNEEF, ADOLPH JENTSCH, HERMAN KORN, FRITZ KRAMPE, OTTO SCHRÖDER, JOACHIM VOIGTS, JOHANNES BLATT, MARIANNE KRAFFT, EBERHARD VON KOENEN, BANIE VAN DER MERWE, also von älteren wie zeitgenössisch jüngeren Künstlern.

Dies war der *Durchbruch* für die Südwester Kunst, für die Südwester Maler, von denen man bis zu diesem Tage außerhalb des Landes so gut wie nichts gewußt hatte.

Damals schon träumte Otto Schröder von einer eigenen großen Windhoeker Kunstgalerie mit Malschule. Daß dieser Traum dann etliche Jahre später durch die entscheidende Spende von DR. LÜBBERT zur Wirklichkeit werden konnte, das hat ihn mit vielen anfänglichen Enttäuschungen in dieser Richtung ausgesöhnt.

Damals jedoch, als er in den Fünfziger Jahren, getragen von großem Idealismus, mit dem Ausbau des Südwester Kunstlebens begann, war er schon froh, im Gebäude des alten Zoo-Cafés — wer erinnert sich noch? — bescheidene Räumlichkeiten für ein Sekretariat, für Kunstunterricht und Ausstellungen gefunden zu haben. Mit großer Energie setzte er sich auch für die Schaffung eines *Kinderkunstzentrums* ein, das ihm ganz besonders am Herzen lag.

Er hatte erkannt, daß das hiesige Schulsystem noch nicht den Anschluß an den modernen Zeichen- und Malunterricht Europas gefunden hatte, daß es zu starr gehandhabt wurde, daß damit nicht *das* erreicht werden konnte, was ihm so notwendig erschien: Heranbildung des künstlerischen Nachwuchses durch Ermutigung zum eigenen Sehen, zur Freude an Farbe und Form, und durch ein frühes Vertrautwerden mit allen Techniken.

Und selbstverständlich schaffte er, was er sich vorgenommen hatte. Schon unterrichtete er eine wachsende Schülerzahl aller Sprach- und Rassengruppen, erhielt den notwendigen Raum, das Material, ja, Stipendien und kam dabei zu wertvollen Erkenntnissen, deren Veröffentlichungen in Korrespondenzen und Zeitschriften ihn bald weit über die Grenzen Südwestafrikas bekannt machten. Anhand der Arbeiten seiner weißen, braunen und schwarzen Schüler konnte er feststellen, daß der farbige Mensch schon von klein auf einen viel stärkeren Drang, ja, Mut zur starken Farbe hat, während bei dem weißen Kind europäischer Abstammung das Formgefühl dominiert, das wiederum dem Schwarzen nicht angeboren ist. Lehren war Otto Schröders Leidenschaft, Erwecken schlummernder Talente, Ermutigung gerade auch des farbigen und schwarzen Menschen zur Selbstverwirklichung durch die Medien der schaffenden Künste. Viele von seinen einstigen Schülern wurden inzwischen selbst zu Lehrern, zu Künstlern, die das von ihm Gelernte nun weitergeben. Übrigens gab er auch persönlich Eltern den dringenden Rat, ihren Kindern große Papierbögen, handliche Stifte zu geben, und sei es Packpapier, sei es Kreide. Hier zu sparen, wäre Sünde, denn hier schon entwickele sich die freie Schrift, die Leichtigkeit der Hand und die Fähigkeit, sicher und mutig zu malen. Mit Papierstückchen oder Bleistiftresten aber verkrüppele man den Malhunger, die Phantasie und das Talent des Kindes.

Wer Gelegenheit fand, selbst einmal den emsig schaffenden und so glücklich wirkenden Schülern Otto Schröders zuzusehen, wie sie — ob weiß, schwarz oder braun — auf dem Boden saßen und malten, der erkannte, welches große, reiche Feld hier zum Beackern freiliegt.

Diese intensive Lehrtätigkeit und seine Erfolge brachten es mit sich, daß Otto Schröders Name auch in den Kunstabteilungen der südafrikanischen Universitäten immer größere Geltung gewann, daß die Galerien seine Bilder ankauften und daß an ihn schließlich — wohl zum Stolz, aber auch zum Leidwesen seiner Südwester — der ehrenvolle Ruf der Universität Stellenbosch erging, dort eine Fakultät der Bildenden Künste aufzubauen: ein Auftrag, dem seine Ernennung zum *Professor* und *Dekan* folgte. Daß er, der dynamische Organisator, auch diese Aufgabe zu meistern verstand, war für alle, die ihn kannten, eine Selbstverständlichkeit. Daß er aber in der Seele und in seiner Malerei unserem Lande für immer verbunden bleiben würde, das wußten wir auch. Wo sonst hätte er, der Meister des Pastells, diese fließenden blauen, silbergrauen Töne finden und in Kunstwerke verwandeln können, als an unseren lichten Küsten, als in der schimmernden Wüste der ewig wehenden Sandschleier!

So kam er jedes Jahr mit seiner klugen, stillen Frau und seinen Kindern in seinem Volkswagen-Käfer die riesige Strecke heraufgefahren, malend in Lüderitzbucht, im Süden des Landes — Hafenszenen, schwarze Menschen, schlanke Hererofrauen in ihren farbenprächtigen Schleppgewändern, irgendwo unterwegs — dann weiter hinauf nach Swakopmund durch seine geliebte Namib. So hielt er Südwest die Treue — und Südwest ihm. Man ehrte Otto Schröder durch die Wiedergabe seiner ätherischen und doch so lebendigen Bilder auf Briefmarken, man sah seine Originale in den Heimen der Kunstfreunde, in Ausstellungen und Galerien. Das letzte Mal aber, das wir ihn noch selbst erblickten an seiner Staffelei, war irgendwo in völliger Einsamkeit zwischen Küste und Wüste im glitzernden, weißen Sand: in der Ferne ein Baken, ein paar sich im Glast verlierende Telegraphenstangen: Menschenwerk, sich auflösend in Luft, im ewig flimmernden Licht. Sein großes Thema. — Man sprach ihn nicht an, man durfte es nicht. Er selbst, sein Bild, schienen eins geworden mit der Landschaft, die er so liebte und die sich ihm hingab in ihrem ganzen geheimnisvollen Zauber.

Viel zu früh — doch nicht unerwartet — raffte ihn 1975 ein Herzleiden dahin. Doch uns und unzählige andere hat er gelehrt, mit seinen Augen zu schauen die Silberschleier der Küste der ältesten Wüste der Welt, der Namib.

Unsere Rheinischen Burgen — Hans Bogislav Graf von Schwerin — Olga, die Schriftstellerin

Fährst du nach Windhoek, ins Herz unseres Steppenlandes, magst du manches erwarten: Palmen in blühenden Gärten, üppig rankende, flammendrote Bougainvillea, Antilopen, Strauße und Affen am Straßenrand. All das kannst du schon sehen, bevor du die Stadt erreichst. Was du aber nicht erwartest und was dich, als Fremden, an eine Fata Morgana glauben läßt, ist der Anblick der drei Rheinischen Burgen, dort oben auf steiler Höhe, weit über Stadt und Land hinausblickend. Rheinische Burgen mit Türmen und Zinnen, mit dicken, wuchtigen Mauern aus massiven Quadern. Und nicht als hertransportierte Museumsstücke im amerikanischen Stil, sondern hier erbaut und heute noch bewohnt.

Wie aber und wann sind sie entstanden? Zuerst, so erfährt man, gab es dort oben gegen Ende des vorigen Jahrhunderts nur einen Beobachtungsstand, einen Turm aus Felsquadern hochgebaut. Bald nicht mehr benötigt, wuchs der Dornbusch darüberhin und plötzlich war aus ihm eine malerische Ruine geworden, die die Phantasie eines unternehmungslustigen Wirts anregte. Er taufte das Ganze Sperlingslust und schenkte dort frisches Bier an durstige Kehlen aus. Doch viel wurde nicht daraus, mehrmals wechselte das Anwesen auf luftiger Höhe seinen Besitzer, bis dann, ebenfalls noch vor der Jahrhundertwende, als

Sekretär des Gouverneurs Hans Bogislav Graf von Schwerin herauskam, den der verfallene Bau mit der wunderbaren Aussicht auf das Khomas-Hochland so faszinierte, daß er den begabten Architekten Willi Sander beauftragte, daraus eine Burg im alten Stil als Wohnsitz für sich und seine Familie zu schaffen. Noch heute erzählt man sich, mit welchen unerhörten Schwierigkeiten die Errichtung dort oben auf wasserlosem Felsgestein verbunden war. Doch wie staunten die Windhoeker, als sie eines Tages beobachten konnten, wie achtzehn kräftige Zugtiere — ob Ochsen oder Kamele sei dahingestellt — eine Bohrmaschine hinaufschleppten, ein Unternehmen, das sie für ganz sinnlos hielten und das dennoch von Erfolg gekrönt wurde; denn was niemand für möglich gehalten hatte, trat ein. Der vom Kaiser in das trockene Land entsandte Wünschler, Herr von Uslar, hatte dort oben Wasser angezeigt und gefunden. In 104 Meter Tiefe wurde eine ergiebige Ader angeschlagen. Und der junge Graf war so stolz auf den gelungenen Bau, daß er ihn nach dem Stammsitz seines berühmten Ahnherrn, des Feldmarschalls Graf von Schwerin, Schwerinsburg nannte. Und nicht genug damit: nun entschloß sich der Graf, seiner Gattin etwas unterhalb eine eigene Burg errichten zu lassen, die er — nach ihrem Mädchennamen — Heynitzburg nannte. So heißt sie auch heute noch. Und die dritte, die baute sich der Baumeister später selbst: die Sanderburg.

Der Atem dieses schöpferischen Rausches, dieser Freude am gelungenen Werk weht noch jeden an, der je oben auf den Zinnen oder in den Bogenfenstern der Burgen stehen und weit, weit hinaus in afrikanische Land blicken konnte.

Im Laufe des Jahrhunderts haben sich die drei Burgen längst der dornbuschüberrankten Landschaft angepaßt. Längst gibt es die Menschen, die sie schufen nicht mehr.

Vor mir liegt ein Gedicht, das Hans Bogislav Graf von Schwerin in seinen letzten Lebensjahren schrieb, die er in großer Einsamkeit in einem Altersheim in Eschwege, Hessen, verbrachte.

Mein Haus im Sonnenland

Ein Abbild deutscher Burgen
im sonnigen Südwest,
hoch über Windhuks Dächern
ragt die Schwerinsburg fest. —

In meinen jungen Jahren
hab ich sie froh erbaut,
durch ihre Bogenfenster
oft in das Land geschaut.

Denn rings von jener Höhe
eröffnet sich die Schau
in bergumkränzte Fernen,
ins tiefe Himmelsblau.

Gen Nord die Erosschluchten,
gen West das Khomasland,
gen Süd der Auasberge
gezackte Felsenwand.

Aufglüht sie farbenprächtig
beim letzten Sonnenstrahl,
Wenn schon im Schatten schlummert
Klein-Windhuks Gartental. —

Einst spielten meine Kinder
im Burghof, Äuglein blank;
ein Brünnlein, leise plätschernd,
der Felsenwand entsprang.

Die Bougainvillien rankten
am Tor in roter Pracht
und viele tausend Sterne
erhellten still die Nacht.

Im Eukalyptusbaume
der Nachtwind leise rauscht.
Ich hätt' dies Fleckchen Erde
um keine Kron' getauscht. —

Seither sind nun vergangen
so viele, viele Jahr!
Kein noch so groß Verlangen
je wiederbringt, was war!

Längst fiel in fremde Hände
was einst mir stolz erstand.
Verloren deutsche Heimat!
Verloren deutsches Land!

Heute bin ich zur Heynitzburg hinaufgefahren, um Olga, die dort seit Jahrzehnten mit ihrer Familie lebende Südwester Schriftstellerin zu besuchen. „Olga", so sagt jeder, nicht Mrs. Levinson, so bekannt ist sie als Journalistin, Förderin der Künste, Rundfunksprecherin und Verfasserin mehrerer Bücher, die alle ihre Wahlheimat und deren Menschen zum Thema haben. Ich habe auf dem Steinpflaster des Hofes den Wagen abgestellt, bin um die bezinnte

Burg herumgegangen und mußte auch diesmal erst innehalten, so wunderbar und stets aufs neue atemberaubend ist der Blick von hier oben auf die Stadt und die fernen Berge. Dann schlage ich an die am Eingang hängenden altmodischen Glocken und schon öffnet sich die schwere, eisenbeschlagene Tür aus Eichenholz. Kein dienstbarer Geist erscheint, sondern Olga selbst, freundlich, liebenswürdig lächelnd, obwohl sie — ich ahnte es — gerade noch oben in ihrem Arbeitszimer gesessen und geschrieben hatte. Ich kannte den Raum, wo auf hohen Regalen, von Wand zu Wand, Manuskripte gehäuft lagen, Lexika, Bilder, wissenschaftliche Bücher, und irgendwo auch ihre eigenen, denn Olga schreibt nicht nur gelegentlich, sondern immer, sammelt, notiert, trägt zusammen. — Jetzt führt sie mich in das Kaminzimmer, das, wie alle anderen, mit ausgesuchtem aber unauffälligem Geschmack, der Burg entsprechend, eingerichtet ist. Über dem antiken Sofa hängt — wie könnte es anders sein — ein großes, geradezu monumentales Werk von Adolph Jentsch, dem Senior der Südwester Maler, dem Meister, dem sie einen bedeutenden Teil ihres schriftstellerischen Schaffens, sogar ihres Lebens gewidmet hat. Überhaupt läßt jeder Raum der verwinkelten, dickquadrigen Burg, jeder Erker, jede Nische, die große Liebe der Bewohner zur Kunst und den Künstlern des Landes erkennen. Keine Wand blieb frei. Selbst auf den massiven handgeschnitzten Möbelstücken mit Süd-

Olga Levinson
Schriftstellerin — Journalistin — Förderin der Künste im Kaminzimmer der Heynitzburg.

wester Tiermotiven, die der Maler und Holzschnitzer Dieter Aschenborn gearbeitet hat, stehen Graphiken, Aquarelle, Pastelle.

Olgas Ehemann, Ratsherr und vormaliger Bürgermeister der Stadt, Jack Levinson, teilt Olgas Interessen und fördert sie. Auch ihre drei inzwischen erwachsenen Söhne haben gleichfalls die Liebe zur Kunst geerbt. Und wie kam sie selbst zum Schreiben? Oh, sie hatte schon als Kind von fünf Jahren damit begonnen. Als ihr Mann sie dann blutjung als Braut aus dem grünen Südafrika hinauf ins weite, menschenleere Steppenland holte, konnte sie kein einziges Buch in Englisch finden, das ihren Wissensdurst über ihre neue Heimat stillen konnte. So beschloß sie, eines Tages ein eigenes darüber zu schreiben. Achtzehn Jahre später erschien es unter dem Titel „The ageless land", das zeitlose Land, dessen geheimnisvolle Vergangenheit, dessen Felsmalereien wohl nie ganz enträtselt werden können. Es ist — bei allen geschichtlichen Tatsachen — ein dichterisches Buch, das versucht, den ganzen Zauber der Urweltlandschaft in Worte zu fassen. Aufgrund des großen Interesses, das es fand, hat sie es mehrmals überarbeitet und schließlich unter dem neuen Titel „Story of Namibia" 1978 in einer erweiterten Ausgabe herausgegeben, die auch die letzten politischen Entwicklungen berücksichtigt. So ist es heute zu einem Nachschlagwerk geworden, das sorgfältig zusammengetragenes Quellenmaterial und gute Photos bringt. Aber das Buch, das ihr wohl selbst am meisten am Herzen liegt, ist die große Biographie ihres verehrten Freundes, des Malers Adolph Jentsch. Doch was und wo auch immer sie schreibt, ob in Zeitungen, Zeitschriften, Kunstjournalen, ob für Funk oder Film, ob hier oder im Ausland, stets wirbt sie damit für Südwest und seine Künstler. „Man weiß draußen immer noch zu wenig über uns", sagt sie und weist mit einem schmerzlichen Lächeln auf einen in Südafrika erschienenen Kalender hin. Auf dem Deckblatt ist ihr schöner Besitz, die Heynitzburg, abgebildet. In dem dazu gehörenden Text wird behauptet, daß dieser historische Bau ein — Kloster sei. Und abschließend meint sie dann: „Wir, die wir hier leben und für die dieses Land Heimat bedeutet, müssen eben noch viel mehr schreiben, veröffentlichen, dürfen uns nicht entmutigen lassen und nie aufgeben!" Man spürt, sie hat sich eine Aufgabe gestellt, von der sie freiwillig nicht lassen wird.

Adolph Jentsch: zwei Feuerbrände zerstörten seine Werke

Soviel ist über Adolph Jentsch geschrieben worden, daß es sich eigentlich erübrigt, Bekanntes zu wiederholen. Und doch möchte ich ihn in dieser Reihe nicht auslassen, denn er hat ja in den letzten Jahrzehnten unangefochten an der Spitze unserer Südwester Maler gestanden. — Geboren 1888 in Dresden, war er ein Mitstudent jener, die sich zu der berühmten Expressionistengruppe „Die Brücke" formten, hatte sechs Jahre lang an der Dresdner Kunstakademie studiert — mit Otto Dix, Max Pechstein, Georg Gross — und blieb doch unberührt von dieser neuen, epochemachenden Richtung. Vielmehr erwachte schon früh in ihm ein besonderes Verständnis für ostasiatische Malerei und die Philosophie, die aus ihr sprach — Harmonie und Einfachheit als höchste Kunstform. —

Nach den Dresdner Jahren, die ihm ein Stipendium und die Verleihung der Königlichen Sächsischen Staatsmedaille einbrachten, reiste er vorerst ins europäische Ausland, arbeitete in Paris, London, Holland. Dann kam die Unterbrechung durch den Ersten Weltkrieg, Rückkehr, Heirat, zeitweilige Tätigkeit als Innendekorateur und Portraitmaler, bis ihn eine Einladung der Südwester Farmerfamilie Dietterle nach Südwest brachte. So fand er als schon 50jähriger — europamüde — den Weg in dieses Land, um es *nie* wieder zu verlassen, um in dieser Urlandschaft des endlosen Horizontes, des hellen Lichtes, mit seinem ganzen Wesen aufzugehen. Er hatte als Künstler und Mensch seine wahre Heimat gefunden.

Für seine eigene Person war er von einer solchen Anspruchslosigkeit, daß ihm das Anpassen an die harten Bedingungen des Farmlebens ohne Schwierigkeiten gelang. Er suchte nie Reichtum, nie eigenen Besitz, doch fand er Freunde, kunstliebende Freunde, die ihn weiterreichten, die dafür sorgten, daß er seine Bilder — erst noch zu bescheidenen Preisen — verkaufen konnte.

Nicolai und Marianne Krafft, die Malerin auf Farm Ibenstein, die Schöpferin der Teppichweberei, gehörten u.a. zu ihnen, bis ihm das Ehepaar von Funcke ein festes Heim bot, bis er in diesen zwei Menschen Freunde fürs ganze Leben gewann. Aus dieser Freundschaft drei gleichgesinnter Menschen wurde eine Lebensgemeinschaft, die schlechthin vollkommen war und die es Adolph Jentsch ermöglichte, ganz seinem Schaffen zu leben. Weltliche Güter waren auch nicht den von Funckes beschieden: eine Farm, die in Wassernot geraten war, verlangte immer größere Opfer im Sich-Bescheiden, im Verzichten. So blieb ihnen bald nur noch ein kleines, aber geschmackvoll mit erlesenen Antiquitäten eingerichtetes Haus im Busch, in Brack, ein kleiner Farmladen zum Lebensunterhalt und — zwischen hohen Pappeln und Kameldornbäumen — eine verlassene Käserei: ein großes, geräumiges, leeres Gebäude mit Fenstern, gutem Licht und riesigen leeren Wänden. Und in diese leere, verlassene Käserei — nur wenige Schritte von seinen Freunden entfernt — zog ein wie ein König in das auf ihn wartende Schloß: ADOLPH JENTSCH.

Er hatte gefunden, was er brauchte: Das herrlichste Atelier mit Raum — Fenstern-leeren Wänden und Platz für breite Regale, in die — übersichtlich geordnet — in den Jahrzehnten seine nach Hunderten, ja, nach Tausenden zählenden Aquarelle Einzug halten sollten. Und die hohen Wände schienen dazu geschaffen, seine großformatigen Ölbilder des weiten, geliebten, lichterfüllten Landes aufzunehmen. Eines seiner berühmtesten, wohl *das* berühmteste, steht uns noch vor Augen: *Das Wasserloch*. Wasser in der harten, erbarmungslosen, endlosen Steinlandschaft vor einem, von keinem Menschenfuß erreichbaren, fernen Horizont. Erbarmungslos? Oh nein, dort war es ja, das Wasser, das lebensspendende, lebensrettende! — Bald begannen die Werke, die in dem feierlichen ersten, noch schattenlosen Morgenlicht draußen im Freien geborenen, zu sprechen und gehört zu werden. Man sah sie auf Ausstellungen, die seine Freunde für ihn veranstalteten. Zweifellos hat er die ersten bedeutenden Erfolge vor allem drei Menschen zu verdanken: Dem damaligen Direktor der Johannesburger Kunstgalerie und Maler ANTON HENDRIK, Olga Levinson, der langjährigen Präsidentin der SWA Kunstvereinigung, die sehr früh den hohen Grad der besonderen Künstlerschaft Adolph Jentschs erkannte und dem Malerfreund Otto Schröder, die gemeinsam mit einem Freundeskreis alles taten, um auch die südafrikanische Kunstwelt auf ihn aufmerksam zu machen.

Und wie es der Lauf der Welt ist: Umso weniger Adolph Jentsch selbst nach öffentlichen Anerkennungen verlangte, umso mehr begannen sich Ruhm und Ehren an seine Fersen zu heften. Man rief nach seinen Bildern, nach seiner Person, schrieb über ihn, schrieb an ihn. Kunstkenner, selbst Direktoren der führenden Galerien Südafrikas, bemühten sich höchstpersönlich zu ihm, auf die kleine Farm am Schafrivier. Doch schon bald fanden es seine selbstlosen Freunde schwer, den nun von weither kommenden Kunstpilgern klarzumachen, daß Meister Jentsch nicht nur malte, um zu verkaufen, daß er vielmehr wie ein Philosoph des alten CHINA im Malen ein *Dienen*, ein Suchen nach Wahrheit, — ein Beten sah.

Selbstportrait
Der Philosoph unter den Malern.

Als ein bekannter Kunsthistoriker ihn einmal in ein Fachgespräch über seine *Maltechnik* verwickeln wollte, antwortete er schlicht: „Wenn Sie beten, denken Sie dann noch an die Grammatik?" Und in einem der langen, philosophischen Dialoge, die Adolph Jentsch mit Olga, seiner Biographin und verehrten Freundin führte, sagte er: „Geist hat keine Form, Geist ist das Sein der Seele. Doch auch eine gestotterte Wahrheit ist noch immer eine Wahrheit. Darum male ich, *das* will ich zeigen!" Und weil er sein Malen stets als einen Dienst an der großen Wahrheit ansah, fiel es ihm so schwer, sich von manchen Bildern zu trennen, sie gar an Fremde zu verkaufen. Es gibt köstliche Geschichten darüber, wie seine Freunde für ihn, der nie versucht hatte, eine andere als seine deutsche Muttersprache zu sprechen, dolmetschen und dabei versuchen mußten, Mäzene, Kunstexperten, Galeriedirektoren mit höflichen Ausflüchten hinzuhalten, wenn der Meister glatt ablehnte, ihnen eins der von ihnen gewünschten Bilder zu überlassen, selbst wenn man sich in Preisangeboten überstürzte.

Andererseits brachte er es ohne weiteres fertig, eins seiner Lieblingskinder im Werte von Tausenden zu verschenken, wenn er in dem oder der zu ihm Gekommenen echte Seelenverwandtschaft erkannte.

So geschah es auch mit seinem Meisterwerk, dem berühmten Wasserloch auf Kowas. Vergeblich hatten sich südafrikanische Museen darum bemüht. Er hatte strikt abgelehnt. Aber kurz vor der feierlichen Eröffnung der lang angestrebten Kunstgalerie der Kunstvereinigung in Windhoek sagte er so ganz nebenbei zu Olga Levinson: „Erinnern Sie sich an das Wasserloch?" Olga blickte ihn erstaunt an. Welche Frage! Sein Meisterwerk! — „Nun gut, Sie können es haben — für Ihre Galerie!" Welches Glück, daß es auf diese großherzige Weise der Nachwelt erhalten blieb, denn zweimal in seinem Leben wurde sein Philosophentum auf eine harte Probe gestellt:

Adolph Jentsch verlor die Werke seiner *ersten* Lebenshälfte mit allem anderen Besitz im fernen heimatlichen Dresden in jener Feuernacht des Zweiten Weltkrieges, in der die Stadt seiner Jugend in Schutt und Asche versank. Und die Werke seiner *zweiten* Lebenshälfte wurden dann abermals Raub der Flammen in seinem Atelier im Busch, das er wenige Tage zuvor verlassen hatte, um sich — nunmehr hoch in den Achtzigern — in der Kühle der Küste für kurze Zeit zu erfrischen. Ein Feuer brach in seiner Abwesenheit aus. „Unersetzliche Schätze verbrannten", schrieben die Zeitungen, meldete der Rundfunk. „Ungefähr 1 200 Aquarelle, selbst die so raren Ölgemälde wurden dort aufbewahrt. Der Schaden geht in die Millionen!" — Das ganze Land war erschüttert: Wie würde der Meister diesen wahrhaft unersetzlichen Verlust ertragen? — Er ertrug ihn, wie es seiner Geisteshaltung entsprach: „Meine Arbeiten sind in glücklichen Tagen entstanden und sind Ausdruck der glücklichen Stimmung, in der ich mich befand. Die Erinnerung an diese glücklichen Stunden ist unzerstörbar." —

Sicherlich sind in seinen Räumen auch alle Urkunden, Medaillen, auch das Bundesverdienstkreuz I. Klasse verbrannt, das ihm schon 1958 zu seinem 70. Geburtstag vom Deutschen Konsul als erstem der in Südwest lebenden Künstler überreicht wurde, in Anerkennung seines jahrzehntelangen künstlerischen Schaffens und als Beweis — so sagte der Konsul wörtlich — „daß wir Sie nicht vergessen haben." Wer würde auch Adolph Jentsch, den Malerphilosophen, vergessen, der uns und unserem Land seine Kunst und sein Leben geschenkt hat, der — geboren 1888 in Dresden — in Windhoek im gesegneten Alter von 88 Jahren verstarb. Für uns ist es heute ein besonderes Glück, daß seine Bewunderin, Freundin und Bibliographin Olga Levinson mit seiner Zustimmung und nach langen, gemeinsamen Beratungen ein großes, künstlerisches, ja, dichterisches Werk mit wunderbaren Reproduktionen seiner Bilder veröffentlichen konnte, worin auch gerade jene Meisterwerke für immer festgehalten wurden, die inzwischen ein Raub der Flammen geworden sind. Ein Trost für alle Freunde seiner Kunst.

Leben und Tod des Tiermalers Fritz Krampe

Es gibt so manchen außergewöhnlichen Menschen, dessen Schicksal so sehr durch seinen Charakter, sein Temperament vorgezeichnet erscheint, daß dann, wenn ihn irgendwo in der Welt urplötzlich der Tod ereilt, die erschütterten Freunde sagen: Es hat wohl so kommen müssen. Es ist der Tod, der ihm vorbestimmt war, den er geahnt haben mag und — angenommen hat.

Ich denke an Fritz Krampe, den Tiermaler. Geboren wurde er 1913 in Berlin, wo er bis 1939 an den Vereinigten Staatsschulen für Freie und Angewandte Kunst in Charlottenburg studierte und Meisterschüler der Preußischen Akademie der Künste wurde.

Schon von jungauf hatte er eine leidenschaftliche Liebe zum Tier gezeigt. In allen zoologischen Gärten war er zuhause, intensiv beobachtend, die Wärter in Gespräche ziehend, ihre Freundschaft findend und unermüdlich zeichnend. Als dann Ludwig Heck senior, der berühmte Zoodirektor, einmal den damals erst Sechzehnjährigen beim Löwenzeichnen überraschte, nahm er ihn sofort in sein Dienstzimmer und überreichte ihm ein Jahresabonnement. Welche Ermutigung! Sie hat die Leidenschaft des jungen Künstlers noch vertieft. Dr. Wolfgang Gewalt, der Direktor des Duisburger Tierparks, wurde gar zum lebenslangen Freund Fritz Krampes. Und er war es auch, der ihm den wohl schönsten und ausführlichsten Nachruf widmete, in dem er erzählt, wie Krampe im Berliner Zoo immer wieder den mächtigen Elefantenbullen Harry aufsuchte, beobachtete und malte. Die Faszination dieser ersten Begegnung mit dem

Giganten der Tierwelt — „ein Gebilde wie aus Lehm und Felsen, das auf richtigen Säulenbeinen einherschritt und dessen Gestalt das menschliche Auge kaum erfaßte" — hat Krampe nie mehr losgelassen.

Und als er auf der Heimreise aus der Kriegsgefangenschaft aus einem Lager in Südaustralien an der Küste Ceylons entlang fuhr, schwor er sich, eines Tages in den indischen Dschungel einzudringen, nur um der Elefanten willen. Aber zur zweiten Heimat wählte er sich Südwestafrika. Dort, das wußte er, würde er die bewunderten Riesen in der freien Wildbahn, in der endlosen, strohgelben Steppe, im Urzustand finden, beobachten und malen können. Hatte er doch schon vorher Afrikas Sonne und Wüste kennengelernt, damals als Angehöriger des Afrikakorps unter Rommel, wo er während der Schlacht um Tobruk in australische Gefangenschaft geraten war.

Nun also verdingte er sich zuerst als Stubenmaler, da 1951 Handwerker bevorzugt als Einwanderer zugelassen wurden, — gelangte schließlich über Südafrika in unser Land. So kam es dann, daß bald schlichte Farmhäuser mitten im Busch mit gewaltigen Fresken ausgeschmückt wurden.

Krampe sah das Land mit neuen, mit anderen Augen. Nicht die zarten, lichten Farben faszinierten ihn, sondern das herrlich wilde, freie Leben des Raubwilds in seiner ureigenen Landschaft, einer Landschaft, die noch die Ureinsamkeit der vergangenen Jahrtausende atmete. Er erkannte auch die grausam schaurige Seite des Kampfes ums Überleben, den Sieg des Starken über den Schwächeren als Naturgesetz seit den Tagen der Schöpfung. Nicht elegant und schön sind seine Tiere, sondern gewalttätig, brutal, todbringend, gefährlich. So schuf er ganz anders als jene Maler, die bewundernd den schwerelosen Sprung der Antilopen nachzeichnen wollten. Seine Vorbilder waren die zornigen Gorillas, die mächtigen Elefanten, die über die Steppe dahindonnernden Büffel.

nicht schön sind seine Tiere, sondern brutal, gewalttätig, todbringend gefährlich

Mit wenigen Strichen konnte er auch verständnisvoll die Eigenart der schwarzen Menschen festhalten, und seine Porträts bekannter Südwester entsprachen keineswegs immer den Erwartungen seiner Modelle. Er malte sie, nicht wie sie sich sahen, sondern wie er sie sah. Ja, er sah Mensch und Tier entschleiert und — liebte und bewunderte sie um so mehr. Fanatisch in seiner Liebe und in seinem Verlangen, alle Lebewesen hautnah zu beobachten, zu erforschen, kannte er selbst im Südwester Busch, im ostafrikanischen Regenwald, selbst im indischen Dschungel keine Furcht. War nicht seine hingebungsvolle Leidenschaft für die Löwen, Leoparden, Gorillas, Elefanten sein Schutz? So glaubte er. —

Das Besondere an der sonst recht konservativ empfindenden Südwester Bevölkerung ist aber, daß sie doch spürt, wenn ein Neuer ihrem Lande ein echtes, starkes, positives Gefühl entgegenbringt. Und daß dieser kraftvolle Tiermaler konzessionslos echt war und echt malte, das erkannte jeder Kunstfreund. So geschah es, daß Krampe, der im Nachkriegsdeutschland trotz aller Erfolge um seine Existenz hatte kämpfen müssen, hier bald Verständnis, Gastfreundschaft, selbstlose Förderung und ein Heim fand, eine Frau, die es ihm ermöglichte, von nun an frei zu schaffen, durch die Wildnis zu streifen und Ausstellungen zu veranstalten. —

Einige seiner hervorragenden Arbeiten hängen in der Nationalgalerie der Südafrikanischen Republik, in den Kunstsammlungen in Windhoek, Pretoria und Johannesburg, sowie in zahlreichen Privathäusern. Nach seiner letzten Ausstellung im Jahre 1965 schrieb eine führende Johannesburger Zeitung, Krampe zeige jene großartige Übereinstimmung von ‚big view, big painter, big paintings, big subjects'! Und wir fügen hinzu: ein Mann wie ein Block, mit großen Bildern, großen Themen und titanischer Schaffenskraft.

Aber er malte nicht nur, er schrieb auch.

In den afrikanischen Monatsheften, die unter dem Namen „Der Kreis" mehrere Jahre lang sehr gute Berichte und Erzählungen brachten, fand ich einen Erlebnisbericht unter dem Titel „Gorillas auf der Spur".

Darin erzählte Krampe, wie es ihm gelang, während eines Besuches in Ostafrika in ein Gorilla-Reservat einzudringen, daß aber auch den stärksten Mann der plötzlich erklingende, gellende Warnruf des Gorillas erschrecken könne, daß er wahrhaftig schaurig klinge und daß die großen, menschenähnlichen Fußabdrücke und der durchdringende Gorilla-Geruch Schrecken erregen. Als sich Krampe — unter Führung eines Einheimischen — dem Gebiet näherte, hatte dort eine ganze Woche lang ein furchtbarer Kampf zwischen zwei Gorilla-Männern stattgefunden — Männchen mochte man solche Riesen, die oft bis zu 1 Meter 90 groß wurden, nicht nennen. Dieser Kampf hatte — wie das Naturgesetz es befahl — mit dem Sieg des Stärkeren und dem Tod des Unterlegenen geendet. Dem Sieger dieser Waldschlacht war Krampe nun auf der Spur, bis dieser plötzlich — hinter einem Bambusvorhang — über ihm auftauchte und zornig auf ihn hinuntersah. Sein Gesicht trug den Ausdruck einer Schreckmaske aus schwarzem Ebenholz, streng, wie geschnitzt, und von ebensolchem Glanz. Trotzdem kroch Krampe ihm durch den feuchten, steil ansteigenden Regenwald nach. Krampe wollte ihn durchaus auf die Kamera bannen, was ihm aber in der Dunkelheit des Dschungels nicht gelang. Keine acht Schritte von ihm entfernt, trommelte sich der auf den Verfolger Wütende offenbar Mut an, stampfte mit den Beinen und schüttelte Zweige. Darauf versuchte es Krampe selbst mit der Trommelei, aber — wie er weiter berichtete — blieb die Resonanz kläglich: mit einem Gorilla-Brustkasten sei halt nicht zu konkurrieren. Erst als er feststellen mußte, daß er in Gefahr stand, die Orientierung in dem undurchdringlichen Dunkel zu verlieren, — sein Führer war längst zurückgeblieben — gab er dann doch die Verfolgung auf und hörte als letztes nur noch den Schrei, den furchtbaren Warn- und drohenden Abschiedsschrei, den ihm der Herr des Urwaldes nachsandte. — So manche seiner großartigen Graphiken zeugen von dieser lebensgefährlichen Begegnung. —

Und dann, als Fritz Krampe die 50 überschritten und in seiner zweiten Heimat Südwestafrika alles erreicht hatte, was sich erreichen ließ, packte ihn das alte Verlangen, auch noch die wilden Elefanten im indischen Dschungel zu erleben. Alle Warnungen halfen nichts. Ganz allein trat er die letzte, die längste Reise an, — schaffte es auch unter unsäglichen Schwierigkeiten, Pannen und Hindernissen, — zuletzt nur geführt von einem einheimischen Pflanzer —, bis in den dichten Dschungel einzudringen, — wollte vorgehen wie in Afrika: mit Skizzenblock und Stift, bis auf Hautnähe der bewunderten riesenhaften Giganten. Doch der indische tropische Dschungel ist wohl anders als das lichte, weite, offene Steppenland Südwests, — anders mögen auch seine Tiere sein als das afrikanische Großwild, das den sich still verhaltenden, nicht angreifenden Menschen zu schonen vermag.

So geschah es dann: Ein aufgestörter, wilder Einzelgänger, ein Elefantenbulle griff an, durchbohrte im rasenden Zorn den als Feind angesehenen Maler mit seinen gewaltigen Stoßzähnen, stellte sich über ihn mit jenen wuchtigen hohen Säulen, die Krampe so bewundert und immer aufs neue gemalt hatte; und hielt eine volle Nacht hindurch Totenwache über seinem unschuldigen Opfer. Totenwache für den großen Freund der Elefanten, der nun durch einen von ihnen den *Tod* fand. —

Seine Südwester Freunde und Bewunderer, die auch heute noch oft von ihm sprechen und versuchen, noch da oder dort Bilder von ihm zu finden, sagen mit der Achtung, die man dem Außergewöhnlichen zollt: „Er fand den Tod, der ihm vorbestimmt war, den er geahnt haben mag und — angenommen hat."

Karl Friedrich Höflich, Landespropst
Würdigung einer außerordentlichen Persönlichkeit
Das Recht auf unsere Muttersprache

Wieso spricht man hierzulande noch heute so gut, so viel und so akzentfrei Deutsch? Wenn Welt-, Vergnügungs- oder sonstige Reisende eine solche Frage an uns Südwester richten, dürfen sie keine langen Erklärungen erwarten. *So selbstverständlich* erscheint uns allen der Gebrauch und *das Recht auf* unsere Muttersprache. Man lächelt höchstens und erzählt ihnen vielleicht — außer anderen Begebenheiten — jene nette Geschichte, die sich vor ein paar Jahren auf unserem Flugplatz abspielte: Hatten da hiesige Sportsfreunde einen wohlbekannten Fußballklub aus Deutschland eingeladen und arrangierten natürlich für die Gäste einen — wie man so sagt — großen Bahnhof.

Von fern und nah waren die Enthusiasten gekommen, füllten den Balkon des Flughafengebäudes. Der deutschsprechende Bürgermeister mit Amtskette führte höchstpersönlich das Empfangskomitee an. So waren dann auch die deutschen Fußballer überwältigt von der Welle der Freundschaft und Begeisterung, die ihnen entgegenbrandete. Jeder einzelne wurde mit Handschlag begrüßt, und vom Balkon erklangen Willkommensrufe und deutsche Lieder, gesungen von Alten, Jungen und Kindern. Im Triumph wurden die Gäste dann zu den bereitstehenden Wagen geleitet. Da blickte sich der Bürgermeister noch einmal um und sah, daß ein einzelner Mann, der sichtlich auch zu der Gruppe gehörte, fassungslos, erstarrt stehengeblieben war, als wagte er sich nicht mehr weiter. Höflich ging der hohe Herr zu ihm zurück und fragte besorgt, was mit ihm sei, ob ihm nicht gut wäre. Da antwortete der andere erschüttert: „Können Sie mir bitte sagen, wozu ich mitgekommen bin?" — „Ja, sind Sie denn kein Fußballer?" — „Nein, ich bin — der Dolmetscher!"

Aber wir wollen gerecht sein: nach zwei verlorenen Weltkriegen *ist* es eben keine Selbstverständlichkeit, daß sich die deutsche Sprache hier in Afrika, in unserem so *vielsprachigen multinationalen Land* so rein erhalten konnte. Und wie dies wohl meistens ist: Das Verdienst, durch alle Wirren hindurch *unermüdlich* zu der Erhaltung der Muttersprache beigetragen zu haben, gebührt einer großen Anzahl tatkräftiger, charakterstarker Männer, die in fast allen Ortschaften und Bezirken zu finden waren und die, trotz mancher Rückschläge nicht aufgeben wollten. Ihre Namen hier alle zu nennen, ist in diesem Rahmen gar nicht möglich, obwohl viele von ihnen es ganz besonders verdienten, so wie jene von Lüderitzbucht und von Karibib.

Noch gab es das Fundament, auf dem sie neu aufbauen konnten, noch gab es Säulen, die von jeher zu den Trägern und Erhaltern der Muttersprache gehört hatten: Die Kirchen und die Privatschulen. Um aber den Bau noch fester untermauern zu können, mußte ein weiterer, ja entscheidender Faktor hinzukommen: Eine Regierung, die dem Wunsch der deutschsprachigen Bevölkerung nach Wiederherstellung der Vorkriegsregelung — Anerkennung des Geburtsrechtes jedes Kindes auf Unterricht in der Muttersprache — wohlwollend, ja hilfreich gegenüberstand. Und wenn man heute aus der großen Reihe der verdienstvollen Männer nur einen herausheben will, dem es nach dem zweiten Weltkrieg mit Klugheit, Weitsicht und großem diplomatischen Geschick gelang, die maßgebenden Persönlichkeiten aus jenen oberen Gremien mit den eigenen Leuten aus Kirche und Schule zusammenzubringen, so ist dies der damalige Landespropst der Deutschen Evangelischen Lutherischen Synode Südwestafrikas, Karl Friedrich HÖFLICH, der in einzigartiger Weise das Vertrauen aller Seiten genoß.

Im August 1939, also kurz vor Ausbruch des Zweiten Weltkrieges, war er mit seiner Familie per Schiff hier eingetroffen, um dann in seinem neuen, verantwortungsvollen Amte sofort mit den größten, schwierigsten Problemen konfrontiert zu werden. Krieg bedeutete ja Abgeschnittensein von allen heimatlichen Hilfsquellen, von allen Geldmitteln, bedeutete von heute auf morgen nicht nur geistliche, sondern auch karitative, soziale Hilfe zu spenden, alle Zügel in die Hand nehmen zu müssen, um die deutschsprachige Gemeinschaft heil durch die kommenden Krisen zu leiten, denn in jenen stürmischen Zeiten gab es keinen deutschen Konsul mehr im Lande.

Und all diese dringenden Aufgaben, die der Landespropst zu übernehmen hatte, mußten weitgehende Vorausplanungen enthalten, denn es war so gut wie sicher, daß auch er einer baldigen Internierung nicht entgehen würde. Und so geschah es. In dem Nachruf, den man ihm 27 Jahre später schrieb, hieß es: „In diesen entscheidenden Jahren entfaltete sich die Persönlichkeit des Landespropstes Karl Friedrich Höflich weit über den Rahmen seines Kirchenamtes hinaus. Sein diplomatisches Geschick, sein Talent, Situationen blitzschnell zu erfassen, seine überlegte Mäßigung, seine mit Humor gepaarte Güte und sein scharfes Urteilsvermögen vermochten es, von der festen Grundlage des überparteilichen Kirchenamtes aufbauend, diesem Amt einen neuen und weitergefaßten Inhalt zu geben. Nach dem Kriege und nach der Rückkehr aus der Internierung nahmen Arbeitslast und Verantwortung noch zu. Pfarrermangel, chronische Geldnöte, die Pflicht, Publikationen herauszugeben und das deutsche Schulwesen erneut zu fördern, forderten bald mehr als ein Einzelner physisch leisten kann.

Doch seine Menschenkenntnis, sein Weitblick und seine Bereitschaft zu eigenem Einsatz ließen Karl Friedrich Höflich auch die geeigneten Persönlichkeiten zur Mitarbeit gewinnen. So fuhr er selbst mit dem Schulmann und Freund, dem späteren Senator Dr. Karl Frey, durch das Land, denn dieser war mit der Leitung einer Untersuchungskommission betraut worden, die die Möglichkeiten für die Wiedereinführung der deutschen Sprache im Unterrichtsplan von Südwestafrika ergründen sollte.

Dr. Karl Frey
hat im Schuldienst Einmaliges geleistet

Dr. Karl Frey war zu diesem Amte prädestiniert. Er war bereits im Jahre 1912 in unser Land gekommen, hatte die junge Südwesterin Louise Nissen-Lass geheiratet, die der ersten weißen Familie entstammte, die sich, aus Transvaal kommend, im Jahre 1891 in Windhoek niedergelassen hatte. Ihre Mutter war dort die erste weiße Frau gewesen und sie selbst im August 1892 als erstes weißes Ansiedlerkind geboren worden.

Von Beginn an war Dr. Frey mit nur einer durch den Krieg erzwungenen Pause im Schuldienst tätig gewesen und hatte darin Einmaliges geleistet. Da er sich zugleich intensiv am öffentlichen, politischen und kirchlichen Leben beteiligte, war es begreiflich, daß die zwei Männer zusammengefunden hatten und nun gemeinsam das ersehnte Ziel anstrebten.

Der große Plan gelang: Auf Beschluß der Administration konnte — trotz Lehrermangels — an den nun wieder neu eröffneten deutschen Abteilungen der Regierungsschulen abermals mit dem Deutschunterricht begonnen werden; auch die deutschen Privatschulen, die so schwer um ihre Existenz gerungen hatten, konnten sich von nun an einer guten Zusammenarbeit mit den Behörden erfreuen. Ein Erfolg von großer Tragweite, der schließlich sogar dazu führte, daß Deutsch nach Afrikaans und Englisch als *dritte Landessprache* offiziell anerkannt wurde.

So ist es nur gerecht, wenn wir jenes Mannes gedenken, der mit Einsatz seiner ganzen Person, ja, seiner Gesundheit, so entscheidend dazu beitrug, daß unsere Kinder und Enkel auch heute weiter so gut Deutsch sprechen, als wären sie in Hamburg, Köln oder München geboren — und nicht im afrikanischen Busch.

Es stimmt nicht, daß jeder Mensch zu ersetzen sei, nicht Karl Friedrich Höflich.

Daß Karl Friedrich Höflich auch über journalistisches Talent verfügte, kam dem Afrikanischen Heimatkalender sehr zustatten, dem Jahrbuch, das seit 1930 ununterbrochen in Windhoek erscheint. Heute hat man erkannt, welches reichhaltige Quellenmaterial darin enthalten ist, weshalb auch die älteren Jahrgänge ständig an Wert gewinnen. So handelt man nur im eigenen Interesse, und in dem unserer Nachkommen, wenn man dem Heimatkalender auch weiter seine Unterstützung und seine Mitarbeit zukommen läßt.

Als ich neulich die Ausgabe vom Jahre 1950 durchblätterte, las ich das Wort, das K. F. Höflich ihr voran gesetzt hatte, und das auch uns Heutigen den Weg zu weisen scheint.

„In dem, was notwendig ist, Einigkeit,
In dem, was unterscheidet, Freiheit,
Über allem aber Liebe!"

Im November 1966 erlag er viel zu früh einer verschleppten Krankheit. Als wir ihn zuvor noch einmal an seinem Krankenbett aufgesucht hatten, sagte er mit dem Lächeln des Weisen: „Drei Dinge braucht man hier in unserem Land — den Mut des Löwen, die Geduld des Lammes, die Haut des Elefanten!"

Heute, wo wir abermals vor ernsten, ja, noch ernsteren Problemen stehen, wünschten wir oft, wir könnten seinen Rat hören, denn es stimmt nicht, daß jeder Mensch zu ersetzen sei, — nicht Karl Friedrich Höflich, Landespropst in den Jahren von 1939 bis 1966.

Die Lehrer unserer Jugend:
Herbert Nöckler, Lehrer aus Leidenschaft

Und wieder blenden wir in die Vergangenheit zurück, diesmal aber nur knapp zwei Jahrzehnte, als die Autofahrt durch die Namib noch eine rüttelnde, schüttelnde Angelegenheit über Wellblechpads war, weshalb so mancher eine Reise mit der Eisenbahn vorzog.

Die Tagung der Christlichen Akademie in Swakopmund war außerordentlich anregend gewesen und hatte Soziologen, Pädagogen, Germanisten, Theologen und sonstige an den Tagesfragen interessierte Menschen aus dem ganzen Lande mit Gästen aus Südafrika und Übersee vereint. Nach Abschluß waren die meisten zwar schon am zeitigen Mittag mit dem Wagen ins Inland zurückgefahren, aber ein kleiner Kreis, der noch weiter diskutieren wollte, hatte beschlossen, erst abends gemeinsam den Zug zu nehmen. Und da saß man nun in einem Abteil zusammen, rauchte und redete sich die Köpfe heiß. Da erhob sich plötzlich einer von ihnen, ein schlanker, keineswegs mehr junger Mann, ein Mittfünfziger wohl, und sagte entschlossen aber heiter: „Wenn Sie mich fragen, wir brauchen frische Luft und Entspannung und zwar sofort!" Und schon öffnete er das Fenster, schon griff er rechts und links nach den Stangen des Gepäcknetzes, setzte an zu einem vollendetend Klimmzug und begann mitten zwischen den Köpfen seiner verdutzten Gesprächspartner eine Reihe turnerischer Übungen mit gekonnter Präzision durchzuführen. Hallo und Beifall folgten und schon kam man aus den Nebenabteilen, um dem in einem schwankenden Zug ganz ungewohnten Schauspiel zuzusehen. „Wer ist denn das?" fragte einer, der entfernt stand. „Herbert Nöckler natürlich, kennst du sicher, war auch mein Lehrer vor dreißig Jahren, hatte Deutsch, Englisch und Latein bei ihm. Heute ist er Rektor der Deutschen Höheren Privatschule in Windhoek. Aber das da, das hat er uns auch beigebracht: Anständiges Geräteturnen, seine Leidenschaft! Verehrt haben wir ihn alle, durch die Bank, tun wir heute noch. Schau ihn dir an, wie ein Junger! Ich muß ihn begrüßen!" — Und dann war es wie immer, wenn einstige, längst erwachsene Schüler, längst selbst zu Vätern oder Müttern gewordene, den alten, ewig jungen Lehrer begrüßten. Und wie strahlten sie, wie jung kamen sie sich wieder vor, wenn er sie noch mit ihrem Vornamen ansprach.

Liegt es an dem karg besiedelten Land, an seiner Weiträumigkeit und Einsamkeit, daß Lehrer, gute, begabte Lehrer einen solch starken, lebendigen Einfluß auf Generationen ausüben können? Liegt es an dem harten Schicksal der Farmerskinder, die so früh aus dem Elternhaus fort in die weit entfernten Schulen und Schülerheime müssen? Ist das der Grund, daß Lehrer hier noch geachtete, ja, geliebte Vorbilder, selbst Vaterersatz sein können? Die Eltern sind dankbar, wenn sie ihre Kinder in gut geführten Schulen, in den Händen erfahrener Lehrer wissen. Sie wissen auch, daß ihre eigenen unermüdlichen

Herbert Nöckler
begeisterte die Jugend für Turnen und Sport

Bemühungen um die Erhaltung der Muttersprache, daß auch die großzügige Unterstützung durch verständnisvolle Regierungsstellen nichts nützen würden, wenn nicht begabte Lehrer und Erzieher freiwillig ins Land gekommen und geblieben wären, um dieses Steppenland zu ihrer zweiten Heimat zu machen. Daß diese Männer dann auch nach der Pensionierung noch eine bedeutende Rolle spielen, ist begreiflich. Man braucht sie als Berater in Schulkomitees und in sonstigen kulturellen Organisationen. Viele Namen sind dadurch in die Annalen unseres Landes eingegangen. Man denke nur an Dr. Karl Frey, der bereits nach dem Ersten Weltkrieg zum Schulinspektor ernannt und im Alter von 72 Jahren in den Senat berufen wurde. Und als Herbert Nöckler 70 Jahre alt wurde, widmete man ihm in unserer Windhoeker Allgemeinen Zeitung eine ganze Seite unter der Überschrift „Lehrer aus Leidenschaft". Geboren wurde er 1906, als Sohn eines bereits aus Jena eingewanderten Kaufmanns in Bloemfontein, Südafrika, wo er auch sein Studium absolvierte. 1930 trat er dann seine erste offizielle Lehrerstelle an der Deutschen Höheren Regierungsschule in Swakopmund an, wo er bald darauf eine junge Swakopmunderin heiratete. Und damit begann dieser so erfolgreiche Weg eines begnadeten Lehrers. Hier — und später auch an den anderen Schulen, an die er berufen wurde — begeisterte er die Jugend für das Geräteturnen, begründete Turn- und Sportriegen, veranstaltete Gauturnfeste, reiste mit seiner Schar durchs ganze Land als Botschafter der von ihm geliebten und für die körperliche Ertüchtigung so wertvollen Sportart.

Nach Swakopmund folgte 1947, also kurz nach dem Zweiten Weltkrieg, die Berufung zum Schulleiter an die Deutsche Schule Lüderitzbucht. Dann rief ihn gar die Deutsche Schule der Goldstadt Johannesburg. Es schien, daß Schulkomitees stets dann an ihn dachten, wenn es galt, einer gefährdeten Schule den rettenden, neuen Aufschwung zu geben. Und stets schaffte es Herbert Nöckler durch Einsatzfreudigkeit, Fleiß und Sportsgeist. 1959 schließlich holte man ihn an die für die deutschsprachigen Südwester wichtigste und einflußreichste Schule des Landes, an die Höhere Privatschule Windhoek. Und auch diesmal hatte man auf den richtigen Mann im richtigen Augenblick gesetzt. Unter seiner Leitung wuchs sie zu der heute weit über die Grenzen hinaus bekannten und geachteten Institution heran, die die Schüler mit ihrem Abschlußexamen nicht nur in die Lage versetzt, an jeder südafrikanischen Universität zu studieren, sondern die durch die Einführung eines zusätzlichen dreizehnten Schuljahres mit einer erweiterten Ergänzungsprüfung auch ein Studium in Deutschland erlaubt. Aber der Aufstieg für Herbert Nöckler hatte damit noch nicht seinen Höhepunkt erreicht. Auf Grund der an Zahl und Bedeutung ständig zunehmenden deutschen Abteilungen an den Regierungsschulen entschloß sich die Administration, den Posten eines „Fachinspektors für Deutsch" zu schaffen. Wer anders konnte dafür in Frage kommen als wieder Herbert Nöckler. Und als man ihn dann schließlich mit vollendetem 65. Lebensjahr doch in den sogenannten Ruhestand versetzte, wurde auch daraus keine Ruhe. Dafür hatten schon seine verschiedenen Veröffentlichungen gesorgt, die ihn als Sprachforscher bekannt machten. So rief u.a. sein 1963 bei Hüber in München erschienenes Buch „Sprachmischung in Südwestafrika" nicht nur das Interesse der Fachleute hervor, sondern durch diese Studie wurde auch uns bewußt gemacht, wie viele afrikaanse, englische und schwarzafrikanische Ausdrücke unser „Südwester Deutsch" bereits enthält, — eine an und für sich verständliche Entwicklung in einem Lande mit einer multinationalen Bevölkerung, der man aber dennoch, im Interesse der heranwachsenden Jugend, Beachtung schenken sollte. Da Herbert Nöckler auch Afrikaans vorzüglich beherrscht, überträgt man ihm gerne schwierige Übersetzungen. — Und dann sieht man ihn plötzlich in Swakopmund oder auf der Kaiserstraße in Windhoek. Schon kommen erwachsene Frauen und Männer auf ihn zu, umringen ihren einstigen Lehrer: „Herr Nöckler, erinnern Sie sich noch, wir waren der Abiturlehrgang 36,40. Und Sie haben sich gar nicht verändert! Wir waren neulich so stolz auf Sie, bei dem großen Sportfest, beim Langlauf für ‚Senioren über 60', — wie Sie alle abhängten, einfach abhängten, das war toll!"

Und es gibt Händeschütteln und ein herzliches Lachen. Selbst Vierzigoder Fünfzigjährige strahlen wie die Kinder. So fest ist und bleibt das Gefühl der Verbundenheit zwischen Lehrern und Schülern in unserm großen, karg besiedelten Land.

Dichter — Märchenerzähler und Lehrer: Wilhelm Kellner

„Noch zieht die Möwe ihre Silberkreise,
die Welle stürmt voll Inbrunst ihr entgegen
und säumt den Strand mit buntem Muschelsegen,
und Felsenriffe bilden feuchte Gleise.

Es singt der Wind uralte Sternenweise —
Was in kristallner Flut noch stumm gelegen,
ragt nun hervor und will sich funkelnd regen,
daß es den Überschwang des Lichtes preise.

Und um den Reiher spielen Wellenringe:
Der Frieden wächst um alle Kreaturen,
und EINE Kraft verbindet alle Dinge —

Es ist, als ob von fernen Weltenfluren
sich eine Brücke kühn herüberschwinge:
Es bebt die Luft von ihren goldnen Spuren!"

Der Verfasser dieses wunderschönen Gedichtes — Wilhelm Kellner — nannte es „Abend", — Abend an dieser vielleicht seltsamsten Küste zwischen Meer und Wüste. Als er im Jahre 1934 als junger Lehrer vom Auswärtigen Amt in Berlin in das ihm völlig unbekannte afrikanische Land geschickt wurde, ging damit ein Jugendtraum in Erfüllung. Welche gigantische Landschaft bot sich seinem Blick: Der mit Walknochen übersäte Meeresstrand, die zauberhaft leuchtenden, hoch aufragenden Dünenwände und dahinter der endlose Horizont. Schon kannte man in Europa endlose Häusermeere, doch wieviel gewaltiger erschien ihm die Endlosigkeit der Steppe.

„Der starke Eindruck", so erzählt Wilhelm Kellner, „den von da an diese Natur stets auf mich ausübte, ist einer der Gründe, daß das Land mich nie wieder losließ. Bereits nicht weit von Windhoek entfernt begann eine Welt, die das Gefühl einer großen Freiheit vermittelte. Man zog durch eine Urlandschaft, erlebte, vor allem in den Lagerfeuernächten oder auf weiten, einsamen Ritten, einen unendlichen Frieden, den weder Tiere noch Eingeborene bedrohten. Ich empfand tief die Erhabenheit der Wüste und die Gewalt schroffer Felsengebirge. Wo man in den kaum besiedelten weiten Räumen Menschen — ob schwarz oder weiß — begegnete, war man einer selbstverständlichen Gastfreundschaft, Freundlichkeit und Hilfsbereitschaft sicher. Man brauchte sie, denn eine Fahrt mit den Autos jener Tage war schon an sich ein Abenteuer. Selten ging es ohne Federbrüche und andere Pannen ab, und oft wurde auf langen Fahrten eine halbe Garagenausrüstung mitgeschleppt. Mit Erstaunen sah ich die enorme Aufbauarbeit der meist weltabgeschieden lebenden Farmer. Ein zuverlässiger und vor allem selbstbewußter Menschenschlag hatte sich entwickelt. Hier galten nicht Titel noch Herkommen, sondern allein das Wesen und die Tüchtigkeit eines Mannes. Arroganz wurde rasch in Schranken gewiesen, oft mit erfrischender Grobheit, wie die folgende Anekdote zeigt: War da ein stolzer Neuankömmling von bedeutender Herkunft um Mitternacht vor einem abseits gelegenen Landgasthaus vorgefahren, hatte den Wirt aus dem Bett holen lassen und verlangte von dem zu so später Stunde aus dem Schlaf Gerissenen sofort ein warmes Eiergericht. Dieser gute Mann aber — dem Gastfreundschaft ansonsten, wie allen Südwestern, heilig war, der einem Menschen in Not selbst unter Lebensgefahr geholfen hätte, — betrachtete daraufhin sehr aufmerksam den so vornehmen, arroganten Eindringling und erteilte ihm die klassische Antwort: „Wollen Sie die Eier in die Pfanne oder — in die Fresse geschlagen haben?" — Der junge Herr sei, so berichtet Wilhelm Kellner weiter, sehr schnell von seiner Arroganz geheilt worden.

„Windhoek gefiel mir", so fährt er wörtlich fort, „Stadt und Land zeigten damals eine völlig deutsche Atmosphäre. Ebenso erfreute mich die Arbeit. Das Unterrichten ließ in 40 Jahren den Aufenthalt immer wieder zu einem erfrischenden Erlebnis werden. Humor, Phantasie und ein straffes Führen erwarteten diese Mädchen und Jungen. Ich hatte es mit einem unverbildeten und gesunden Schlag junger Menschen zu tun, der mir in der Schule sofort mit

Wilhelm Kellner,
der Musensohn unter den Lehrern

Vertrauen und auf oft tagelangen Fahrten mit Kameradschaftlichkeit entgegenkam ... In Windhoek bot sich für mich auch außerhalb der Schule für kulturelle Tätigkeit ein weites Feld. Vorträge literarischer, kunsthistorischer und musikgeschichtlicher Art, Veröffentlichungen in der jährlich erscheinenden Zeitschrift „Heimat", das Mitwirken in städtischen Orchestergruppen und vor allem Kammermusik sind zu nennen. Ich spielte Cello; ein erstes Quartett entstand. Im Krieg konnten mit einer Reihe hier festgehaltener Berufsmusiker Kammerkonzerte in verschiedenen Orten und Aufführungen in der schönen evangelischen Christuskirche geboten werden, wo wir auch am Weihnachtsabend um 10 Uhr im Gottesdienst und um Mitternacht bei der Messe in der katholischen Kathedrale mitwirkten ..."

Soweit Wilhelm Kellners eigener Bericht. Nach seiner Windhoeker Zeit berief man ihn schließlich nach Swakopmund. Und von hier aus verbreitete sich sein Ruf als hervorragender Deutschlehrer. Eltern, die es vorzogen, ihre Kinder aus Gesundheitsgründen in die kühle Küstenstadt zur Schule zu schicken, wußten, daß diese dort einen ausgezeichneten Unterricht in der Muttersprache genießen konnten und daß dieser künstlerisch begabte Lehrer ihnen überdurchschnittliche Kenntnisse der Literatur und Dichtkunst vermitteln, ja, Theaterabende mit ihnen veranstalten würde, zumal er von Beginn an der so regen Swakopmunder Kunstvereinigung als Freund der darstellenden Künste eng verbunden war. Aus Wilhelm Kellner war inzwischen Doktor Kellner geworden, denn er, der selbst dichtete, hatte über einen der bedeutendsten und geliebtesten deutschen Dichter, über Eduard Mörike promoviert. Wilhelm Kellners eigene literarische Tätigkeit schlug auch die Brücke zu wertvollem afrikanischen Geistesgut. So schuf er eine Übertragung, richtiger: eine wunderbare Nachdichtung des großartigen und in seiner Symbolik ergreifenden Urwaldepos' „*Raka*" von dem südafrikanischen Dichter N.P. van Wyk Louw. Es stellt einen der ersten Höhepunkte im afrikaansen Sprachbereich dar. —

Sein Leben für die Jugend hat ihn noch zu einer anderen, sehr besonderen Arbeit angeregt: Er schuf ein Märchenbuch für unsere Südwester Kinder, denn das gab es bisher noch nicht. Die Legenden der schwarzen Menschen sind in ihrer Symbolik so andersartig, sie enthalten auch keine spannenden Momente in unserem Sinne und den alten deutschen Märchen fehlt die Bezogenheit zur hiesigen Heimat. So schuf Wilhelm Kellner etwas Neues: Er wählte die den schwarzen Menschen vertrauten Gestalten der Durstschlange mit den glitzernden Augen, die vor dem einsamen, verzweifelt nach Wasser suchenden Menschen alle Brunnen, Quellen und Wasserlöcher in Blitzesschnelle auszutrinken vermag — und die der Buschhexe, die ihre Opfer verwirrt und verwandelt. Und dann läßt er das schöne, reine Mädchen erscheinen, das nach dem harten Ratsbeschluß der furchtsamen Alten einem Unhold geopfert werden soll, um seinen Zorn zu dämpfen, — ein uraltes Motiv, das auch im Aberglauben vieler Bantuvölker eine große Rolle spielt. Im Buch aber erkennt das kluge Mädchen alle drohenden Gefahren und vermag sie zu überstehen. So schenkte Wilhelm Kellner nach vierzigjähriger Lehrtätigkeit der Südwester Jugend ein eigenes Märchenbuch, entstanden aus der Phantasiewelt der schwarzen und der weißen Menschen dieses Landes. „Die Buschhexe", so heißt das Buch, das übrigens schon mehrere Auflagen erlebt hat, sollte nach seinen eigenen Worten ein Abschiedsgruß an seine Schüler sein und zugleich eine Erinnerung an die gemeinsamen Jahre der Freiheit und des Schaffens in dieser neuen Heimat, die ihn nie wieder losließ.

Ein Abschiedsgruß fürwahr, denn inzwischen hat er nach langem Leiden diese Welt verlassen. Doch seine Bücher werden weiter geliebt und gelesen.

Heinz Hillig — ein Leben für die Schule

Das Telefon klingelt auf der einsamen Farm im Busch. Sie scheint noch einsamer, nachdem das neue Schuljahr begonnen hat und die Kinder wieder fort in die weit entfernte Hauptstadt mußten, in die Schule und ins Schülerheim. Der Abschied war schwer gewesen, vor allem von dem Jüngsten. Früh beginnt der Ernst des Lebens für Farmerskinder und die Eltern. Das Telefon klingelt noch immer. Die Mutter kommt aus dem Wirtschaftsgebäude herbei, greift nach dem Hörer, meldet sich. Dann erschrickt sie: Ein Anruf aus der Hauptstadt, eine fremde Jungenstimme? — Ja, er spräche aus einem Telefonautomaten von der Straße. Ihr Sohn, der Kleine, stehe neben ihm, hätte mit den Münzen nicht Bescheid gewußt, wäre auch sehr aufgeregt, hier sei er. — Die Mutter, besorgt: „Mein Jung, was ist? Geht es dir nicht gut?" — „Nein, nein, gar nicht, Mutti, ruf Vati, er muß sofort herkommen, sofort, mich hat einer geschlagen, ein großer, der hat kein Recht, ich hab nichts getan, bestimmt nicht, es war der Fritz. Und keiner glaubt mir. Wenn Vati nicht kommt, lauf ich weg ..."
„Jung, Jung", unterbricht ihn entsetzt die Mutter. Wie soll Vati jetzt kommen ... 250 Kilometer ... er ist gar nicht hier, ist noch im Busch und es ist gleich Abend ... ich ruf den Erzieher an, den neuen, wie heißt der?" — „Nein, den nicht, der glaubt mir auch nicht ... ich lauf weg!" — „Jung, Jung, um Gottes willen, das darfst du nicht, dir kann was passieren, geh jetzt in dein Zimmer, lauf bitte, bitte nicht fort, du hörst gleich von uns, ich verspreche es dir, gleich ..." Piep-piep — das Gespräch ist getrennt — aus! Was tun, sofort tun? Sie hört noch die verzweifelte Stimme: Ich lauf weg! — Es wäre nicht das erstemal, daß ein Farmerskind, von wildem Heimweh gepackt, versucht, querfeldbusch heimzugelangen. Solche Suchmeldungen kamen schon übers Radio mit Angabe der Kleidung, des Alters und der Bitte, das Kind, wenn es gesichtet wurde, sofort festzuhalten und die besorgten Eltern oder die Polizei zu benachrichtigen. Stets besteht die Gefahr des Verloren-

gehens, des Verdurstens. — Fieberhaft überlegt jetzt die Mutter: An wen kann sie sich wenden, wer ist bereit und fähig, sofort zu helfen? Wer versteht ein heimwehkrankes Kind und verspottet es nicht? Da fällt ihr *ein* Name ein. Ja, der Name, von dem der Junge in den Ferien so fröhlich erzählt hat, der Spitzname eines Lehrers, den sie alle so gern haben, den sie verschmitzt lächelnd „Papa Murks" nennen. Schon greift sie nach dem Telefonbuch, will unter „Murks" suchen, bis ihr noch rechtzeitig der richtige Name einfällt: Hillig, Heinz Hillig. Gottlob klappt die Verbindung sofort, doch bekommt sie vorerst nur seine Frau an den Apparat, Frau Ruthild Hillig, eine bekannte Musikpädagogin. Ihr Mann sei nicht da, vielleicht in der Werkschule, vielleicht in der Bibliothek. Doch als sie erfährt, worum es sich handelt, verspricht sie der unbekannten Mutter im Busch, ihn auf Biegen und Brechen zu suchen, zu alarmieren und ins Schülerheim zu schicken. — Zwei Stunden später dann, als der Vater vom langen Ritt über die Farm ermüdet zurückkommt, klingelt schon das Telefon. Herr Hillig selbst ist am Apparat: Ja, der junge Mann stehe neben ihm, alles war ein Mißverständnis, ist geklärt, der Vater braucht nicht mehr zu kommen und die Eltern könnten beruhigt schlafen heute nacht, der Sohn täte es auch. Alles sei wieder in Ordnung. — Und dann spricht der Junge selbst, bestätigt es, fest, mit Stolz sogar. Alles in Ordnung! — Und die überglückliche Mutter kann nur sagen: „Tausend Dank, lieber Papa ... äh, lieber Herr Hillig! Welch Glück, daß die Kinder *Sie* haben!" — Eine kleine selbsterlebte Geschichte, der viele ähnliche hinzugefügt

Heinz Hillig:
der Fels in der Brandung

werden könnten. Wer also ist dieser *Papa Murks?* Die Schulzeitung der Deutschen Höheren Privatschule Windhoek vom Jahre 1976 widmete ihm, dem Vize-Prinzipal und Rektor der Grundschule, gleich volle vier Druckseiten, und sein Antlitz, lächelnd, mit der unvermeidlichen Pfeife, schmückte die ganze Auflage.

Anlaß: sein 65. Geburtstag und die damals vierzigjährige Lehrtätigkeit an diesem, für die deutschsprachige Bevölkerung so wichtigem, Institut in der Landeshauptstadt. Heinz Hilligs Wiege, so erfahren wir, stand im Sächsischen Erzgebirge, in Neundorf bei Annaberg. Als die Eltern dann im Ersten Weltkrieg nach Dresden zogen, wurde er dort eingeschult, träumte von einer Laufbahn als Förster oder Ingenieur und wählte dann den Lehrerberuf. Da er zum Praktischen neigte, nahm er Werkunterricht als Wahlfach. Ein Entschluß, der später den Tausenden von Jungen zugute kommen sollte, denen er in Afrika eine gediegene handwerkliche Ausbildung zukommen lassen konnte. Ja, er hatte sich von Dresden aus zum Schuldienst in Südwestafrika gemeldet, für vier Jahre – woraus inzwischen über vier Jahrzehnte wurden. Zu seiner Freude besaß die Deutsche Höhere Privatschule in Windhoek, an die er entsandt worden war, eine wohlausgestattete, vom Coesener S.C. gestiftete Werkschule. Sie war es dann auch, die ihn nie mehr zweifeln ließ, daß er genau das Arbeitsfeld gefunden hatte, das ihm gemäß war. Und wie er zu seinem Spitznamen kam? So einfach. Wenn er durch die Reihen seiner hobelnden und sägenden Jungen ging, um zu raten und zu helfen, und wenn doch einer mal geglaubt hatte, daß seinem wachsamen Auge Ungenauigkeiten entgehen könnten, da sagte er in seiner sächsischen Mundart: „Nu mach keenen Murks!" Und das galt nicht nur für die handwerklichen Arbeiten, das galt auch für solche ernsten Situationen, wenn eins der Tausende von Kindern, die inzwischen durch seine Hände gingen, mal auf Abwege geraten oder gar den Mut verlieren wollte, wie jener heimwehkranke Farmersjunge. Dann rief er ihn zu sich, hörte ihn an, hatte Zeit für ihn, nahm ihn ernst. Und dann kam das vertraute: „Mach keenen Murks, mein Junge!" Das half. Wer hätte auch Papa Murks, dem geachteten, verehrten, Schande bereiten wollen! Mehr als zehnmal wechselte die Person des Schulleiters während Heinz Hilligs über vierzigjähriger Lehrtätigkeit; ebensooft wurde er konfrontiert mit neuen Ideen, Vorstellungen und geplanten Reformen. Viel Gutes kam, aber auch manches, was sich in diesem Lande einfach nicht durchführen ließ. Da konnte er als erfahrener Ratgeber dafür sorgen, daß Zusammenstöße vermieden, daß Gegensätze mit Ruhe und Humor ausgeglichen werden konnten. „Den Fels in der Brandung" nennt man ihn darum auch heute oder „unseren getreuen Ekkehard". – Im Jahre 1953 trat eine große Versuchung an ihn heran. Die Schulbehörden in Deutschland forderten ihn auf, nach drüben zurückzukehren, damit er seiner Pensionsrechte nicht verlustig ginge. Aber das Entsetzen des hiesigen Schulvereins, der Elternschaft und seiner Schüler war so groß, daß er freiwillig auf die so günstige Pensionierung, auf die namhafte

Altersversicherung in der Bundesrepublik verzichtete und seiner Windhoeker Schule und seiner zweiten Heimat die Treue wahrte.

Ein großer Entschluß, den seine Frau Ruthild, die eine kunstbegabte und kunstausübende Südwesterin ist, bereitwillig mit ihm teilte.

Und so blieb Heinz Hillig noch weitere Jahrzehnte der Jugend erhalten, deren Vertrauen er durch sein menschliches Verständnis und das Ernstnehmen ihrer Probleme bis zum heutigen Tage in ganz besonderem Maße besitzt.

Ernst Scherer: Er setzte einen neuen Maßstab
Orpheus in der Südwester Unterwelt

Es war während der Generalprobe zur Südwester Première von Offenbachs „Orpheus in der Unterwelt". Der Zuschauerraum des Windhoeker Theaters war bis auf den letzten Platz gefüllt und jeder der Anwesenden — zumeist Angehörige der Sänger, des Balletts, der Chor- und Orchestermitglieder sowie Freunde und Bewunderer des überaus beliebten Dirigenten ERNST SCHERER —, ja, jeder war schon froh, einen Platz ergattert zu haben oder nur auf den Treppenstufen sitzen zu dürfen, denn sämtliche geplanten Vorstellungen waren bereits seit langem im voraus ausverkauft. „Offenbachs ‚Orpheus in der Unterwelt', ein solches Ereignis für das Windhoeker Publikum, wieso", fragte der gerade in Windhoek anwesende Chefredakteur einer bekannten deutschen Wochenzeitung. „Wieso?" und bat um Einlaß. Nur eine halbe, höchstens eine Stunde wollte er der Generalprobe beiwohnen, denn am gleichen Abend wurde ihm zu Ehren ein

Orpheus in der Südwester Unterwelt
Hundert Mitwirkende aus allen drei Sprachgruppen

Dinner gegeben, zu dem er selbstverständlich rechtzeitig erscheinen mußte. Um es kurz zu machen: Eingekeilt zwischen der begeisterten Menge, hingerissen von dem Schwung, der Brillanz und der Genialität dieser einzigartigen, nur für dieses Land geschaffenen Südwester Fassung des heiteren Orpheus vergaß er alles andere, die wartenden Gastgeber, die geplanten Reden und Toaste, selbst die wichtigen geschäftlichen Aspekte seiner Afrikareise. Und in den kurzen Pausen erklärte er seinen Nachbarn: „Vollkommen, schlechtweg vollkommen die Symbiose zwischen Ihrem genialen Dirigenten Ernst Scherer und seinen wenigen erfahrenen Solisten einerseits und der großen Masse der begabten Amateure andererseits. Wieviele? Hundert Mitwirkende aus den verschiedensten Sprachgruppen: Bäcker, Kaufleute, Friseusen, Farmer, Sekretärinnen, Hausfrauen? Und das köstliche Textbuch von dem Regisseur Fortunat von Oertzen, der selbst eine Hauptrolle spielt! Eine großartige Gesamtleistung, einfach großartig!"

Als man ihn, den bekannten Chefredakteur, dann mit großer Verspätung zu der wartenden Gesellschaft brachte, vergaben ihm Gastgeber und Gäste sofort verständnisvoll, als sie hörten, wo er hängengeblieben war. „Ach, bei Scherer, Orpheus!" Das mußte man einfach verstehen. −

Wer also war dieser Mann, der eine ganze Stadt, ja, die Musikfreunde eines ganzen Landes so zu verzaubern verstand, zu dessen Aufführungen − ob Chorkonzerte, Messen, Oratorien oder Opern und Operetten − die Südwester mit Lastwagen, Limousinen und besonders gemieteten Überlandbussen Hunderte von Kilometern fuhren? ERNST SCHERER wurde im März 1925 in Freiburg im Breisgau geboren, studierte dort Musik und absolvierte seine Ausbildung als Kapellmeister. Neben seiner Tätigkeit als Korrepetitor an den Freiburger Städtischen Bühnen gab er mit seiner Freiburger Singgemeinschaft und seinem Freunde Fritz Wunderlich als Solisten zahlreiche Konzerte und Rundfunksendungen in Süddeutschland. Dort erreichte ihn die Einladung der so außerordentlich aktiven Südwestafrikanischen Kunstvereinigung, die zu mehr als 90 % aus deutschsprachigen Kunstfreunden besteht. Er sollte eine Gruppe von neun jungen Musikern zusammenstellen, zu der damals auch der inzwischen in München tödlich verunglückte, begabte Sänger Wolfgang Anheisser gehörte. Die dann folgende Tournee, die Scherer durch das ganze Land führte, begründete bereits die einzigartige Stellung, die er bald darauf in der Südwester Musikwelt einnehmen sollte, − denn auch ihm erging es, wie so unzähligen vor ihm: Die herbe Größe des Landes, die Dankbarkeit und Aufgeschlossenheit der nach Musik und Kultur lechzenden, weit verstreut lebenden Menschen packten ihn so, daß er gegen alle Vernunft und alle bisherigen Berufspläne beschloß, sich in dem strohtrocknen Steppenland niederzulassen. Gut möglich, daß er das dann als junger Familienvater erst einmal bereuen mußte, denn es gab hier keine Planstelle für ihn. Und von Begeisterung allein kann man Frau und Kinder nicht ernähren. Auch war das Windhoeker Theater noch nicht gebaut, ebensowenig die heutige moderne Bühne der Deutschen Höheren Privatschule. Damals, im Jahre 1953, fing die vielsprachige Gemeinschaft ja gerade erst an, sich nach Wirtschaftskrisen und den auch hier empfundenen Folgen des Krieges langsam zu erholen. Aber ein Könner — das erwies sich auch hier — setzt sich selbst dann durch, wenn alle Umstände gegen ihn sind: Er begann als Organist, spielte Jazz, gab privat Musikunterricht, bis ihn die Deutsche Höhere Privatschule zum Musiklehrer ernannte, bis er einen Erwachsenen-Chor, den schon bald darauf landweit berühmten Scherer-Chor, gründen konnte, bis ihn der höchste Beamte des Landes, der kunstliebende Administrator Wenzel du Plessis, beauftragte, sich aus den verschiedenen Schulen der dreisprachigen Hauptstadt die schönsten Stimmen herauszusuchen und mit ihnen einen Windhoeker Kinderchor aufzubauen. Daß Scherer dann, nachdem es ihm gelungen war, mit dieser begeisterungsfähigen musikalischen Jugend ein schlechtweg vollkommenes Instrument zu schaffen, Konzerte nicht nur im ganzen Land gab, sondern auch den Auftrag zu einer Deutschland-Tournee erhielt, das gehört zu jenen Fakten, die für immer mit dem Namen Scherer und seiner Ära verbunden

Ernst Scherer, der Magiker, genial als Dirigent und Chorleiter

sein werden. Viel Zeit und Liebe widmete er auch dem Aufbau eines Chores an der katholischen Missionsschule in Döbra, die nur farbige und schwarze Schüler hat. Dort unterrichtete er auch die Lehrer und fungierte bei den großen traditionellen Chorwettbewerben aller Farbigenchöre des Landes als geladener Preisrichter.

Nach Gründung eines Kammerorchesters und in Zusammenarbeit mit dem bereits bestehenden Windhoeker Symphonieorchester, sowie nach dem Bau des Theaters der Kunstvereinigung, war es schließlich soweit, daß er aus dem Vollen schöpfen konnte. Ein Konzert, eine Opernproduktion folgte der anderen. Nach einer wunderbaren Aufführung des „Stabat Mater" von Pergolesi und des „Messias" von Händel feierte ihn eine begeisterte Presse in allen drei Landessprachen. In 19 Jahren mit 170 Konzerten hatte er eine eigene Ära in unserem Lande geschaffen. Ja, er, der fanatische Perfektionist und Vollblutmusiker setzte hoch und überwand immer aufs neue alle lokal- und landesbedingten Schwierigkeiten, ob bei der Aufführung des Meisterwerkes des Palestrina, der „Missa Papae Marcelli", ob bei Bachs Kantaten und Oratorien, ob beim beschwingten Orpheus und anderen heiteren Opern: stets gelang ihm das unmöglich Erscheinende und stets trug den schlanken, leidenschaftlichen Musiker die Liebe seiner inspirierten Mitwirkenden und seiner faszinierten Zuhörer. Kein Wunder, daß man in der Bundesrepublik auf die Breitenwirkung auch seines künstlerischen Schaffens aufmerksam wurde und ihm als Anerkennung für seine völkerverbindende Arbeit das Bundesverdienstkreuz am Bande durch den deutschen Konsul in Windhoek überreichen ließ. — Daß er dann doch nach fast zwei Jahrzehnten seines Wirkens wieder nach Deutschland zurückkehren mußte, geschah — nach schweren inneren Kämpfen — nur aus Verantwortungsgefühl seiner inzwischen angewachsenen Familie gegenüber, denn bisher kannte unser Land noch keine Sozial- und Altersversorgung für Künstler. Doch was er uns gegeben hat, bleibt unvergessen. Und bei seinem Abschiedskonzert erhob sich das bewegte Publikum im ausverkauften Hause, um ihn stehend zu ehren und ihm zu danken.

Inzwischen erfuhren seine hiesigen Freunde, daß er — trotz der Erfolge, die er nun drüben errang — die Sehnsucht nach Südwest, nach einer Rückkehr, noch nicht bezwingen konnte.

Man spricht heute mehr denn je von einem geplanten Aufbau unseres Kultur- und Kunstlebens, von einer Suche nach Talenten. Damals hatten wir sie. Es fehlte nur bei so mancher entscheidenden Stelle an Verständnis für den großen Wert des bereits Geschaffenen, es fehlte an Großzügigkeit und an den finanziellen Mitteln aus öffentlicher Hand, um einmal außerhalb des sonst vorgeschriebenen Amtsweges das aus eigener Kraft Aufgebaute unserem Lande auch für die Zukunft zu erhalten. So ließ man einen genialen Musiker gehen, der uns freiwillig nie wieder verlassen hätte.

Das Geheimnis der „Weißen Dame"

Daß Afrikas älteste datierte Kunstwerke in Südwestafrika zu finden seien, entspricht ganz der Annahme, daß die Namib, diese gigantische Landschaft zwischen Atlantik und Hochlandsteppe, die älteste Wüste der Welt sei. Denn dort, wo sich Namib und Steppe begegnen, an den weit verstreuten Wasserstellen, findet man in großer Anzahl und Vielfalt jene Felsmalereien und Gravierungen, die bis vor nicht allzu langer Zeit nur unter der Bezeichnung Buschmannszeichnungen weltbekannt wurden. Bis Wissenschaftler und Liebhaber prähistorischer Kunst über den Ozean kamen, um den schier unerschöpflichen Forschungsstätten ihr jahrtausendealtes Geheimnis zu entreißen. Viele Jahrzehnte intensiver Arbeit leidenschaftlicher Forscher sind seitdem vergangen. Und noch immer konnte man nicht mit absoluter Sicherheit jenes Jägervolk benennen, das sich in diesen einzigartigen Felsmalereien in Grotten oder auf schwer erreichbaren Felsplatten auf so kunstvolle Weise verewigt hatte. Waren denn wirklich die Buschmänner, die doch heute nichts mehr davon zu wissen scheinen, die alleinigen Schöpfer? Doch was wir bisher über diese Arbeiten, ihre Technik, ihre Lage, ihren vermutlichen Symbolgehalt erfahren konnten, das verdanken wir einigen wenigen Männern und ihrem selbstlosen Enthusiasmus. Dazu gehört an führender Stelle Dr. Ernst Scherz.

Geboren wurde Dr. Scherz in Frankfurt an der Oder. Er studierte Chemie an der Techn. Hochschule Charlottenburg, bis ihn sein Lebensweg nach Südwestafrika führte, wo er sich vorerst der Karakulzucht widmete. Diese bot ihm auch die wirtschaftliche Basis als Geschäftsführer des Karakulzuchtvereins, ein Posten, den er fast zwei Jahrzehnte ausfüllte. Doch bald fingen auch andere Aspekte des Landes an, ihn zu fesseln, die Künste und die wissenschaftliche Erforschung der Vorgeschichte Südwestafrikas. Und als es ihm, dem weit in die verlorensten Gegenden vordringenden Forscher im Laufe seiner Safaris gelang, nicht nur zehn, zwanzig, sondern Hunderte, ja Tausende bisher unbekannter Felsgravierungen und Felsmalereien in nur schwer ersteigbaren Felsmassiven zu entdecken, da ließ ihn das damit verbundene, noch ungelöste Geheimnis nicht mehr los. Da ging er mit seiner Frau, einer begabten Photographin, systematisch ans Werk. Bis es soweit war, bis die Fachwelt, von seinen Veröffentlichungen alarmiert, aufhorchte, ihn schließlich zum Wissenschaftlichen Mitarbeiter des Instituts für Vorgeschichte der Universität Köln und der Deutschen Forschungsgemeinschaft ernannte und ihm antrug, sich von nun an hauptberuflich der Forschung zu widmen. Resultat — außer verstärkter intensiver Feldarbeit — eine Dokumentation der SWA Felsgravierungen, in der auf 4 000 Fotos etwa 20 000 Gravierungen erfaßt werden konnten. Ein Lebenswerk des Mannes, der vor Jahrzehnten als junger landfremder Chemiker herüberkam und nun zu den anerkannten Experten der Vorgeschichte seiner zweiten Heimat gezählt wird. Ohne sein leidenschaftliches Suchen würde wohl auch heute noch „*Die weiße Dame*" — jene wohl geheimnisvollste und schönste aller vorgeschichtlichen Felsmalereien — wieder in einen jahrtausendealten Dornröschenschlaf versunken sein.

Wer hat nun dieses Kunstwerk zuerst entdeckt? Das wiederum ist eine besondere Geschichte und klingt fast wie ein Märchen.

Gab es da einen jungen Landmesser namens Reinhard Maack von der deutschen Landvermessung in Windhoek. Er hatte sich im Jahre 1917 gemeinsam mit dem Kartographen A. Hofmann die Aufgabe gestellt, den Brandberg zu erkunden, — den Brandberg, den die schwarzen Menschen in abergläubischer Furcht vor Geistern mieden. Es war ein gutes Regenjahr mit genügend Wasser. So konnte man es wagen. Aber man hatte nichts geahnt von dem unwegsamen Trümmerfeld der Tsisabschlucht, von den Steinkolossen, die den Eindruck erweckten, von zornigen Göttern herabgeworfen zu sein, um die nur ihnen gehörenden Höhen und die Geheimnisse, die sie bargen, gegen das eindringende Menschengeschlecht zu verteidigen.

Vergeblich versuchte Hofmann zwei Tage lang, sich zum Gipfel des Königsteins hinaufzukämpfen, dann mußte er aufgeben, kam gegen Abend mit zerfetzter Kleidung, zerrissenen Schuhen, schmerzenden Gliedern zurück und war noch froh, das Lager lebend wieder erreicht zu haben. So schreibt er selbst in seinen Erinnerungen. Doch inzwischen war etwas geschehen, etwas Wunderbares, dessen Folgen unübersehbar waren und das den Namen Reinhard Maack für immer mit der Vorgeschichte Südwests verbinden sollte.

Während Hofmann noch vergeblich Leib und Leben wagte, um den Gipfel zu ersteigen, hatte Maack beschlossen, das vorerst Erreichbare, die tiefer gelegene gigantische Klippenwelt zu durchforschen. Auch ein mühevolles Unterfangen, das dann dazu führte, daß er, von Durst geplagt, für die Nacht Schutz unter einem riesigen Granitblock suchen mußte. Doch welch wahrhaft guter Geist hatte ihn geführt! Als er im ersten Frühlicht erwachte, glaubte er verzaubert zu sein oder zu träumen, denn zu seinem grenzenlosen Erstaunen erblickte er vor sich eine wunderbare Felsmalerei: eine schlanke, geschmückte Gestalt, einer Göttin gleich, anmutig schreitend, einen Kelch oder eine Lotosblume tragend, umrahmt von einem Gefolge von Jägern und Tieren! Zeugen einer versunkenen Welt, Hauch vergangener Jahrtausende. Ein Fund von solcher Schönheit, daß Maack, der eine dichterische Seele besaß, tief ergriffen davor verharrte. Dann zeichnete er die Gruppe auf der letzten leeren Seite seines Notizbuches ab.

Daß dann vorerst doch nichts weiter geschah, hing sicher mit dem unglücklichen Ausgang des Krieges zusammen, der einen Stillstand der Forschung in unserem Lande brachte. Erst viel später fand eine Wiedergabe der Zeichnung ihren Weg in ein Buch (Obermayer und Kühn/1930). Obwohl Maack eine Lageskizze angefertigt hatte, ging die Kenntnis von der Fundstelle doch wieder verloren. Bis es Dr. Ernst Scherz keine Ruhe mehr ließ, bis er im Jahre 1936 loszog, das geheimnisvolle Felsbild zu suchen. Doch erst narrte ihn die volle Gleichförmigkeit der hochgetürmten Felskolosse. Wie gefahrvoll auch, sich in diesem Labyrinth ohne Weg und Steg, ohne Wasser, zu verirren! Schon glaubte er sich gezwungen, das Unternehmen aufzugeben. Da, plötzlich stand er vor ihm, vor dem geheimnisvollen Fries, und wurde von Freude und Ehrfurcht überwältigt. Und damit begann der Siegeszug der Weißen Dame. Denn nun gelang es Dr. Scherz, den Senior der prähistorischen Wissenschaft, einen französischen Gelehrten von Weltruf, den französischen Abbé Henri Breuil, auf diesen einzigartigen Fund aufmerksam zu machen. Dieser schickte seine Mitarbeiterin hierher, um das Felsbild für ihn zu fotografieren und anhand der Aufnahmen gelangte er zu der Erkenntnis, daß es sich hier tatsächlich um ein ganz einzigartiges Werk prähistorischer Kunst handelte. Bekannt wurde der enthusiastische Brief, den der Gelehrte daraufhin an den damaligen Ministerpräsidenten von Südafrika schrieb, dessen Unterstützung er für eine Expedition benötigte: „... Ich sende Ihnen das Bild einer bezaubernden jungen Frau, die auf einem Felsen des Brandbergs seit 3 000 Jahren auf mich wartet. Glauben Sie, daß es recht ist, sie noch länger warten zu lassen?"

Doch erst nach dem 2. Weltkrieg in den Jahren 1947 bis 50 konnte Dr. Scherz den berühmten Franzosen dorthin führen. Und damals geschah es, daß der über 70jähriger Priester sie in Ehrfurcht vor ihrer Schönheit und Grazie „Die weiße Dame" taufte. Und entzückt von der Reinheit des griechischen Profils und von der Beschwingtheit des eilenden Schrittes glaubte er sogar, in ihr Diana, die Artemis der Griechen – Göttin der Jagd – zu erkennen und damit einer Verbindung zu den uralten Felsbildern auf der Insel Kreta auf die Spur zu kommen, denn die Darstellung erinnerte ihn an die Stierkämpferinnen aus dem minoischen Königspalast von Kreta. Sie sei also griechischer Herkunft, meinte der Abbé, zumal es ihm nicht glaubhaft erschien, daß die in ihrer Lebensform und Sagenwelt so schlichten Buschmänner diese einmaligen Kunstwerke vollbracht hätten.

Erfaßt von der Leidenschaft des fündig gewordenen Forschers kehrte der Abbé noch zweimal an die Fundstelle zurück, um darüber ein wunderschönes Werk zu verfassen. Seine Begeisterung verließ ihn auch nicht, als er noch vor seinem Tode die Vermutung aussprach, daß seine geliebte „Weiße Dame" aber auch ein männliches Wesen sein könnte und zwar der König eines hellhäutigen Eroberervolkes. „Doch selbst wenn seine Theorien sich nicht als stichhaltig erweisen sollten, so haben sie doch den Erfolg für sich, daß sie dies Bild zu einem wissenschaftlichen Problem gemacht haben, das den Fachleuten keine Ruhe lassen wird, bis es gelöst ist", schrieb W. Sydow, Mitglied der Wissenschaftlichen Gesellschaft, Windhoek.

Dr. Scherz berichtet auch, wie er bei seiner Felsbilder-Dokumentation die schwarzen und farbigen Menschen immer wieder nach der Herkunft der Arbeiten befragte. Doch die meisten erklärten, Gott oder der weiße Mann habe sie geschaffen. Ja, er fühlte, daß sie nicht darüber befragt sein wollten und geradezu eine heilige Scheu vor den Felsbildern zeigten, sie selbst auch nicht freiwillig aufsuchten, als empfänden sie, daß es sich um Orte mit übernatürlicher Spannung handele.

Und da die Forschung heute die Entstehung der ersten Felsmalereien auf Tausende vom Jahren zurückdatieren will, wird das große Rätsel — wer waren diese Künstler — woher kamen sie und wem zu Ehren schufen sie diese von hohem Symbolgehalt erfüllten Arbeiten — wohl auch zu unseren Lebzeiten nicht gelöst werden. Wir können nur hoffen, daß hereinbrechende Fremde, die nur von der Suche nach *Uran* beherrscht werden, die unersetzbaren Kunstwerke vor Bohrern und Dynamit bewahren und das große, ungelöste Geheimnis ihrer Herkunft mit der gleichen Ehrfurcht achten wie wir.

Dr. Erich Lübbert — Kapital verpflichtet

„Oh ja", sagten die Pfadfinder, „Dr. Lübbert hat uns geholfen". „Gewiß", bestätigten die Segelflieger, „Dr. Lübbert gab uns eine Spende". „Nie hätten wir diese wunderbare Kunsthalle, die Ausstellungsräume, die Studios bekommen, ohne die Großzügigkeit Dr. Erich Lübberts", erklärte die Präsidentin der Kunstvereinigung. „Und wo wären wir ohne Dr. Lübberts jahrzehntelange, aktive Unterstützung? Als zu einem kritischen Zeitpunkt die Weiterentwicklung, ja, der Bestand unserer Gesellschaft aus Raummangel gefährdet erschien, trat er als Retter in der Not auf", versicherte Dr. Rust, der damalige Sekretär der Wissenschaftlichen Gesellschaft.

So fragen wir uns, hinter wievielen Projekten stand dieser Mann namens Erich Lübbert und wer war er?

Geboren wurde er 1883 in Posen und ließ sich 1910 als Rechtsanwalt in Lüderitzbucht nieder, also in jenen glücklichen Jahren, die man „die faustischen" nannte. Zwei Jahre zuvor hatte der asthmakranke junge Eisenbahnangestellte August STAUCH dort im Wüstensand die ersten Diamanten entdeckt und damit den Grundstein zu der enormen wirtschaftlichen Entwicklung des Landes gelegt. — Erst vor wenigen Jahren — kurz vor ihrem Tode, in ihrem bescheidenen Zimmer im Windhocker Altersheim — hatte seine Witwe, die geachtete und geliebte OMA STAUCH das damalige Ereignis und seine Folgen auf ihre philosophische Art formuliert: „Ich mag es nicht, wenn die Leute reden, als hätten Diamanten Selbstzweck, Eigenwert, als sollte man sie horten. Nicht um ihres eigenen Wertes sind sie zu loben, sondern nur für das, was sie unserm Lande Gutes brachten: Sie waren der Motor, der alles in Bewegung setzte und Südwestafrika zu dem machte, was es heute ist ..." — Ja, die Motoren liefen. Das Sandloch, bis dahin bei der Regierung in Berlin stets in den roten Zahlen, begann Blüten, Früchte zu tragen. Und groß war die Hoffnung auf eine gute Zukunft. — Der junge Rechtsanwalt, bald ein Freund

August Stauchs, bekam viel zu tun, denn in das erste frisch-fröhliche Diamantentreiben mußte Ordnung gebracht werden. Wieviele der kostbaren Stücke rollten — aus schmutzigen Tabakbeuteln hervorgeholt — nur als Bezahlung für kühles Bier über die Theke. Der Weltmarkt schien gefährdet. Schnell geschaffene Gesetze mußten durchgeführt, Gesellschaften gegründet, aufgelöst oder zusammengeschlossen werden. Dr. Lübbert wurde zum Präsidenten der neu gegründeten Lüderitzbuchter Minenkammer ernannt und erlebte so persönlich die kurze, berauschende Blüte des so herben Landes, bis der Ausbruch des Ersten Weltkrieges dem allen ein schnelles, bitteres Ende setzte. — Ihm wurde dann die prekäre Aufgabe zuteil, beim Schließen der Minen, die ja in deutschem Besitz waren, mitzuhelfen. Und nach dem Kriege hatte er — nun über die südafrikanische Anglo American Corporation — die Wiedereröffnung sowie die Abfindung der einstigen Besitzer durchzuführen. Durch Fusion entstanden dann die „Consolidated Diamond Mines of South-West-Africa", die heute, zu der De Beers-Gruppe gehörend, unter dem Namen CDM durch die hohe Qualität ihrer Schmuckdiamanten weltweit bekannt wurden.

Dann teilte Dr. Lübbert sein Leben und Schaffen zwischen Deutschland und Südwestafrika auf. Er wurde Seniorchef der Firma Dyckerhoff & Widmann, eines der größten Bauunternehmen der Bundesrepublik. Die techn. Hoch-

Dr. Erich Lübbert an seinem 80. Geburtstag zwischen Dr. H.J. Rust (r.) und Dr. A. Weber (lks.)

schule in Berlin-Charlottenburg sowie die Münchner Universität ernannten ihn zum Ehrendoktor. Doch mindestens die Hälfte eines jeden Jahres verbrachte er in Südwestafrika, das auch ihn nicht mehr losließ. —

Und dann beging er seinen 80. Geburtstag in Swakopmund. Er hatte nur eine schlichte Feier im Familienkreis gewünscht. Doch es erschienen höchste Vertreter der Regierung, der Städte, der Wissenschaften, der Kunst, um ihm alle hierzulande nur denkbaren Ehrungen zuteil werden zu lassen. Und je begeisterter, impulsiver und großartiger die Ansprachen wurden, umso ernster wurde er selbst. Aufrecht stehend, trotz des Alters, hörte er die Reden, nahm er die Glückwünsche entgegen. Dann aber antwortete er ruhig, fest, kurz, daß er *nur* aus einer inneren Verpflichtung handele und auch weiterhin alles in seinen Kräften Stehende tun werde, um die Wissenschaft, die Kunst, um unser Land zu fördern, das er als seine Heimat betrachte. — Man wußte, daß er die Bezeichnung Mäzen, Philantrop, für sich streng ablehnte. Geboren in Westpreußen, bezeichnete er sich auch im Alter noch als Preuße, der nichts als seine Pflicht tue, wenn er dort, wo es nötig sei, helfe. Denn je mehr irdische Güter man errungen habe, umso größer sei die Verpflichtung, sie der Gemeinschaft, dem Lande, dem man sie verdanke, zurückzuerstatten. — Doch gerade darum prüfte er auch, bevor er gab. Er erwartete, daß diejenigen, denen er helfen sollte, selbst schon echten Einsatzwillen für eine gemeinnützige Sache bewiesen hatten und bereit waren, um ihretwillen auch in Zukunft Opfer zu bringen; denn die Weiterentwicklung des Landes auf kulturellem, wirtschaftlichem und wissenschaftlichem Gebiet lag ihm am Herzen.

So kann es wohl auch für seine hier lebenden Nachkommen eine Genugtuung sein, mitbeobachten zu können, daß seinen Erwartungen auch weiter entsprochen wird. Die Gedenktafeln, die an wichtigen Instituten des Landes Zeugnis von seiner Hilfsbereitschaft ablegen, sprechen ihre eigene Sprache, so im Treppenhaus des imponierenden Gebäudes der Dr. Erich Lübbert Stiftung in Windhoek, das den Wissenschaften und den Bildenden Künsten ein modernes, großzügiges Heim bietet, — so an jener unter Fachleuten bestens bekannten Wüstenforschungsstation Gobabeb, die ständig von Forschern aus aller Welt aufgesucht wird.

Bis zum letzten Atemzug fühlte sich Dr. Lübbert dem Lande, das er liebte, verbunden. Er hatte auch testamentarisch verfügt, daß man ihn auf seiner stillen, einsamen Farm zur letzten Ruhe bette.

So geschah es auch. Und wer ihn, den großen alten Mann gekannt hat, wird stets aufs neue an ihn denken, wenn er an dem kleinen, bescheidenen Wegweiser nördlich Okahandjas vorbeikommt, auf dem schlicht nur das Wort „Erichsfelde" steht. Dort unter einem schattigen Dornenbaum ruht Dr. Erich Lübbert aus von seinem langen und schaffensreichen Leben.

Forscher aus Liebe zum Land:
die SWA Wissenschaftliche Gesellschaft

Nein, eine Selbstverständlichkeit war es nicht, daß eine Vereinigung wie unsere Wissenschaftliche Gesellschaft im Jahre 1975 ihr fünfzigstes, ihr goldenes Jubiläum in Form eines hochinteressanten wissenschaftlichen Kongresses in Anwesenheit bekannter überseeischer Wissenschaftler begehen konnte. Es war einst ein kleiner Kreis gewesen, der sich in Windhoek im Jahre 1925 zusammengefunden hatte, in der Sorge, daß ohne systematische Zusammenarbeit der hier lebenden, wissenschaftlich interessierten Menschen allzu viel kostbares Material über Vorgeschichte und Entwicklung des Landes für immer verloren gehen würde. Die Sorge war berechtigt, denn mit dem Ende der „deutschen Zeit" hatte vorerst auch jede wissenschaftliche Forschung, sei es staatlicherseits, sei es durch Wissenschaftler im Auftrag von Siedlungs-, Minen- oder sonstigen Gesellschaften, völlig aufgehört und war von amtlicher Seite noch nicht wieder in Gang gebracht worden. So gelang es damals verantwortungsbewußten Männern aller drei Sprachgruppen, immerhin 45 Mitglieder zu werben. Heute — im sechsten Jahrzehnt — sind es über 1000, 80% davon deutschsprachig, denen die gründliche Erforschung des Landes, das ihnen Heimat bedeutet, am Herzen liegt. Eine beträchtliche Anzahl von ihnen konnte inzwischen internationale Anerkennung für ihr der Allgemeinheit dienendes Schaffen erlangen. Man denke nur an einen Mann wie HENNO MARTIN, dessen Buch „Wenn es Krieg gibt, gehen wir in die Wüste", einen ganz großen Erfolg errang. Denn welcher Südwester hätte diesen psychologisch, philosophisch und naturwissenschaftlich wertvollen Erlebnisbericht nicht mit lebhafter Teilnahme und Spannung gelesen! Er liegt auch in englischer und afrikaanser Übersetzung vor und wird, gekürzt, sogar in den Schulen als Lesebuch verwendet.

Daß jedoch der Bestand der Gesellschaft in den Kriegs- und ersten Nachkriegsjahren schwer gefährdet war und nur durch die zähe Tatkraft und den Idealismus von Männern wie Erich Zelle und W. Stritter am Leben erhalten werden konnte, erfährt man auch aus den Annalen, die ausführlich über diese kritischen Zeiten berichten. Woran man sich aber selbst erinnern kann, ist die Tatsache, daß der Aufschwung, den die Gesellschaft nach dem zweiten Weltkrieg erfahren konnte und der seitdem anhielt, vor allem dem außerordentlich tatkräftigen und selbst wissenschaftlich arbeitenden ehemaligen Sekretär Dr. Hans Joachim RUST zu verdanken ist. Daß auch die anfänglichen ernsten Geldprobleme eine bessere Regelung erfuhren und daß das Sekretariat, die Bibliothek und die Versammlungsräume heute in einem hellen, modernen, formschönen Gebäude in Windhoek Heimatrecht genießen, dazu trug entscheidend der bereits in einem vorangegangenen Bericht erwähnte Freund unseres Landes, Dr. Erich Lübbert, durch eine wahrhaft großherzige Spende bei. Die Breitenwirkung der SWA Wissenschaftlichen Gesellschaft ist groß. Da sind vor allem die laufenden

Vorträge, die vorrangig von den Gesellschaftsmitgliedern gehalten werden und die sich u.a. mit geologischen, archäologischen, wasserwirtschaftlichen, medizinischen, allgemein historischen, auch politischen Themen befassen. Ferner fanden von Beginn an intensive Forschungsarbeiten über die Herkunft, Entwicklung, Sprachen der schwarzen und farbigen Völker des Landes starkes Interesse. Wenn gar — wie Dr. Rust berichtete — der greise Missionar Dr. Vedder über die Herero, Nama, Damara und Buschmänner sprach, war der Vortragssaal zu klein, um alle Interessierten zu fassen und viele lauschten durch Türen und Fenster dem alten weisen Mann, der so wunderbar mit dem Herzen zu erzählen verstand.

Die Forschungsarbeit konnte durch Arbeitsgruppen auf den verschiedenen Interessengebieten erweitert werden. Das liest sich so trocken, und doch bedeutet es lebendige Feldarbeit dieser Forscher aus Liebe und Leidenschaft, anstrengende Arbeit im Busch, in der schwer ersteigbaren Felsenwelt, in heißen Schluchten und in der gleißenden, ewigen Wüste. Die Leiter dieser Arbeitsgemeinschaften sind Menschen, die sich zum Teil durch zahlreiche Veröffentlichungen nicht nur im eigenen Lande, sondern auch in Übersee einen Namen gemacht haben. Ein Beispiel unter vielen: ein Arbeitsgruppenleiter für Botanik war lange Jahre hindurch Willi Giess. Geboren in Frankfurt am Main, kam er ganz jung nach Südwestafrika als Farmvolontär, um eines Tages nach intensivem Selbststudium zum geachteten Kurator des hervorragenden SWA Herbariums zu werden, das er selbst aufgebaut hat. Eine Lebensarbeit! Und obwohl er bereits das Pensionsalter überschritten hat, bat die Administration den verdienten Mann, auch weiterhin seinen wertvollen Dienst zu verrichten. Als Führer und Begleiter auswärtiger Botaniker, die das Land besuchten, wurde Giess als bester Sachkenner und guter Kamerad in aller Welt bekannt und beliebt. Die Königliche Akademie der Wissenschaften zu Stockholm verlieh ihm 1968 die Große Linné-Medaille und die Bayerische Akademie der Wissenschaften, München, ehrte ihn mit der „Bene-merenti-Medaille in Silber."

Durch Verleihung des „Erepenning van die Fakulteit Natuurwetenskap en Tegniek" für 1980 wurde seinem Schaffen auch die Anerkennung der Suidafrikaanse Akademie vir Wetenskap en Kuns zuteil.

Zu den Senioren unter den wissenschaftlichen Mitgliedern gehört ferner H.J. Wiss, Otjiseva. Er hatte die harten Internierungsjahre nützen können, um sich durch Berufswissenschafter in den Fachgebieten Botanik, Geologie, Organische Chemie und Atomphysik ausbilden zu lassen. Sein damals gewonnenes Wissen stellte er seitdem der Wissenschaftlichen Gesellschaft zur Verfügung. So gehört er seit 1955 ununterbrochen dem Vorstand an und bekleidete 1960/61 das Amt des Präsidenten. Vor allem stand er Willi Giess beim Aufbau der Botanischen Arbeitsgruppe zur Seite und übernahm die Botanische Beilage, von der inzwischen schon ca 70 Nummern erschienen sind.

Und wer kennt nicht die Beiträge und Verdienste des großen Wildkenners JAN GAERDES?

Nur noch einige weitere Namen aus der Anzahl tätiger oder einstiger Mitglieder und Leiter der Arbeitsgemeinschaften können hier angeführt werden: Dr. Ernst Scherz (Felsbilder); W. Sydow und A. Viereck (Vorgeschichte); Dr. K.F.R. Budack (Ethnologie); H.K. Kolberg, H. Stöck, H. von Schwind (Ornithologie); P. von Wrede (Speläologie; Dr. H.J. Rust (Astronomie) und H. Finkeldey (Herpetologie), der, wie man sagt, das diebessicherste Haus Windhoeks besitzt, weil seine geliebten Schlangen nicht nur ein eigenes Reich im Keller erhielten, sondern auch zu geschätzten und sorgfältig beobachteten Hausbewohnern wurden.

Und Dr. Rust, in dessen unermüdlichen Händen fast ein Vierteljahrhundert lang alle Fäden der Wissenschaftlichen Gesellschaft zusammenliefen — er wurde 1900 in Berlin geboren, studierte Bergbau und Staatswissenschaften in Göttingen, Berlin und Marburg, bis er Südwestafrika zu seiner zweiten Heimat wählte — Dr. Rust also wurde für seine völkerverbindende Arbeit mit dem Bundesverdienstkreuz der Bundesrepublik Deutschland ausgezeichnet, eine, wie man allgemein empfand, sehr verdiente Ehrung. Übrigens hat ihn der Vorstand der Wissenschaftlichen Gesellschaft erst unlängst zum Ehren-Senator ernannt.

Der eigenen Verlag ist zu einem Herzstück der Gesellschaft geworden. Und die Arbeitsbibliothek stellt ein wahres Refugium für alle jene Menschen dar, die an der Geschichte und Forschung ernstlich interessiert sind. Dort oben in den hellen Räumen der Dr.-Erich-Lübbert-Stiftung in den von der langjährigen Bibliothekarin Frau A. Benseler hilfsbereit gereichten Dokumenten und Büchern nach bisher nur Geahntem oder Gehörtem fahnden zu können, schenkt auch dem Laien wahre Entdeckerfreuden.

So ist man dankbar, daß es sie gibt, diese Wissenschaftliche Gesellschaft, die allein durch ihre Arbeit soviel zum gegenseitigen Verständnis aller Bevölkerungsteile, aller Sprach- und Rassengruppen beizutragen vermag.

Fritz Gaerdes — Freund von Fauna und Flora — der Skorpion an der Skelettküste und der Ochsenfrosch hat Zähne

War da kurz nach dem Ersten Weltkrieg ein junger Mensch aus Vegesack bei Bremen für einen unbezahlten Studienurlaub herausgekommen. Er hieß FRITZ GAERDES und wollte nur seinen Bruder Jan besuchen. Und dann wurde aus dem geplanten Urlaub ein ganzes, bis an den Rand erfülltes Leben, das entscheidend dazu beitrug, jede neue heranwachsende Schülergeneration, ja, jung und alt, die Wunder der Südwester Tierwelt zu lehren. — Wie so viele vor und nach ihm, hatte auch Fritz Gaerdes das weite, geheimnisvolle Land mit seiner fremdartigen Schönheit in Bann geschlagen. Und da man ihn hier in seinem Beruf als Lehrer sofort dringend brauchen konnte, blieb er, ließ sich in der durch ihre besondere Vegetation bekannten Gartenstadt Okahandja nieder und fand bald, daß Fauna und Flora hierzulande noch viel zu wenig erforscht waren. Er begann damit, selbst zusammenzutragen, zu sammeln, niederzuschreiben, — zuerst nur für seine Schulkinder, die er bald zu begeistern vermochte, bis der Kreis, der von ihm lernen wollte, immer größer und größer wurde. Von allen Seiten trat man an ihn heran. Er wurde korrespondierendes Mitglied der Wissenschaftlichen Gesellschaft. Man berief ihn in zahlreiche Gremien, die dem Natur- und Denkmalschutz dienten. Man erbat wissenschaftliche Informationen, Ratschläge und Vorträge von ihm. Ja, man legte ihm nahe, seine ausgedehnten Forschungsergebnisse in Buchform zu veröffentlichen. Das Resultat nennt sich schlicht *Tierleben in Südwestafrika*, wurde verlegt von der Wissenschaftlichen Gesellschaft und fehlt heute in keiner Farm- oder Stadtbibliothek mehr. Mit zahlreichen Illustrationen versehen, wird darin alles, was bei uns kreucht und fleucht, beschrieben und wissenschaftlich einwandfrei mit seinen lateinischen und deutschen Namen benannt.

Da liest man, daß die Kormorane, unsere wertvollsten Guanolieferanten, Sandinseln vor der Küste zum Wohnplatz wählten, um sich vor räuberischen Schakalen zu schützen, bis man ihnen im Meer Plattformen als künstliche Inseln errichtete, um die Guanogewinnung zu erleichtern, und man lernt, daß die Knochen der Pinguine statt mit Luft, mit Öl gefüllt sind, daß die kleinen „Lutherfrösche" durch den ersten einsickernden Regen in ihren selbstgegrabenen Erdhöhlen aus dem Trockenschlaf erwachen und uns dann mit ihrem hellen Geläut erfreuen, während sich die „katholischen" Pantherkröten — ihr „Paak — Paak" kann man wirklich für „Papst — Papst" halten — durch Insektenvertilgung in unseren Gärten nützlich machen. Und dann erfährt man, daß der 20 cm lange Ochsenfrosch tatsächlich kleine scharfe Zähne besitzt und ein Kannibale ist, der selbst eigene kleine Artgenossen verschlingt. Auch kann man Wissenswertes über die Jagdgewohnheiten der Löwen und über das geregelte Staatswesen der alles zerstörenden Termiten lernen und noch vieles mehr.

Wer das Glück hatte, Gaerdes in seinem Heim, in seiner mit kostbaren, einzigartigen Sammlungen angefüllten Studierstube besuchen und sprechen zu können — er verstarb im hohen Alter von 83 Jahren — erlebte dabei, von welcher Bescheidenheit dieser kluge, alte Mann dennoch geblieben war. Trotz seiner bedeutenden Erfolge beharrte er immer wieder darauf, daß er im Grunde nur Laie sei. Dabei verdankt ihm die wissenschaftliche Welt die Entdeckung mehrerer bis dahin unbekannter Spezies, von denen man mehreren seinen Namen verlieh. So war Fritz Gaerdes einmal als Mitglied der Denkmalskommission hoch in die Einsamkeit der Skelettküste gefahren. Als er dort im felsigen Sand Untersuchungen anstellte, grub er in einer Tiefe von 22 Zentimetern den seltsamsten Skorpion heraus, den je ein Mensch gesehen hatte. Ja, es war ihm, dem Kenner, sofort klar, daß sich dieser Skorpion völlig von den bekannten Arten unterschied. So hatte er absurd lange Beine und eine ungewöhnlich bleiche Farbe. Als Fritz Gaerdes seinen Fund einer Forschungsanstalt zur Benennung zusandte, teilte man ihm enthusiastisch mit, daß es sich hierbei tatsächlich um eine Neuentdeckung handelte und daß dieses Tier vermutlich bis zu diesem Tage noch nie zuvor das Licht dieser Welt erblickt hatte. Wieder bewährte sich der alte Spruch: Die Wüste lebt!

Auch kam Fritz Gaerdes in seiner über 50jährigen Forschungsarbeit zu der Erkenntnis, daß Tiere im Kampf um Nahrung oder aus Furcht ganz anders als sonst reagieren. So kann der für Mensch und Tier gefährliche Skorpion oder die aggresivste Giftspinne, die eben noch der Schrecken ihrer Umgebung war, von einer Sekunde zur anderen völlig erstarren, wenn sie auf ihren Beutezügen auf einen von ihr selbst gefürchteten Feind stößt. Und Affen kennen ja erst gar keine Furcht vor dem Giftstachel des Skorpions. Wie geschickt reißen sie ihn heraus und mit welchem Vergnügen verspeisen sie dann das nun seiner Waffe beraubte Tier! Überhaupt hat uns Fritz Gaerdes unendlich viel Interessantes über den bei uns heimischen Pavian gelehrt, wie auch über das seltsame, kleine, so grausame Tier, dem sein besonderes Interesse galt, über die „Gottesanbeterin" oder — wie man sie hier auch nennt — den „Hottentottengott", dem die gelben Menschen in ihrer Fabelwelt geheimnisvolle Kräfte zuschreiben.

Bewundernswert war sein Einfühlungsvermögen in die Welt der Falter, der Insekten, der Reptilien und Amphibien. Der Natur nahte er sich mit einer geradezu andachtsvollen Ehrfurcht. Und diese Ehrfurcht vor der Natur, vor Flora und Fauna, vor der belebten und unbelebten Natur war ein Teil seiner Lebensphilosophie.

Es ist das Schöne an unserem Land, an unserer vielsprachigen Gemeinschaft, daß Menschen, die ihre Kraft, ihr Wissen und ihren Forschergeist zum Wohle der Allgemeinheit einsetzten, noch zu Lebzeiten durch die Achtung, Zuneigung und Dankbarkeit der Öffentlichkeit belohnt werden. So war in der großartigen Landschaft nahe Okahandja ein Fritz-Gaerdes-Naturpark errichtet worden. Und hier in der Stille und Einsamkeit der Berge und Felsen, inmitten des Friedens einer ungestörten Tier- und Pflanzenwelt, hatte Fritz Gaerdes, als er seinen Tod nahen fühlte, seine eigene Grabstätte gewählt und richten lassen. Als er dann seinen letzten Atemzug getan und man ihm zu Ehren eine würdige Feier in der kleinen Friedenskirche abgehalten hatte, begleitete eine große Trauergemeinde seinen letzten Weg zu der einsamen Grabstelle im Busch, wo er nun zwischen den von ihm geliebten Tieren und Pflanzen für immer ausruht.

Tierärzte, die wichtigen Männer —
das Goldfischopfer — auch Nashörner wollen verarztet sein

Tierärzte, die wichtigen Männer! Gibt es noch ein anderes Land, in dem sie so gesucht, gebraucht und geachtet werden wie bei uns? Nicht ohne Grund, denn außer dem notwendigen fachlichen Können, schnellen, treffsicheren Diagnosen, müssen sie körperliche Kraft, Ausdauer, Einsatzbereitschaft und Mut beweisen, ja, Mut in der Verantwortung, Mut auch im Kampf gegen Aberglauben, denn hier können sie mit Problemen konfrontiert werden, die man woanders kaum kennt. Jeder von den ersten dieses Berufes, die unser Steppenland unter ungeheuren Strapazen amtlich bereisten, wußte davon zu berichten. Hier ging es ja nicht — wie in Deutschland — um Einzeltiere im Stall, sondern immer gleich um riesige, weit verstreute Herden. Und bei den gigantischen Ausmaßen des Landes hat schon allein ein Bezirkstierarzt ein Gebiet von der Größe Bayerns zu kontrollieren. Dazu kam, daß er keineswegs immer Dank für seine Mühen erntete, denn so mancher alte Farmer mißtraute diesen jungen forschen Leuten und ihren europäischen Methoden, schwor dagegen auf alte überlieferte Hausmittel, wobei oft Petroleum, Gewehröl, Aloen, Brandy und Nikotinpfeifensaft eine Rolle spielten.

DR. MARKUS ZSCHOKKE, der durch die Jahrzehnte seines Wirkens zu einem Begriff für das ganze Land geworden war, wußte amüsant darüber zu berichten. Allerdings war auch ihm öfter das Lachen vergangen, wenn er bei Seuchengefahr den Regierungsauftrag hatte, die nach vielen Tausenden zählenden Herden der schwarzen Völker zu impfen, denn Sippenstolz und Aberglauben sind eng mit den Rindern, dem kostbarsten Besitz der Schwarzen verbunden. Oft genug nahmen in jenen Zeiten ganze Stämme unter ihren Häuptlingen eine drohende, feindliche Haltung ein und verweigerten dem Tierarzt bei Gefahr für Leib und Leben den Zutritt zu ihren Krälen. So war es Doktor Zschokke erst nach vollen elf Jahren der Geduld und Überredungskunst möglich, das gesamte Vieh des großen Ovambovolkes gegen Maul- und Klauenseuche zu impfen. Erst dann gelang es ihm, mit 20 Impfeinheiten 333 000 Rinder zu immunisieren. Ein gewaltiger Durchbruch, der vor allem auch seiner Persönlichkeit zu verdanken war.

Doch wir verdanken Dr. Markus Zschokke, dem gebürtigen Schweizer, noch etwas anderes; die Rettung und Erhaltung des geschichtsträchtigen Forts Namutoni, dessen Anblick jedes romantische Herz schneller schlagen läßt. Erscheint es doch jedem, der sich ihm aus den glitzernden Sandflächen der Etoschapfanne, aus der heißen, dürren Steppe nähert, mit seiner Quelle, mit seinen Palmen wie ein Traumbild aus Tausend und einer Nacht.

Obwohl sich vor und nach dem Zweiten Weltkrieg bekannte Persönlichkeiten für seine Erhaltung eingesetzt hatten, wurde es dennoch zum Abbruch

Ihm, Dr. Markus Zschokke, verdanken wir die Erhaltung des Forts Namutoni

bestimmt, zumal es vom Verfall bedroht war. Dies erfuhr Dr. Zschokke auf einer seiner Dienstfahrten von dem dort stationierten Polizeisergeanten. Entsetzt beschloß er, unverzüglich zu handeln und alarmierte Oberschulinspektor Lemmer, von dem er wußte, daß er sich für die Geschichte Südwests interessierte, was dazu führte, daß die Zerstörung tatsächlich noch verhindert, daß das Fort sogar zum historischen Monument erklärt, unter Denkmalschutz gestellt und zu einem sehr attraktiven Touristenlager ausgebaut werden konnte. Heute übt es die größte Anziehungskraft nicht nur auf heimatverbundene Südwester, sondern gerade auch auf Touristen von Übersee aus. Über die Geschichte Namutonis, über seine heldenhafte Verteidigung durch nur sieben deutsche Männer gegen eine nach Hunderten zählende Übermacht der Ovambo im Jahre 1904 kann man genaue Einzelheiten in Dr. Mossolows Bericht nachlesen.

Dem Regierungstierarzt Dr. Zschokke aber verdanken wir, daß uns dieses Fort erhalten blieb.

Die Bedeutung der Tierärzte wuchs mit Aufstieg und Verbesserung der Landwirtschaft ständig mehr, und jeder modern denkende Farmer war nur zu dankbar, wenn ein Veterinär zu ihm kam. So erzählte Dr. Gregor Proppe in seinem Lebensbericht, den er „Erinnerungen eines alten Tierarztes" nannte, höchst humorvoll auch von jener glücklichen Zeit vor dem Ersten Weltkrieg, in der hierzulande der schlichte, aber wirkungsvolle Grundsatz herrschte: „Wer will, der kann!" Als er auf seiner ersten Dienstreise zu einem einsamen Farmer kam, der mit Besuch nicht gerechnet und daher kein Fleisch und auch sonst nichts Geeignetes im Hause hatte, griff dieser kurz entschlossen in sein Goldfischbassin und bereitete seinem geschätzten Gast eine exzellente Goldfischsuppe. „Die einzige", wie Dr. Proppe noch hinzusetzte, „die er in seinem ganzen Leben zu kosten bekam." Und als er in Keetmanshoop eintraf, entschloß man sich gerade, die Hundertjahrfeier der Völkerschlacht von Leipzig festlich zu begehen, und da diese bekanntlich drei Tage gedauert hatte, durfte das Jubiläum auf keinen Fall kürzer ausfallen. Natürlich mußte der Tierarzt auch daran teilnehmen. —

Ein anderer sehr bekannter Tiermediziner — Dr. Watt — schrieb ebenfalls über seine ersten Dienstjahre, die er — nach beendetem Studium in Europa — ausgerechnet in dem damals noch ganz versandeten, weltverlorenen Hafenstädtchen Walvis Bay verbringen mußte. Seine wichtigste Aufgabe war die Betreuung der kostbaren Zuchttiere, die die Regierung oder wagemutige Farmer für immense Kosten von Übersee per Schiff kommen ließen und die stets eine vierwöchentliche Quarantäne durchstehen mußten. Ja, trostlos einsam war das Leben in der kahlen Stadt im Wüstensand, deren erste Häuser noch als Pfahlbauten errichtet worden waren, da in guten Regenjahren aus dem Inland gewaltige Wassermassen sich urplötzlich durch versandete Flußbetten Bahn brachen und auf dem Wege zum Meer alles mit sich rissen, was ihnen im Wege stand. Das Gute aber war — was sich vor allem in der Not bewähren konnte — daß hier jeder jeden kannte. So sollte der junge Tierarzt einmal einen Eisenbahnzug mit besonders kostbaren Zuchttieren nach Windhoek begleiten, hatte sich vorher genau informiert, wie lange der Zwischenaufenthalt in Swakopmund dauern würde, der ihm Gelegenheit geben mußte, sich mit der notwendigen „Padkost" zu versehen, kam auch auf die Minute genau zum Bahnhof zurück und sah — nichts mehr, nichts als leere Geleise, die sich im Dunkeln verloren. Sein Entsetzen war groß: die wertvollen Tiere ohne Aufsicht, ohne Pflege, auf der tagelangen Fahrt durch die Hitze. Es gab noch keinen Autoverkehr, kein Flugzeug von dort, unmöglich hinterherfahren zu können. Und natürlich würde man ihm das als Verantwortungslosigkeit, als Pflichtvergessenheit anlasten. Unabsehbar die Folgen für seinen Berufsweg! Verzweifelt starrte er hinaus in die drohende, menschenfeindliche Wüste. — Doch da, was war das? Hatte er eine Vision? Sah er doch in der Ferne — es war schon abends — die roten Schlußlichter des bereits entschwundenen Zuges plötzlich wieder auftauchen, größer und größer werden und endlich vor ihm anhalten. Hatte doch der Zugführer unterwegs festgestellt, daß er ausgerechnet einmal zu früh abgefahren war und Dr. Watt vergessen hatte. Ja, so war das in den guten, alten Zeiten!

Heute benutzt ein kluger Tierarzt auch ohne drohende Katastrophen ein Flugzeug. So hat sich ein junger Veterinär, ein geborener Südwester, mitten im Busch auf seiner ererbten Farm, mit seiner Frau, einer Südwester Farmerstochter, ein eigenes Tierhospital gebaut, das allen Erfordernissen entspricht. Selbst schwierige Operationen und Behandlungen können dort durchgeführt werden. Frauke — so heißt seine junge Frau und Helferin — könnte stundenlang erzählen von all den kleinen, großen und ganz großen Tieren, denen sie helfen müssen: von wertvollen Zuchtbullen, Kühen, Pferden, Karakulrammen, von deren Gesundung oder Verlust Gedeih oder Verderb so mancher Farm abhängen kann, — von treuen Hunden und geliebten Katzen, von sorgfältig gehegtem Wild. Die Skala reicht vom Papagei, der einen Flügel brach und der Eule, die jemand anfuhr, bis zum wütenden Nashorn, das sich ein Horn verletzt hatte. Auch Nashörner müssen verarztet werden, nur ist das nichts für schwache Nerven. Zebras und anderes Großwild gehörten ferner zu ihren Patienten. Denn leicht geschieht es, daß sie beim Einfangen und Transport zu einem Wildreservat Schaden erleiden. Ohne das kleine Flugzeug, das stets startbereit neben dem Tierhospital steht, könnte man den vielen, oft so dringenden Hilferufen aus allen Teilen des Landes nicht nachkommen.

Inzwischen hat sich das Aufgabengebiet des Veterinärs auch auf Wirtschaftswissenschaft und Grundlagenforschung ausgebreitet. Dr. Halenke, ebenfalls gebürtiger Südwester, der nach Studium in Deutschland, Fronteinsatz als Veterinäroffizier und Kriegsgefangenschaft 1948 hierher zurückkehrte, hatte selbst erkannt, daß seine Forschung über die Akklimatisationsfähigkeit des Rindes in den Tropen und die Eignung europäischer Hochleistungsrassen für SWA erst die gewünschten Erfolge haben konnte, wenn die betriebswirtschaftlichen Voraussetzungen geschaffen wurden. So wandte er sich diesem Gebiete zu und versuchte praktisch anwendbare Wege aufzuzeigen, wobei er auf dem rhodesischen System der kurzzeitlichen Rotationsbeweidung mit langen Ruhepausen fußte.

Doch zusätzlich gilt es weiter, praktische Pionierarbeit zu leisten, neue Immunisierungsmethoden zu suchen, neue Seuchen zu erkennen — man denke nur an das noch nicht restlos geklärte Kudustreben. — Dazu kommt das außerordentlich wichtige Wächteramt, das der *Chef* des SWA Veterinärwesens — DR. HERBERT SCHNEIDER — mit seinen Leuten ständig ausüben muß, damit nicht — wie vor zwei Jahrzehnten — ein *Maul-* und *Klauenseuche*-Einbruch unsere ganze Landwirtschaft gefährden kann.

So bleiben *sie*, unsere Tierärzte, weiter die wichtigen Männer, die gesucht, gebraucht und geachtet werden.

Der Zahnarzt, der das Heimatmuseum schuf

Es gibt Museen, die man ungern besucht, — es gibt Museen, die man gern besucht, und es gibt Museen, die man liebt! Zu der letzteren Art gehört ohne Zweifel das unsere in Swakopmund. Es hat aber auch seine besondere Geschichte, denn geschaffen wurde es nicht von Experten, von Wissenschaftlern, sondern von einem begabten und begeisterten Laien, von einem Mann, der dadurch im ganzen Land bekannt und geachtet wurde: von DR. ALFONS WEBER.
Wie also entstand es? Kam da 1931 nach seiner Studien- und Assistentenzeit im kunsterfüllten München der aus der beschwingten Rheinpfalz stammende junge Zahnarzt nach Swakopmund, in das damals nur in den Ferienmonaten einigermaßen belebte kleine Atlantikbad. Er fand Gefallen an der seltsamen Küstenlandschaft zwischen Meer und Wüste, erkannte aber bald, daß es dort für ihn in der stillen, kalten, nebligen Jahreszeit nicht genug Arbeit, nicht genug Verdienst gab. So packte er seine notwendigen Instrumente zusammen und los ging es mit dem Schmalspurbähnle tagelang bis hinauf in den hohen Norden, wo es im Umkreis von vielen hundert Kilometern keinen einzigen anderen Zahnarzt gab. Wie froh waren die Menschen über sein Kommen, über den Retter aus schmerzlichen Nöten. Überall nahm man ihn dankbar auf, überall gewann er Freunde. Und bei diesen ausgedehnten Fahrten lernte er Land und Leute recht genau kennen. Gern berichteten ihm Farmer, Handwerker, Kauf-

Dr. Alfons Weber —
ein Leben für ein Museum

leute von den alten Zeiten, von den schweren Anfängen. Und da und dort entdeckte sein interessierter Blick auf Regalen, in sonst leerstehenden Gästezimmern schon halbverblichene Bücher, Bilder, Landkarten oder rostende Zeugen aus den Jahren um die Jahrhundertwende. Hinter einem Hotel auf einem grasüberwachsenen Abfallhaufen hielt sogar ein richtiger gelber Briefkasten mit den alten Insignien aus der kaiserlichen Zeit — mit Posthorn und Kaiseradler — seinen Dauerschlaf. Was waren das für Schätze! Mußten sie nicht geborgen werden? Und als er gar in der Minenstadt TSUMEB wunderbar schimmernde Mineralien erblickte, begann etwas in ihm zu erwachen. Da kam ihm der Gedanke, ernsthaft zu sammeln. Vorerst nur ein Gedanke, der jedoch bald zur Leidenschaft werden sollte: sammeln, um herüberzureichen von einer Generation zur anderen, lernen, erkennen und retten für die Gegenwart und für die Zukunft, ehe alles zu Staub wurde und dem Vergessen anheimfiel.

Ausschlaggebend für die Verwirklichung dieser Idee wurde dann nach Kriegsende ein kurzer Besuch in der alten, so zerstört gewesenen Heimat Deutschland. Was war dort inzwischen schon wieder aufgebaut, gearbeitet und geschafft worden! Wie entstanden dort auch jene Museen neu — wuchsen wie Phönix aus der Asche — die zerbombt, verbrannt gewesen waren! Und mit welcher Umsicht und Tatkraft holte man aus Verliesen und Kellergewölben all das hervor, was der Vernichtung entgangen war! Dieses Beispiel vor Augen, wollte er nach seiner Rückkehr von nun an planmäßig ans Werk gehen, ja, ein Swakopmunder Heimatmuseum gründen. In der Stille bereitete er einen Entwurf vor. Da veranstaltete die Stadtverwaltung für die Saison 1950/51 einen Wettbewerb für Vorschläge und Beiträge zu einer wirkungsvollen Saisongestaltung. Das war für Dr. Weber genau die passende Gelegenheit, um mit seiner Idee an die Öffentlichkeit zu treten. Er reichte seinen Entwurf ein, der bereits die Planung für eine naturwissenschaftliche und eine historische Abteilung enthielt. Der erforderliche Raum war kein Problem. Stand doch da hinter seiner Praxis eine alte Remise aus dem Jahre 1900, die einst vorfabriziert aus Deutschland per Schiff hergebracht worden war — so modern war man damals schon —, ein Holzgebäude also, das selbst schon ein Museumsstück darstellte. Es war 100 qm groß. Kein Wunder, daß Dr. Weber einen Preis gewann und ganze fünf Pfund überreicht bekam. Fünf Pfund nur! Aber sie wurden tatsächlich zum Grundstock des Unternehmens. Hatte doch Dr. Weber bei seinem Besuch in der alten Heimat erfahren, daß guter Kaffee drüben für viele Menschen noch immer eine unerschwingliche Kostbarkeit war. So kaufte er für seinen Gewinn Kaffeepakete ein und sandte sie an die Adresse eines ehemaligen Schutztrupplers, dem es nach dem verlorenen Krieg keineswegs prächtig ging. Er weihte ihn in seinen Museumsplan ein und bat um seine Mitarbeit, die ihm sofort auch mit Freuden zuteil wurde. So konnte er auf diese praktische Weise im Laufe der Jahre wertvolle Sammelstücke aus Südwester Freundes- und Kameradenkreisen erhalten.

Doch es gehörte noch viel mehr dazu, um die 100 qm große Remise zu füllen. Lächelnd berichtete Dr. Weber von seinen Sammelfahrten mit dem Zügle durchs Land, als er noch kein Auto besaß. Aber seine alten Freunde und Patienten reichten ihn weiter, staunten zwar über sein Ansinnen, aber reagierten doch großherzig auf seine Bitten. Ein Heimatmuseum in Swakopmund? Nun gut! Und schon holten sie alte, bis dahin sorgsam gehütete Schätze aus der „deutschen Zeit" hervor, gaben sie ihm auf Treu und Glauben, ohne Entgelt, ohne Quittung. Es war der erste große Erfolg! Schwer beladen und glücklich trat er die Rückfahrt mit dem Bähnle wieder an. Doch in Usakos auf der Station zwischen Steppe und Wüste hieß es aussteigen, alles auf den Bahnsteig stellen und Stunden über Stunden auf den Anschlußzug warten. Nun doch ängstlich, bewachte er seine unersetzlichen Schätze. Es waren kostbare Waffen, alte Vorderlader, uralte Bantuarbeiten dabei. Schon versammelten sich Neugierige um ihn. Schon begann ihn die Bahnpolizei mit Argusaugen zu betrachten, zumal die Gewehre nicht vorschriftsmäßig verpackt waren und er keine Lizenz vorweisen konnte. Ja, da wurde ihm heißer und immer heißer in dem ohnehin heißen Usakos. Aber er brachte alles sicher heim. Und das war der kleine Anfang von dem bald so erfolgreichen Unterfangen. Übrigens hatte Dr. Weber von Beginn an eine klarumrissene Disposition, da er jeden Konkurrenzkampf mit dem schon seit Jahrzehnten bestehenden Windhoeker Museum ausschalten wollte. So sollte seine naturwissenschaftliche Abteilung mit dem Schwergewicht auf Meer und Namib aufgebaut werden, während die historische Abteilung vorrangig der Darstellung der deutschen Zeit gewidmet war.

Nun wurde es notwendig, mit einem freiwilligen Helferkreis systematisch vorzugehen, zu ordnen, zu säubern, zu katalogisieren, zu beschriften, also wissenschaftlich zu arbeiten. In Windhoek gab es ja schon die Wissenschaftliche Gesellschaft. So gründete Dr. Weber im Jahre 1951 einen Swakopmunder Zweig und fand außer wissenschaftlichen Mitarbeitern auch künstlerisch und handwerklich begabte, die sich den vielfältigen Aufgaben mit Hingabe widmeten. Man denke an Mylo, Walter Grunow und Paul Eimbeck, den alten Schutztruppler, der buchstäblich bis zum letzten Atemzug, bis ins 98. Lebensjahr, mit Sorgfalt und Verständnis dem Aufbau des Museums diente.

Bald quoll der große Holzschuppen über, bald mußte in neuen Größenordnungen gedacht und gehandelt werden. Schon mußte an die Geldbeschaffung für ein würdigeres, sichereres, auch repräsentatives Gebäude herangegangen werden. Und damit begann die große Sorgenzeit für Dr. Weber. Doch neun Jahre später war auch dieses Ziel erreicht: durch gemeinsame finanzielle Unterstützung von Staat, Stadt und privater Seite — der Vorgängerinstitution der heutigen Gesellschaft für Wissenschaftliche Entwicklung — konnten die Schätze aus der Remise in einen auf den Ruinen des alten deutschen Zollschuppens errichteten, gut geplanten Neubau geschafft werden, der sofort zum Herzstück der palmenbewachsenen Kuranlagen wurde. Aus dem bescheidenen Heimatmuseum war ein attraktives Schaumuseum geworden, das von allen Einwohnern des Landes ständig besucht und — geliebt wird. Wie geschickt wurde es auch aufgebaut: Panoramen und Dioramen zeigen in sehr anschaulicher Weise Ausschnitte aus dem Tierleben in und über dem Meer. Da sieht man die seltsamsten Fische, Schildkröten, die rätselhaften Delphine, die rosafarbenen Flamingos. Im Namib-Panorama erkennt man den schlanken Springbock, die Oryxantilope, den Vogel Strauss. Da gibt es eine Sammlung ausgesucht schöner Halbedelsteine.

Aber die historische Abteilung des Museums ist genau so sehenswert: ein Ochsenwagen, ein echter, hochrädriger Ochsenwagen steht da, der um die Jahrhundertwende Missionare, Kaufleute, Farmer, junge, ängstliche Bräute und ganze Familien ins unwegsame Inland beförderte. Einen sehr wichtigen Platz nimmt auch die völkerkundliche Sammlung ein. Waffen, Gebrauchsgegenstände, Musikinstrumente, kunstvolle Schnitzereien geben Kunde vom Alltag, von den Sitten und Gebräuchen der schwarzen und farbigen Völker des Landes. Und da es ein lebendiges Museum ist, das täglich weiter wächst, reichte bald auch schon der Neubau nicht mehr aus. Eine weitere Vergrößerung steht bevor. Doch Dr. Weber schaffte es auch, daß ihm ein kleines, altes, noch guterhaltenes Gebäude, das einst der Otavi-Minengesellschaft gehört und ursprünglich der Güterabfertigung des Bahnhofs gedient hatte, mitsamt dem Grundstück übereignet wurde.

Dieses sogenannte OMEG-Haus wurde im historischen Stil renoviert und erhielt zugleich eine Gästewohnung für besuchende Wissenschaftler und Studenten aus aller Welt: eine großzügige Möglichkeit für Forscher, von der bereits Träger bekannter, ja, berühmter Namen dankbar Gebrauch gemacht haben. Aber als Krönung seiner Arbeit sah Dr. Weber die Schaffung der Sam-Cohen-Bibliothek an, die die wertvolle Ferdinand-Stich-Africana-Sammlung beherbergt.

Als ich auch Dr. Weber die alte Frage stellte: „Was hielt Sie hier fest?" da blickte er um sich, blickte auf all das, was durch seine Entschlußkraft, seine selbstlosen Opfer und seine Liebe zum Land hier entstanden ist. Und dann sagte er sehr einfach: „Es war mir, als sei mir ein Auftrag erteilt worden, dem ich zu folgen hatte. Vielleicht klingt Ihnen das zu — religiös, aber ich habe ihn so aufgefaßt. Von Anfang an war meine Arbeit für weiße und schwarze Menschen gedacht — ich wollte eine Bildungsstätte für alle schaffen — und ich sehe es auch weiterhin als verpflichtende Aufgabe an, auf diese Art meinen Teil beizutragen zu einem gegenseitigen Verstehen und zu einer friedlichen Lösung des Schwarz-Weiß-Problems, zum Segen aller."

Ferdinand Stich —
der große alte Mann des südwestafrikanischen Buchhandels

Bücherfreunde, ja Büchernarren gehörten auch schon zu den ersten Siedlern, Kaufleuten, Handwerkern, Beamten, die sich im Steppenland niederließen. Wie hätte man sonst gewagt, bereits vier Jahre, nachdem die ersten sieben Männer die ersten drei Häuser zwischen Meer und Wüste gebaut und damit Swakopmund gegründet hatten, eine Buchhandlung zu eröffnen! Und der Mann, dessen Name für immer mit ihr verbunden sein sollte, der heute sogar mit wachsender Bewunderung genannt wird, hieß Ferdinand STICH. Dabei gehörte er nicht zu den eigentlichen Gründern, sondern kam erst 1911 als Angestellter der Woermann-Linie sehr jung noch, mit 19 Jahren, aus der Goethestadt Frankfurt hierher. Von früh auf galt seine ganze Liebe der Kunst und Literatur. So beschloß er Buchhändler zu werden. Durch eisernes Selbststudium gelang es ihm dann im Laufe der Jahrzehnte in dem von ihm gewählten Berufszweig auch unter Fachleuten zu solchem Ansehen zu gelangen, daß ihn das Börsenblatt für den deutschen Buchhandel den „grand old man" des südwestafrikanischen Buchhandels nannte, in dessen Person sich die besten Traditionen der buchhändlerischen Auslandsarbeit verkörperten, die in seinem Falle zugleich eine sichtbare und wirkungsvolle Brücke zum abendländischen Kulturkreis darstellten. — Warum man heute jedoch unter Bücherfreunden, Bibliophilen und Forschern noch mehr von diesem Buchhändler aus Leidenschaft spricht als zu seinen Lebzeiten, das erbrachte die erstaunliche Entdeckung seiner ganz einmaligen *Africana*-Sammlung von 2 050 Bänden, die er in einem halben Jahrhundert zusammengetragen hat. Unter Africana versteht man — wie bekannt — frühe Veröffentlichungen und Altdrucke, die über den afrikanischen Kontinent in allen Disziplinen geschrieben und erschienen sind. 2 050 Bände! Welcher Forschergeist, welch Wissen, wieviel Opfermut und Voraussicht gehörten für einen einzelnen Menschen dazu, denn, wer sammelte damals schon Africana! Wer das Glück hatte, einige der wertvollsten Bände in die Hand nehmen zu dürfen, wagte nur vorsichtig, die zum Teil schweren, in Leder gebunden Folianten umzublättern.

Welche Schätze gibt es da: eine Reisebeschreibung aus dem Jahre 1658, die bei aller gezeigten Pracht so demütig den „geneigten Leser" anspricht. Eine weitere Kostbarkeit, ein Werk von M. P. Kolb, das sich mit dem afrikanischem Vorgebirge, dem Kap der Guten Hoffnung befaßt und 1719 in Nürnberg gedruckt worden war. Und ein anderes Buch, „Groß Namaqualand" benannt, von H. C. Knudsen, Barmen 1848, sagt im Vorwort, daß es Freunden und Freundinnen in herzlicher Liebe gewidmet sei. „In herzlicher Lieber!" Welche freundliche Welt! Und noch genau 100 Jahre früher — also 1748 — war in Leipzig eine „Allgemeine Historie der Reisen zu Wasser und Land" erschienen, „worinnen", wie es als Ankündigung heißt, „der *wirkliche* Zustand aller Nationen sowie das Merkwürdigste, Nützlichste und Wahrhaftigste vorgestellt wird." 2 050 Bände! Die Chefbibliothekarin der Johannesburger Städtischen Bibliothek, die um ein Gutachten gebeten wurde, wies auf die große Reichhaltigkeit, den guten Geschmack und die bisher selbst Experten unbekannten seltenen Exemplare der Sammlung hin. Die Gebiete Südwest- und Südafrika genießen selbstverständlich Vorrang, doch ohne Sprachbarrieren, enthält sie doch Bücher nicht nur in Deutsch und Englisch, sondern auch in den afrikanischen Eingeborenensprachen, sowie in Französisch, Afrikaans und Portugiesisch. Eine wahre Fundgrube für Historiker, Studenten und geschichtlich interessierte Kreise, doppelt wertvoll in einer Zeit wie der unsrigen, in der so mancher aus Unkenntnis den weißen Menschen im südlichen Afrika das Lebensrecht aberkennen möchte, obwohl sich hier die ersten als Forscher und Siedler schon niederließen, als in Europa die Wunden des Dreißigjährigen Krieges noch nicht verheilt waren. —

Ja, in aller Vielfalt eine wahre Fundgrube. So ist es eine Tatsache, daß diese Africana-Sammlung des Buchhändlers aus Leidenschaft nach dem Urteil der Fachleute zu den besten der Welt gehört. Und es ist dementsprechend begreiflich, daß sich bald ernsthafte Interessenten um den Erwerb bemühten, daß man an die Erben, die Familie Stich, besonders auch aus dem Ausland herantrat. Eine amerikanische Universität bot 23 000 Dollar dafür.

Ferdinand Stich —
2050 Bände umfaßte seine Africana

So wurde Dr. Weber, der Freund des Verstorbenen, von der Sorge gepeinigt, dieser Schatz könne Südwest verloren gehen. Er wußte ja auch, wie sehr es im Sinne des Toten und seiner Witwe war, die Sammlung als Ganzes dem Lande zu erhalten. Doch er und die Gesellschaft für Wissenschaftliche Entwicklung verfügten nicht über die notwendigen Mittel, sie käuflich zu erwerben. Noch blieb Frau Stich allen ausländischen Angeboten gegenüber fest, aber würde sie das für immer durchhalten können? In dieser kritischen Situation trat der Rotarier-Club von Swakopmund auf den Plan, erkannte seine Stunde und schaffte es, die kostbare Africana-Sammlung zu erstehen und sie als Schenkung in einer Feierstunde der Gesellschaft für Wissenschaftliche Entwicklung zu überreichen mit der Auflage, ihr ein festes, sicheres Heim zu geben und sie allen Menschen unseres Landes, also den Interessenten aller Bevölkerungsgruppen zugängig zu machen. Die Forderung nach einem festen Heim aber bedeutete, daß nach einem weiteren Freund und Gönner gesucht werden mußte. Den fand der unermüdliche Gründer und Direktor des Museums, Dr. Alfons Weber, in seinem langjährigen Freund und Helfer Sam Cohen.

Sam Cohen, den man in späteren Jahren oft mit einem Lächeln den ungekrönten König von Südwestafrika nannte, hatte am 26. Juli 1906 im Alter von 16 Jahren zum ersten Mal Südwester Boden betreten, den Sandboden in Swakopmund, weshalb er — wie er oft gestand — zeitlebens eine besondere Zuneigung zu dem damals so winzigen Küstenort behielt. Er sah mit Freude sein Anwachsen und half Dr. Weber großzügig beim Ausbau seines Museums. Als es nun darum ging, der einzigartigen Africana-Sammlung den würdigen, sicheren Rahmen zu geben, ließ er sich auch diesmal nicht vergeblich bitten. So kam es dann also zu dem großzügigen, modernen Bau der Sam-Cohen-Bibliothek neben dem ehemaligen, kleinen Otavi-Bahnhof, die heute — wie das Gästebuch beweist — von Interessenten aus aller Welt aufgesucht wird. Das Herzstück bildet, wie gesagt, die Sammlung von Ferdinand Stich, aber längst sind weitere Tausende von Bänden, auch die alte Museums-Bücherei, hinzugekommen. Und noch hat es niemand bereut, der dort Stunden, ja, Tage zugebracht hat, zumal die erfahrene und hilfreiche Sekretärin der Gesellschaft für Wissenschaftliche Entwicklung, Frau Massmann, die dort die Schätze bewacht, stets bereit ist, jedem Besucher das Gewünschte aus den sonst gut verschlossenen, modernen, riesigen Bücherwänden herauszusuchen. Tausende von Schicksalen bergen auch die dicken Zeitungsbände, aus denen man bei aufmerksamem Studium so viel über die alten Zeiten erfahren kann: Heiteres, Köstliches, aber auch sehr Ernstes. Und wenn man Glück hat, erblickt man gar in der dort ebenfalls untergebrachten alten Karten- und Photosammlung die eigenen Vorfahren auf einem Gruppenbild oder erfährt aus einem Journal, daß Großvaters Butter, die von der Farm im Norden an ein Handelshaus in Swakopmund geliefert wurde — mittels Schmalspurbahn und ohne Kühlwagen — doch pünktlich eintraf und eine gute Beurteilung fand.

Margarete Ehrenberg, die mit den ersten zehn Büchern die Museumsbücherei aufgebaut hatte, welche nun auch eine neue Heimstatt in dem großen, modernen Bau gefunden hat, waltet hier gleichfalls weiter ihres Amtes, so daß man dort doppelte Hilfe findet, wenn man ergründen will: Was hielt sie hier fest ...?

Die Hüterinnen der Schätze — die wunderbare Bücherkiste — Das Buch vom Fliegenden Doktor

Frühe Erlebnisse, die man kurz nach Betreten eines noch unbekannten Landes hatte, vergißt man nicht wieder. So werde ich auch nie das Abholen einer Bücherkiste vergessen auf der kleinen, unbewohnten Eisenbahnstation mitten im Busch. Man hatte den klappernden Zug auf seinem Schmalspurgleis an der Farmgrenze entlangdampfen und ab und zu wildwestartige Heultöne ausstoßen hören. Dann erkannte man an dem Schnaufen, daß er kurz anhielt. Soweit trägt jeder Laut in dieser Einsamkeit. Da meinte Großvater, nun könnten wir hinfahren; sicherlich hinge jetzt dort am Zaun unser Postsack, und die Bücherkiste der Windhoeker Bibliothek würde im Schuppen stehen. — Postsack? Bücherkiste? Nun, mein Mann wußte Bescheid, so fuhren wir hin. Der Zug war inzwischen pfeifend davongefahren. Kein Mensch weit und breit, denn, wie gesagt, das kleine Stationsgebäude war unbewohnt. Doch am Zaune hingen tatsächlich verschiedene, große, prallgefüllte grobe Leinensäcke nebeneinander. An jedem ein Messingschild mit Namen des betreffenden Farmers und Angabe seiner Postsacknummer. Und im offenen Schuppen stand eine Kiste aus Windhoek mit einem kleinen Hängeschloß. „Könnte da nicht einmal jemand ...?" fragte ich erstaunt. „Ach nein", meinte mein Mann, „wer sollte schon so etwas tun!"

Später, auf der offenen Farmveranda, ging es dann ans fröhliche Auspacken. Da traute ich meinen Augen nicht: Großvater schälte aus dem Verpackungspapier vier, nein, fünf Bücher heraus, von denen allein vier Neuerscheinungen waren, von denen man drüben gerade erst gehört und noch nicht die Möglichkeit gehabt hatte, sie zu erwerben. Hier aber lagen sie! Wie konnte das sein? — Man sei Abonnent der Windhoeker Öffentlichen Bücherei, erfuhren wir, — Abonnent ohne Mitgliedsbeitrag, denn dieser landesweite Bibliotheksdienst der großen Windhoeker Bücherei sei kostenlos. In Abständen erhalte man Listen der Neueingänge, brauche dann bloß zu bestellen. — Ich bekenne, daß dieser gut funktionierende Bibliotheksdienst — auch gerade für die Farmer im Busch — damals einen großen Eindruck auf mich machte.

Später wollte ich mir dann einmal in Windhoek diesen so unerschöpflich erscheinenden Bücherquell ansehen. Dort lernte ich dann eine bemerkenswerte Frau kennen: LISA GEBHARDT. Es scheinen wohl vorwiegend Frauen zu sein, die Bücherschätze hüten. Zum ersten Mal hörte ich von Frau Gebhardt, als sich die Windhoeker Stadtverwaltung entschloß, ihr, nachdem sie bereits volle 33 Jahre im Dienste der Bibliothek stand, die goldene Medaille zu überreichen, die Beamten üblicherweise schon nach 25jähriger treuer Dienstzeit verliehen wird. Daß dies niemandem früher einfiel, mag einerseits daran liegen, daß sie ehrenamtlich begonnen hatte, diese umfangreiche Arbeit zu leisten, und zweitens, weil es eben von jeher ihre Art gewesen war, für sich allein, still, intensiv, zielstrebig, ihre sich selbst gestellten Aufgaben zu erfüllen, ohne an Dank und Ehrungen zu denken. Dabei ist ihr der Auf- und Ausbau der Bücherei zu verdanken. Ich erfuhr auch nicht von ihr, sondern durch einen Bericht des hervorragenden Kenners der südwestafrikanischen Literatur — Werner Tabel, Düsseldorf — daß sie die eigentliche Verfasserin des leider vergriffenen Buches „Der fliegende Doktor — als Arzt und Flieger in SWA" von Dr. Hans Peter Schröder ist. Dem Leser gegenüber tritt Hans Peter Schröder selbst als Erzähler auf, doch war es Lisa Gebhardt, die es 1939 schrieb. Ihre Erklärung: er, der begabte Arzt, Flieger und Geschichtenerzähler, hätte nicht die Zeit gefunden, seine Erlebnisse niederzuschreiben, so sehr man ihn auch darum bat. So hätte sie ihm die Arbeit abgenommen. Sie sei auch so stark von seinen Worten gefangen gewesen, daß ihr die Ereignisse nicht die eines anderen geblieben wären. Sie glaube daher, sie so wiederzugeben, als ob er selbst im Kreise säße und spräche. Einen Teil des Buches hat nun die Wissenschaftliche Gesellschaft in ihren Mitteilungen (1979) abgedruckt, und zwar das außerordentlich spannende Kapitel „Aus der großen Regenzeit 1933/34", in dem man miterlebt, wie der große Himmelssegen mit seinen Wasserfluten Menschen auf abgeschnittenen Farmen

Es war Lisa Gebhardt, die das Buch über den „fliegenden Doktor" schrieb

mit Not und Tod bedrohte. Als jedes Gefährt im Schlamm versank, da gab es nur noch die Hoffnung auf den ‚Fliegenden Doktor'. Und in der Angst um ein schwerkrankes Kind, um einen gefährlich verunglückten Mann, überlegte man gar nicht, daß bei jeder Landung im Busch, auf verschlammtem Boden, ohne Flugplatz, ohne Teerpad, der Retter selbst Maschine, Genick und Leben wagte. Doch solchen todesmutigen Einsatz, wenn es ums Ganze ging, den liebte dieser Arzt und Flieger.

Zwei Hauptthemen durchziehen dieses Buch: die Schönheit des Fliegens und die Liebe zu Südwestafrika. So bekannte er am Schluß, daß er diesem Lande unlöslich verfallen sei. Mit seinen wechselnden, aber immer harten Bedingungen sei es wie ein stiller Anruf, wie ein Weckruf an die besten menschlichen Fähigkeiten. „Wer aber den Mut verliert, — den vernichtet es". So sagte er. — Außer diesen und anderen schriftstellerischen Arbeiten gehörte Frau Gebhardts Einsatz auch dem Aufbau einer Jugendabteilung, denn diese, so erklärte sie, sei das Herz einer Bibliothek. Auch bekannte sie sich zu der Auffassung, daß ein neues Buch innerhalb von ein bis zwei Monaten nach seinem Erscheinen in der Öffentlichen Bücherei erhältlich sein sollte. Und auch dies hatte sie erreicht, wie mich damals die Bücherkiste mitten im Busch belehrte.

Wenn man dann später Frau Gebhardt an ihrem Arbeitsplatz in dem großen Neubau in der Lüderitzstraße aufsuchen wollte, mußte man einen kleinen Gang entlang gehen, um durch eine gut verschließbare Mahagonitür in das Allerheiligste eintreten zu können: in die auch von ihr selbst aufgebaute Africana-Abteilung.

Dort saß sie an einem großen, mit viel Korrespondenz und Katalogen bedeckten Tisch, schrieb, notierte mit äußerster Konzentration, hörte sich besondere, oft sogar sehr besondere Wünsche an, zog nachdenklich an ihrer Zigarette, erhob sich, ging zwischen ihren kostbaren Schätzen umher und fand, was sie suchte, was dem betreffenden Fragensteller in seinen Studien weiterhalf. Wenn man sie so bei dieser konzentrierten eigenen Arbeit beobachtete und wußte, daß sie schon über vier und einhalb Jahrzehnt das Herz dieser ständig wachsenden Bibliothek war, hätte man mit dem notwendigen Takt gern erfahren, wie alt sie eigentlich war. Da lächelte sie nur und meinte, man könnte ja raten. Man konnte nicht raten, kam aber anhand der Daten zu dem verblüffenden Schluß, daß sie die 80 schon überschritten haben mußte, diese große, schlanke, grauhaarige Dame mit der Zigarette in der Hand.

Begreiflich, daß sie aufgrund ihrer Erfahrungen, die nun ein halbes Jahrhundert umfassen, selbst jetzt im verdienten Ruhestand um Rat gefragt wird, daß sie auch weiter forscht und schreibt, wie man dem Bericht entnehmen konnte, den sie über Paul Graetz, den jungen Offizier der ostafrikanischen Schutztruppe, verfaßte, der vor 70 Jahren die berühmte erste Durchquerung Afrikas von Ost nach West mit dem Auto durchführte (erschienen im Afrikanischen Heimatkalender 1980). Die Wissenschaftliche Gesellschaft brachte ebenfalls erst vor kurzem eine neue Arbeit von ihr über die Erforschung des Caprivizipfels durch Oberleutnant Streitwolf.

In unserem Lande, in dem noch so viel zu entdecken ist, spielen die Bibliothekarinnen eine noch größere Rolle als in Europa. Unendlich viel hängt von ihrer Eigeninitiative ab. Das erfuhr man auch aus den Gesprächen mit MARGARETE EHRENBERG, die in den dreißiger Jahren als Lehrerin aus dem Rheinland nach Südwestafrika gekommen war und in Swakopmund mit 10 Büchern aus der „deutschen Zeit" anfing, eine Bibliothek aufzubauen. Ein Bücherregal gab es noch nicht, das wurde durch einen Kuchenverkauf erworben. Und die heute sorgsam gehüteten dicken Bände der allerersten Zeitungen Südwests, hatte sie in einem städtischen Schuppen verstaubt, verschmutzt aufgestöbert. Aus diesen bescheidenen Anfängen entstand die heute so wertvolle Bibliothek der Gesellschaft für Wissenschaftliche Entwicklung, die bis Ende 1977 noch im SWAKOPMUNDER MUSEUM untergebracht war. Dort, in den dann viel zu klein gewordenen Räumen, suchte ich sie noch auf, bevor der notwendige Umzug in die gerade neu erstandene, moderne Sam-Cohen-Bibliothek erfolgen konnte. Ich sah, mit welcher Freude Margarete EHRENBERG selbst die schwierigsten Fragen der schwierigsten Besucher beantwortete. Sie war auch mit Recht stolz auf all das, was sie und Doktor Weber im Laufe der Jahrzehnte zusammengetragen hatten. Ja, was man alles von ihr wollte? Die seltsamsten Sachen: Da mußte sie anhand alter Pläne, Bilder oder Zeitungsberichte herausfinden, welche Farbe die hübsche, kleine, alte *Kaserne* um die Jahrhundertwende gehabt hatte. Sie steht unter Denkmalschutz und mußte dementsprechend historisch genau renoviert werden. Nun, sie konnte es feststellen: ganz licht, hell, pastellfarben, zur dahinter schimmernden Wüste passend.

Oft kamen auch alte Menschen, die in den vergilbten Zeitungssammelbänden nach Geburts-, Heirats- oder Todesanzeigen forschen wollten, die ganz persönliche Fragen stellten und sehr dankbar für jede Hilfe waren. Jugend wiederum wünschte Auskunft über Fauna und Flora, über Insekten und Vogelflug. Nie verlor sie die Geduld. Auch heute geht sie noch mit Elan ihrer ehrenamtlichen Tätigkeit nach. Bücher scheinen jung zu halten, denn ich kann mir ausrechnen, daß auch sie schon die Achtzig erreicht hat. Aber das ist wohl eine besondere Eigenart unseres Landes: ob hoch in den Siebzigern, ob in den Achtzigern, wer aufgrund seines Wissens seinen Platz noch ausfüllen kann, der darf es, der erfährt auch, wie sehr er noch gebraucht wird. Ein deutscher Reiseschriftsteller faßte diese Erkenntnis in einem Satz zusammen: „Wie jung doch in Südwest die *Alten* noch sind!" Ja, von wann an ist man eigentlich hier alt?

Die Voigts: vom Bauernhof zum Wolkenkratzer

Wenn man, vom Flugplatz kommend, zwischen den Hügeln herabfährt und dann plötzlich in der ewig strahlenden Sonne das Stadtbild Windhoeks vor sich sieht, ist man immer wieder beglückt von dem Frieden, den es ausstrahlt. Landeshauptstadt, und doch so leicht überschaubar: die „Christuskirche", der „Reiter von Südwest" und unten das schimmernde Band der Kaiserstraße, das mit einer ununterbrochenen Kette blitzender Autos das ganze Stadtbild durchzieht. Und doch ist vieles anders geworden: immer neue Wolkenkratzer wachsen empor. Und der eine, der die umliegenden bisher noch überragt und anzeigt, daß in seinen oberen Geschossen ein hochmodernes Hotel mit Sauna, Nachtclub und zahlreichen Boutiquen untergebracht ist, befremdet zuerst am meisten. Ist das nicht der seit der Jahrhundertwende angestammte Platz von Wecke & Voigts, von einer der ersten, der konservativsten Handelsfirmen des Landes, von jener Voigts-Familie, die, einem Braunschweiger Bauerngeschlecht entstammend, schon im vorigen Jahrhundert ins Land kam und seitdem unlösbar mit der Geschichte Südwests verbunden ist?

Man muß das ergründen und steht nun davor. Wie war das doch? Hier, wo jetzt die mit einer Automatic versehenen Eingänge zur Hochgarage sind, fuhr man einst peitschenknallend vor der berühmten Veranda der Privatwohnung vor. Hans Grimm hat sie in seinem „Südwester Buch" besonders erwähnt und berichtet, daß alle Gouverneure des Landes dort einmal gesessen haben. Dieses „Südwester Buch" bringt die Familiengeschichte der Voigts so ausführlich und lebendig, daß sie auch den Heutigen noch geläufig ist.

Nun betreten wir den riesigen Innenhof des grandiosen Geschäftshauses, sehen schwarze und weiße Menschen die Rolltreppen hinauf- und hinabfahren, wobei die Hererofrauen in ihren weiten Schleppgewändern vorsichtig die langen Röcke anheben. Dann gehen wir durch einen Supermarkt, sehen einen Stand mit deutschem Porzellan, mit Keramik, mit Stoffen aller Art und suchen den Weg zum Büro. In dem jungen, schlanken Mann, der mit elastischen Schritten die Räume durchschreitet, erkennen wir Hans-Dietrich Voigts. Die Gesichter der weitverzweigten Voigts-Familie kennt man zumeist von den Turnierplätzen, denn zu ihrer Tradition gehört nicht nur von jeher die Pferdezucht, der Import edelsten Materials, sondern auch der Reitsport, bei dem sie alljährlich Preise und Pokale im Wettkampf erringt. Als wir diesem Angehörigen der 3. Generation unsere Frage vortragen, verweist er uns höflich an seinen Vater Gerhard Voigts, der einen Stock höher in seinem holzgetäfelten Heiligtum sitzt. Und als wir dort Platz genommen haben, meint dieser mit einem leicht wehmütigen Lächeln, sein Sohn wäre doch geeigneter gewesen, uns die Gründe für diese große Veränderung zu erklären. Aber viele Worte seien nicht notwendig: die Jungen der dritten Generation hätten erkannt, daß auch sie der neuen Zeit ihren Tribut zahlen und das Alte aufopfern mußten, selbst wenn es den Vätern wehtat.

Das Windhoeker Geschäftshaus der Firma Wecke & Voigts im Jahre 1894. Auf dem Eintausch von Ochsen gegen Waren basierte anfänglich das Geschäftswesen.

Die Steuern, Abgaben auf diesem hochwertigen Grundstück im Herzen der Stadt waren so angewachsen, daß man ihnen als konservative Firma auf die alte Art kaum noch nachkommen konnte. So schloß man sich mit anderen Firmen und Interessenten zusammen und auf dem alten, historischen Grund und Boden entstand der modernste Geschäfts- und Hotelbau des Landes. – Und nun reicht uns Gerhard Voigts aus den Regalen eine dreisprachige, mit alten hochinteressanten Photographien geschmückte Broschüre, die 1967 zum 75. Jubiläum der Firma erschienen war, die nun schon fast 90 Jahre besteht. Wir erfahren daraus, wie die erste Generation, die Brüder Gustav und Albert Voigts, Bauernsöhne aus Meerdorf bei Braunschweig, im Jahre 1892 nach Südwest gekommen waren, wie ihnen 1893 der dritte Bruder Richard und ein Jahrzehnt später der jüngste, Otto, folgte, – Otto, der später im Ersten Weltkrieg sein Leben für die neue Heimat ließ. Die Brüder gewannen bald die mächtigen Herero-Großleute zu Freunden und mit ihrer Zustimmung konnten sie Zweigstellen ihrer gerade gegründeten Firma im ganzen Lande errichten und später auch Farmen erwerben. Auf dem Eintausch von Ochsen gegen begehrte Waren basierte ja zuerst aller Handel und Wandel. Aufgrund ihres Weitblicks, ihrer kaufmännischen Fähigkeiten und vor allem ihrer Sprachbegabung nahmen sie bald eine ausgesprochene Vertrauensstellung ein und schwarze wie weiße Menschen zogen sie bei schwierigen Verhandlungen als Dolmetscher und Vermittler hinzu. So war es auch kein Wunder, daß man sie bereits 1910 in den Landesrat berief und daß sie von da an immer enger

Richard, Albert und Gustav Voigts, die auf Grund ihrer kaufmännischen Fähigkeiten und ihrer Sprachbegabung bald das Vertrauen und die Freundschaft der mächtigen Herero-Großleute gewannen.

mit dem Geschick des Landes verwuchsen. Durch Gustav Voigts Bericht im „Südwester Buch" erfährt man auch, wie furchtbar die von außen eingeschleppte Rinderpest die gerade erst zaghaft aufblühende Wirtschaft traf. Am schlimmsten wütete die Seuche auf den Großwerften der rinderreichen Herero, auf denen 95 von 100 Tieren eingingen. Hunderte von Kadavern lagen in und neben den Krälen, ohne daß man den Verordnungen der Regierung nachkam, die verlangten, daß alle Tierkörper unbedingt verbrannt oder wenigstens begraben wurden. Stattdessen wurde eingescharrtes Vieh nach Wochen der Verwesung wieder ausgegraben, gekocht und verzehrt. Die grausame Folge war der Ausbruch einer Typhusepidemie, die die schwarzen Menschen überfiel. Man versuchte zu helfen, andere Nahrung herbeizuschaffen, aber noch gab es keine Bahn von der Küste herauf und die Zugochsen wurden selbst Opfer der Seuche. Die weißen Farmer aber richteten sich nach den Vorschriften und impften nach der Anweisung Professor Kochs mit der Galle kranker Tiere. Sie verloren im Durchschnitt „nur" die Hälfte ihrer kostbaren Tiere. Auch die junge Firma Wecke & Voigts wurde durch die Rinderpest und ihre Folgen stark erschüttert. Nur langsam erholte sich die Wirtschaft wieder. Aber eben: sie erholte sich — wie nach dem Ersten Weltkrieg, wie nach allen folgenden Krisen.

Albert Voigts gewann besonderes Ansehen als erfolgreicher Karakulfarmer und baute im Süden des Landes den größten Staudamm als Wasserreservoir für Trockenzeiten. Und von Gustav, Senior der Windhoeker Firma, sowie von

Richard, dem Chef der Okahandjaer Gründung, weiß man heute noch zu berichten, daß sie in den schwersten Zeiten ihrer großen notgeplagten Farmerkundschaft durch menschliches Verständnis und großzügige Kredite über die Schicksalsschläge jener Jahrzehnte hinweghalfen. —
Ein Abkomme der Meerdorfer Bauernsöhne gehört heute zu den profiliertesten, geachtesten Südwester Malern: Jochen Voigts. Er wurde 1907 in Windhoek geboren und durfte eine gediegene Kunstausbildung an verschiedenen Instituten in Deutschland genießen, bevor er endgültig in seine Heimat und — nach den leidigen Internierungsjahren — auf seine Farm Okaparakana zurückkehren konnte. Sein erst vor einigen Jahren in allen drei Landessprachen erschienenes Märchenbuch „Das Perlhuhn" gewann ihm viele neue Freunde.

Wir sitzen jetzt oben in dem Hotelturm, blicken weit über die so lebendige, sonnenbestrahlte Stadt hinaus, bis zu den Hügeln empor. Nun erscheint uns der grandiose Neubau wie ein Symbol, wie eine Antwort auf unsere Frage. „Kein Rückschritt, sondern Fortschritt. Wir gehen mit der Zeit. Jeder muß es, der überleben will." Die Voigts wollen es. —

Die Kinderfarm — das Buch für ein totes Kind

So manches Buch wurde und wird noch heute über unser Land geschrieben, aber eines hatte doch einen ganz besonderen Anlaß, denn es schrieb ein Vater drüben in Deutschland, der — selbst erkrankt — durch Ausbruch des Krieges von Farm, Familie und seinem kleinen, dann urplötzlich verstorbenen Sohn getrennt worden war.

Die einleitenden Worte lauten: „Helmut ist sieben Jahre, sieben Monate und sieben Tage alt geworden. Er war ein fröhliches Kind, und alle mochten ihn gern leiden. Ganz besonders gut konnte er erzählen. Oft dachte ich: Wenn Helmut erst größer ist und nach Deutschland kommt, um etwas zu lernen, was der wohl den deutschen Jungens und Mädels erzählen wird! Denn er und alle seine Geschwister sind in Afrika geboren und nie von dort fortgekommen. Was weiß Helmut da nicht alles, was ihr sehr gerne wissen möchtet! Wie ich nun in diesen Tagen in unserem Werk an der Fräsbank stand, die Maschinen in dem großen Saal um mich summten und mein Herz vor Kummer schwer war, da dachte ich plötzlich: „Wenn Helmut nicht mehr erzählen kann, dann tu du es an seiner Stelle! Erzähle der deutschen Jugend von ihm und seinen vier Geschwistern in Afrika. Und das will ich jetzt tun. Bielefeld, den 17. Oktober 1939."

ERNST LUDWIG CRAMER. Das ist der Name des Verfassers und Vaters, der in seinem Herzeleid beschlossen hatte, sein totes Kind in einem Buche für die Jugend zu neuem Leben zu erwecken. Es nennt sich schlicht „Die Kinderfarm" und wurde wirklich zu einem Erfolg. Warum? Weil es so echt ist, daß es nicht nur jugendliche Leser zu fesseln versteht, sondern auch Erwachsene, die sich für unser Land und für das Leben auf den Farmen interessieren. Da erfährt man alles über den Farmhof und seine Tiere, über das Ausmaß der Heuschreckenplagen, über die Antilopenarten und warum der Ochsenfrosch – Ochsenfrosch heißt. Und man lernt, welche Arbeit geleistet und welches Handwerkszeug gebraucht wird. Jedes Kapitel enthält kleine, einfache Fotos, selbst aufgenommen nur zum eigenen Gebrauch. Keine Schönheitskorrekturen, keine Regie dahinter, alles echt, alles wahr, darum keinerlei Illusionen schaffend. Fast könnte man deshalb das Buch als eine Art Prüfstein bezeichnen. So empfand ich es auch, als es mir drüben kurz vor meiner Ausreise in die Hände fiel. Der Anblick der so einfachen, selbst gebauten, niedrigen Steinhäuser mit Wellblechdach in der kärglichen, baumlosen Steppe konnte einen Schock versetzen. Keine hohen, schlanken Palmen, keine üppige Tropenpracht, keine weißgekleideten schwarzen Diener wie in Romanen, schon gar keine Herrenhäuser. Stattdessen Kargheit, Einfachheit und harte Arbeit. Ja, einen Schock, doch einen heilsamen, denn nur, wer ohne Illusionen in den Busch geht, kann dort leben und glücklich werden. Darum entstand dieser Nachruf auch aus persönlicher Dankbarkeit.

ERNST LUDWIG CRAMER, geboren 1895, war schon 1912 zu seinen Eltern nach Südwestafrika ausgewandert, wo er früh lernte, Wasser zu suchen, Brunnen zu schlagen, eigenes Land zu erwerben, Mais anzubauen und Karakulherden aufzuziehen. Er, der wohl von seiner Mutter Ada Cramer das schriftstellerische Talent geerbt hatte, schrieb auch viel, erst für die hiesigen Zeitungen, dann für den Heimatkalender, und eben Bücher.

In einem Zeitungsartikel berichtet er über die Geschichte Steinhausens, wie dort vom Weißen Nossob bis zur Grenze von Britisch Betschuanaland erst nach 1907 langsam die Besiedlung begann und wie klein, sehr klein die Farmer anfingen. Sieben, zehn, zwanzig, höchstens 30 Kühe wurden zum Aufbau der Farm gekauft. Einer dieser Farmer erstand dazu zwei Schafe, die er an einem Riemen zum Nachbarn brachte, der einen Ramm besaß. Für den heutigen Maßstab ist es ein Rätsel, wie diese Farmer damals bestehen konnten. Und doch bestanden sie, kamen sogar vorwärts, denn das wenige Geld, das einkam, hatte die vielfache Kaufkraft des heutigen. Und Wild gab es im Überfluß. Viele Farmer lieferten Riemen, Struppen, Peitschen oder Fangriemen nach Windhoek, bestritten damit ihre ganzen Unkosten, andere fuhren Fracht. Dichte Weide wuchs bis zum Farmhaus, das Vieh war fett und immer strotzten die Euter der Kühe von Milch. – Soweit der Bericht Ernst Ludwig Cramers, der es auch schaffte, schließlich ein kleines Steinhaus zu errichten, eine junge Frau, seine Blondel heimzuführen und eine Familie zu gründen. Nichts konnte ihn erschüttern, auch nicht die Heuschreckenschwärme, die die beste Weide fraßen, auch nicht Termiten, die geliebte, unersetzliche Bücher zerstörten. So

ging es aufwärts, bis ihn der Ausbruch schweren Maltafiebers aufs Krankenbett warf, bis er seine Blondel mit den fünf Kindern auf seiner geliebten Kinderfarm allein zurücklassen und in Deutschland Heilung suchen mußte. —
Nur auf ein halbes Jahr, — so dachte er, und ahnte nicht, daß elf volle Jahre daraus werden sollten. — Da brach der Krieg aus, da erreichte ihn die telegraphische Nachricht vom Tode seines Sohnes Helmut — und da begann er das Buch zu schreiben. Um die gewaltsame Trennung und das Leid überhaupt ertragen zu können, ließ er das ganze Leben auf seiner fernen Farm neu erstehen, das Leben seines verlorenen Kindes, aber auch das Schicksal von Freunden und Nachbarn, damit man sie und ihre Art drüben besser verstehen lernte. So berichtet er auch in einem ganz einfachen Erzählton von jenem furchtbaren Grasbrand, der um den Ort Gobabis getobt und schwere Verluste, auch Menschenleben gefordert hatte, der den Farmer Mühlbacher draußen im Feld überraschte, als dieser verzweifelt versuchte, ein Gegenfeuer zu entzünden. Gegenfeuer — das weiß man — darf man nur anstecken, wenn der Wind günstig steht, um einen kahlen, abgebrannten Streifen zu schaffen, über den der heranjagende Grasbrand nicht mehr hinwegkann. Doch es war schon zu spät. Heranwehende Flammenwirbel flogen dem Feuersturm voraus und entzündeten das Gras da, wo der Mann stand. Fort konnte er nicht mehr, denn rings um ihn brannte es. Da warf er sich flach hin, preßte das Gesicht an die Erde und zwang sich mit eisernem Willen, liegenzubleiben. Das Feuer brannte seinen Rücken zu Kohle, doch er blieb liegen, blieb liegen, bis das Feuer vorüber war. Dann ging er zu seinem Auto und fuhr allein über eine Stunde weit nach Gobabis. Dort, im Hospital, auf einem Stuhl sitzend, starb er bei vollem Bewußtsein. — Seine erschütterte Frau mochte nach dem Tode ihres Mannes nicht mehr auf der Farm bleiben, verkaufte sie und baute von dem Geld in Gobabis ein Schülerheim. Das Heim wurde nach dem Manne das „Mühlbacher Heim" genannt. — In so wenigen, einfachen Sätzen beschreibt Ernst Ludwig Cramer die Menschen seiner Umgebung. So ist es auch kein Wunder, daß sein schlichtes Buch so viele Freunde fand und daß seine Farm Rogers noch heute — Jahrzehnte nach seinem Tode — von Lesern aufgesucht wird, die einst die Kinderfarm mit allen Bewohnern ins Herz geschlossen hatten.

Aber die Cramer-Familie brachte noch ein anderes Talent hervor, unseren malenden Farmer KONNI ZANDER. Seine viel zu früh verstorbene Mutter war eine Schwester Ernst Ludwigs gewesen. Man kann ihn in dem Buch „Die Kinderfarm" sogar als zehnjährigen stolzen Schützen abgebildet sehen, denn er hatte schon mit fünf Jahren schießen gelernt und war im Alter von zehn Jahren auf Großwildjagd mit seinem Vater gegangen, der seinen kleinen mutterlosen Sohn überall mit hinnahm. So lernte Konni früh das Spurenlesen, das richtige Verhalten im Busch, und die Kinder der Farmarbeiter waren seine einzigen Spielgefährten. Heute sagt Konni Zander selbst, daß diese Kindheit im Busch ihn lehrte, die Tiere aus nächster Nähe zu beobachten und zu verstehen. So wurde damals die Saat zu seiner späteren Künstlerschaft gelegt. Denn, wie wir wissen, gelingt es ihm, mit wenigen, oft nur angedeuteten Strichen das Wild äsend, springend, auf der Flucht zu zeichnen. — Wie er dazu kam, seine anfänglich nur aus Liebe und Leidenschaft betriebene Malerei beruflich zu verwerten, das erzählte er vor Jahrzehnten anläßlich einer ersten Ausstellung in Otjiwarongo. Hatten doch umherziehende Elefantenherden immer wieder die Zäune seiner Farm oben im Norden niedergetrampelt, aber als Tierfreund sah er ein, daß man die durstenden Riesen dafür nicht strafen, nicht vernichten durfte, daß sie ein Naturrecht auf Wasser hatten. So bat er die Administration um Hilfe, um Errichtung einer Tränkanlage außerhalb. Das geschah. Da malte er die zufriedenen Tiere am Wasser und schenkte dieses Bild der Administration als Dank. Und als dann die bösen, die harten Jahre der Dürre und Maul- und Klauenseuche anbrachen, als so viele Farmer der am schwersten betroffenen Gebiete nach anderen Erwerbsmöglichkeiten suchen mußten, Viehinspektoren, Hilfsbeamte usw. wurden, da begann er systematisch zu malen, und machte aus der Not eine Tugend, wurde mit einem Schlag landweit bekannt, konnte sogar im Ausland ausstellen. Aber er achtete dann doch sehr darauf, daß ihn der unerwartete Erfolg nicht aus der Bahn warf. Mit Einwilligung seiner verständnisvollen Frau teilte er von nun an seine Liebe und sein Leben zwischen der Malerei und der Farmerei. Und das ist bis heute so geblieben.

Männer, nach denen Säle heißen ...

Es gibt Namen, denen man immer wieder begegnet, wenn man der Geschichte wichtiger Institutionen nachgeht, — Namen, nach denen auch Säle, Gebäude, Straßen benannt wurden. Viele, die es wohl gleichfalls verdient hätten, konnten bisher noch nicht auf diese Weise geehrt werden, oder es drang nicht hinaus in die Öffentlichkeit. Manche Benennungen verloren sich auch mit der Zeit, andere wiederum hielten sich, so z.B. das Bredow- also das Mädchen-Heim der HPS, der Merensky-Saal und jetzt die Dr. Weitzel-Aula. Über Dr. Merenskys Bedeutung, dessen Forschergeist dem südlichen Afrika Milliarden einbrachte — man denke nur an die von ihm entdeckten Platinminen, Goldgruben, Diamantenvorkommen sowie an die von ihm im großen Stil begonnene Zitrus- und Forstwirtschaft —, kann man in Olga Lehmanns hochinteressantem, ausführlichem Buch nachlesen.

Heute beschäftigt uns die Dr. Weitzel-Aula, die, 1966 eingeweiht, im Dezember 1977 in einer stilvollen Feier ihren Namen erhielt und aus dem öffentlichen Leben Windhoeks nicht mehr hinwegzudenken ist. Was sind also die Verdienste Dr. Weitzels, daß man nach ihm diesen wahrhaft großartigen Raum

Dr. Wilhelm Weitzel: seine Lieblingskinder – das 13. Schuljahr und die Aula der HPS

benannte? Es ist immer wieder interessant zu erfahren, auf welche Weise Männer, die später eine wichtige Rolle in unserer Gemeinschaft spielten, überhaupt den Weg nach Südwest fanden. – Dr. Weitzel berichtet selber mit einem Lächeln der Erinnerung darüber.

Er wurde als Sohn eines Ritterguts- und Fabrikbesitzers im Jahre 1907 in der Lutherstadt Eisleben geboren. Sein Lebensweg als einziger Sohn und Erbe schien vorgezeichnet. Doch zwei Menschen verstanden sehr früh, in ihm das Interesse an dem fernen, afrikanischen Sonnenland zu erwecken. Der erste war GUSTAV VOIGTS, der in den Jahren 1916/1918 in sein Elternhaus kam und durch farbige Schilderungen über Südwest, seine Menschen und seine Tierwelt die Phantasie des knapp Zehnjährigen anregte. Und der zweite war die Schulkameradin Hedwig Schultze aus Ongombo-Ost, die, welch Zufall, mit ihm von Obersekunda bis Oberprima die Oberrealschule in Helmstedt besuchte und mit ihm gemeinsam das Abitur ablegte. Die Voraussage eines Lehrers – „Ihr heiratet einmal" – rief damals unter beiden nur heftigen Protest hervor, zumal Wilhelm Weitzel für sich eine Universitätskarriere in Deutschland anstrebte. So studierte er – nach einer praktischen landwirtschaftlichen Lehre – erst einmal in Bonn, dann in Jena, wo die Promotion zum Dr. phil. rer. nat. der mathematisch-naturwissenschaftlichen Fakultät der Friedrich-Schiller-Universität erfolgte. Ausgedehnte Auslandsreisen durch die baltischen Staaten, England, Frankreich, Türkei, Portugal schlossen sich an, bis es ihn dann doch nach Südwestafrika zog, zumal sich damit ein halbamtlicher Forschungsauftrag verbinden ließ.

Und nun traf die Voraussage des Lehrers ein: er heiratete seine in Windhoek geborene einstige Schulkameradin, kehrte jedoch vorerst mit ihr nach

Deutschland zurück, bis er sich 1938 zur Auswanderung entschloß. Und dann teilte er nach Kriegsausbruch das Schicksal all der anderen wehrfähigen deutschen Männer: Internierung in Andalusia. Dort war er als Lehrer und Dozent sowie am Aufbau einer Druckerei und einer Singgemeinschaft mittätig, also wirkend nach seinen eigenen Begabungen. Nach Krieg und Repatriierung erfolgte die abermalige Rückkehr nach Südwest zu seiner Frau und den Kindern.

Doch nach Arbeitsjahren auf der Farm trat eine ganz andere, neue Aufgabe an ihn heran. Man forderte ihn auf, sich konzentriert für die Belange des deutschen Schulwesens einzusetzen und wählte ihn auf der 11. Jahreshauptversammlung 1959 zum Mitglied des Vorstandes des Deutschen Schulvereins in Windhoek, dem damals noch der so außerordentlich verdienstvolle Harald VOIGTS vorstand. Schon im Dezember des gleichen Jahres bot man ihm den Vorsitz an. Von da an ging er mit Überlegung und Energie und mit Harald Voigts Zustimmung an die Arbeit, um wichtige Finanzreformen durchzuführen und die Arbeitsgemeinschaft Deutscher Schulvereine zum anerkannten Sprachrohr der deutschsprachigen Gemeinschaft in erzieherischen, schulischen und kulturellen Dingen werden zu lassen. Die Höhepunkte aus jener Zeit waren — so meint Dr. Weitzel in der Erinnerung — neben dem erwähnten Aus- und Aufbau der Finanzen, die Modernisierung der Heime, der große Neubau der Schule (1962—66), insbesondere der naturwissenschaftlichen Räume und seines Lieblingskindes, der Aula, — in bester Zusammenarbeit mit dem Vorsitzenden des Bauausschußes, dem überaus tüchtigen und einsatzfreudigen GERD ZINGEL, nach dem dann auch eins der Gebäude benannt wurde. Ausgedehnte Spendensammlungen in der Bundesrepublik hatten ganz entscheidend die Durchführung des Riesenprojektes ermöglicht. Im Jahre 1968 wurde dann Dr. Weitzels jahrelanger Einsatz für das deutsche Schulwesen mit der Verleihung des Bundesverdienstkreuzes 1. Klasse durch Konsul Lewalter belohnt.

Doch ganz besonders hervorzuheben aus seiner Ära ist die Einführung des 13. Schuljahres unter der tatkräftigen und selbstlosen Mithilfe des damaligen Schulleiters Nöckler, der Studienräte Helm und Brans, um heute nur einige wenige Namen zu nennen. Welche Bedeutung die Absolvierung des 13. Schuljahres für jene Schüler bekommen hat, die einem Studium in der Bundesrepublik nachgehen wollen, ist bekannt. Aber es hat sich erwiesen, daß es von großem Wert selbst für diejenigen sein kann, die in Südafrika studieren wollen, da es sie besser befähigt, durch die im 13. Schuljahr geübten modernen Arbeitsmethoden die anerkannt hohe Hürde zwischen Matrik und Universitätsanforderungen zu nehmen.

So versteht man, daß der Benennung der Aula der Deutschen Höheren Privatschule Windhoek der Wunsch zugrunde lag, einem Mann, der sich siebzehn Jahre lang uneigennützig für das deutsche Schulwesen in Südwestafrika eingesetzt hat, die berechtigte Anerkennung zu erweisen.

Hans Peter von Garnier am Verlobungstag mit Braut Charlotte, der ersten Apothekerin von SWA

Freilich können nicht alle Schulen, nicht alle Institutionen dem Beispiel in gleicher Weise folgen. So hat z.b. der Deutsche Schulverein in Otjiwarongo nur ein kleineres Gebäude des Wilhelm-Rosenkranz-Schülerheims, das den Namen seines verdienstvollen Gründungsmitglieds trägt, nach einem weiteren langjährigen, uneigennützigen Unterstützer, nach Hans-Peter von GARNIER benennen können. Und doch war auch er ein Mann, der sich — wenn auch nicht in einem so weitgesteckten Rahmen — mit großer Energie für das deutsche Schulwesen im Lande eingesetzt hat. Geboren 1902 auf dem väterlichen Besitz in Schlesien, hatte er gleichfalls in Bonn Landwirtschaft studiert, kam 1931 ins Land, heiratete die erste nach Südwest gekommene Apothekerin, farmte, wurde ebenfalls interniert und engagierte sich nach seiner Rückkehr mit Konsequenz und Durchsetzungsvermögen in Kommunalangelegenheiten und für die Wiedereinführung des deutschen Unterrichts auch an den Staatsschulen, war ferner Bürgermeister und Mitbegründer einer Gesellschaft, die bereits zuvor durch ganz persönlichen, auch finanziellen Einsatz das deutsche Schülerheim in Otjiwarongo überhaupt erst durch alle Kriegswirren hindurch in die Jetztzeit hinübergerettet hatte.

In Angelegenheiten, die er im Interesse der Schule und des Schülerheims mit klarem Blick als richtig erkannt hatte, konnte er ein harter, ja, scharfer Verfechter seiner Überzeugungen sein. So kannten ihn auch die Vertreter der anderen Schulvereine unseres Landes. Und dennoch hatte auch er eine ganz andere Seite besessen, von der nur die wenigsten wußten. Seine Liebe galt, außer seiner neuen Heimat, der Philosophie, der Geschichte und der deutschen Lyrik.

So soll hier zu seinem Gedenken — er verstarb 1978 — eines seiner eigenen Gedichte gebracht werden:

Erkenntnis HANS PETER VON GARNIER

Du weites Land von Einsamkeit und Schweigen,
Von Licht und Schatten, Dornen Sand und Gras,
Dein herbes Wesen, das zutiefst Dir eigen
Bezaubert mich in wunderbarem Maß.

Wenn Deine Büsche ihre Blüten treiben,
Das Sternenzelt zu mir herniederschaut,
Dann möchte ich für immer bei Dir bleiben
und fühle mich Dir ewig angetraut.

Doch unerbittlich fordert Deine Erde
Sich ihren Zoll von dem ererbten Blut
Und jeden Wechsel zwischen Stirb und Werde
Bezahlen wir mit diesem höchsten Gut.

Und wieder wird, wie in vergangnen Zeiten,
Dein liebstes, einzig selbstgezeugtes Kind —
Des Buschmanns Sohn — durch Deine Flächen schreiten,
Wenn wir schon alle längst vergessen sind.

Wie sich die Jahre ineinander runden.
Zu spät hab' ich das falsche Spiel erkannt!
Ich bin gewogen und zu leicht befunden
Und meine flücht'ge Spur verweht im Sand ...

Macht der Presse — auch im Busch — unsere ersten Journalisten

„Was hält uns denn hier fest?" —

Daß es auch die große Selbstverständlichkeit ist, mit der wir in diesem weiten, noch so wenig besiedelten Land unserer Muttersprache, unserer Kultur, unserem Glauben treubleiben konnten und können, wer wollte das leugnen. Gibt es dies in der gleichen Form, in der gleichen Intensität noch anderswo in der Welt?

Wenn es auch heute zum Zug der Zeit gehört, die Arbeit der einstigen Missionare anders auslegen zu wollen, für uns hier draußen bleibt es eine Tatsache, daß es damals vor 130 Jahren und länger die deutschen Missionare waren, die unsere Sprache hierhertrugen. Mit wieviel Opfern an Leib und Leben, mit wieviel wahrhaft göttlicher Geduld versuchten sie, die braunen und schwarzen Nomadenvölker seßhaft zu machen, sie zu Christen zu erziehen, ihnen ihre Kultur zu bringen, ihre Sprache zu erforschen. Sie ergründeten ihre für uns Europäer so schwierige Grammatik, schufen zweisprachige Wörter- und Lehrbücher, lehrten sie lesen, Gärten bepflanzen, Häuser bauen. Vieles davon verlor sich und der ewig rinnende Sand deckte es wieder zu, die Pflanzungen, die Ruinen und auch die Gräber.

Aber unsere Sprache blieb. Zu ihrer Erhaltung trugen dann — wie in den vorangegangenen Erzählungen berichtet — die Siedler bei, die dem Bremer Kaufmann LÜDERITZ folgten, — jenem weitsichtigen Mann, der durch einen gültigen Kaufvertrag den ersten größeren Landesteil von dem Namahäuptling Josef Frederik erwarb. — Die Siedler aber brauchten Schulen für ihre Kinder. So wurden von nun an die Schulen — verbunden mit der Kirche — zum sprach- und kulturerhaltenden Faktor. Doch auch sie hätten allein nicht erreichen können, daß sich die deutsche Sprache landweit so rein erhielt, wären nicht von Anfang an unter den ersten, die sich hier niederließen, auch solche Männer gewesen, die damals schon das erkannten, was heute eine Selbstverständlichkeit ist: die Notwendigkeit und — die Macht der *Presse*.

Gewiß gab es damals dieses Schlagwort noch nicht, schon gar nicht in unserem so menschenleeren Sand- und Steppenland. Gewiß gingen die ersten Gründungen der ersten Zeitungen auf persönlichen Unternehmungsgeist einzelner wagemutiger Männer zurück, denn bei der dünnen Besiedlung, bei den Transportschwierigkeiten, bei den technischen Problemen der Drucklegung war an einen baldigen nennenswerten finanziellen Profit bestimmt nicht zu denken. Dennoch: man ging zielsicherer ans Werk und begann.

Und *wie* man begann, erfährt man aus dem amüsanten Bericht des wohl ersten *Journalisten* Südwests, des Rechtsanwalts GEORG WASSERFALL, der schon am 12. Oktober 1898 die erste Nummer des Windhoeker Anzeigers herausgab, die noch mühsam mit der Hand gesetzt wurde.

Er schrieb darüber: „Ich gedenke des Maimorgens im Jahre 1898, als ich Dich, Windhoek, zum ersten Mal sah. Es war das Fieberjahr. Erschrecklich langsam ging das Reisen damals und die Fahrt von der Küste bis hierher wollte gar kein Ende nehmen. Schließlich hielt aber doch an einem kalten Morgen der Ochsenwagen zum letzten Male. Schlaftrunken und steifgefroren auf dem unbequemen Sitze auf der Vorkiste in der eisigen Nacht stieg ich vom Wagen und fragte den Führer: ‚Ist hier Windhoek?' — ‚Ja, hier ist Windhoek.' ‚Aber wo denn?' Es war beim besten Willen nichts zu entdecken, was auch nur einer bescheidenen Vorstellung von dem Hauptort des Schutzgebietes entsprochen hätte. — Nun, es wird schon kommen! Also, vorwärts in den Ort hinein! Da stand ein kastenartiger unschöner Bau von roten Steinen seitwärts am Wege. Ein anderes kastenartiges, aber kleineres Häuschen gegenüber an der Straße. Es war das Zollhaus. Dann kam eine augenscheinlich unbewohnte Wellblechbude. Dann schien es mit den Spuren wieder vorbei zu sein. Doch nein, links vom Wege, wo eine mäßige Höhe sich hinzieht, zeigte sich ein rotes Bauwerk mit einem turmartigen Anbau. Dieses Gebäude war mir bekannt, — nach kurzer Überlegung wußte ich — wodurch. Das war ja das Haus auf der grellfarbigen Postkarte, die ich noch am Tage der Abreise erhalten hatte in Hamburg. Ein Berliner guter Freund hatte beschwörend darauf geschrieben: ‚Geh nicht dahin, bleib in Berlin!' Und unter dem Bild stand gedruckt: Komissariat in Windhoek. — Also war ich wirklich in Windhoek!" —

Nachdem Georg Wasserfall bei den schon damals gastfreien Südwestern ein erstes Unterkommen gefunden hatte, begab er sich mit Schwung an die Arbeit. Wie hoch die Auflage seiner Zeitung gewesen war, können wir heute nicht mehr feststellen. Doch sehr groß war sie gewiß nicht, betrug doch die Zahl der Weißen am 1. Januar 1898 nur ganze 2 544 Seelen. Übrigens war Wasserfall ein Mann von Charakter. Als er nach drei Jahren Tätigkeit in Windhoek die Überzeugung gewann, dort, in der nächsten Nähe des Gouverneurs, nicht ganz unbeeinflußt seiner journalistischen Tätigkeit nachgehen zu können, zog er nach Swakopmund. Unter dem Namen Deutsch-Südwestafrikanische Zeitung erstand hier sein Blatt in der frischen Atlantikluft zu neuem, frischem Leben. Hier konnte er freier für das eintreten, was er nach reiflicher Erwägung als notwendig für die Entwicklung des Landes erkannte. Dies war vor allem sein Eintreten gegen die großen Landgesellschaften, wie die Deutsche Kolonialgesellschaft. Genaueres darüber erfuhr man aus einem Nachruf, der ihm nach seinem frühen Tode im Jahre 1908 gewidmet worden war.

Und all diese und weitere Einzelheiten verdanken wir einer sehr ausführlichen *Zeitungschronik*, die aus der Zusammenarbeit der Firma John Meinert mit dem Archiv der Südwester Administration unter Staatsarchivar Krynauw entstanden ist und die von Herbert Jänecke verfaßt wurde. Es lohnt sich, sie zu lesen.

Wie schnell begann doch dann der Südwester Blätterwald — trotz Dürre und Krisen — zu blühen! Natürlich erhielt er einen besonderen Aufschwung durch die Diamantenfunde und ihre Folgen. Wer die Möglichkeit findet, in den dicken Bänden der großen Zeitungssammlungen im Archiv der *Sam-Cohen-Bibliothek* zu stöbern, kann sich dabei köstlich amüsieren. Vor allem die Inserate und Leserzuschriften ergeben ein anschauliches Bild der damaligen Zeit- und Wirtschaftswende.

Noch im November 1908 warnte ein Dr. Gürich aus Breslau die Südwester vor dem bereits begonnenen Diamantenrausch. Gar zu viele Männer wären schon Täuschungen erlegen, hätten Leib und Leben geopfert für glitzernde Steine, die sich dann als Quarzkristalle erwiesen hätten. Und — sichtlich mit schwerem Herzen — berichtete er weiter von den eigenen beschämenden Erfahrungen. Hatte er doch einen Geheimtip erhalten gehabt: die Witwe eines Swartbooi-Hottentotten würde als kostbarstes Gut einen riesigen Diamanten — in Lumpen gehüllt — an ihrem Leibe tragen. So packte ihn — noch vor der Stauchschen Entdeckung — das große Diamantenfieber. Damit ihm keiner zuvorkomme, machte er sich sofort zu Pferd auf den Weg, um dieser verheißungsvollen Spur zu folgen. Die Strapazen, die Entbehrungen auf der wochenlangen Expedition waren unsagbar. Doch er ertrug alles, gelangte endlich ans Ziel, erreichte schließlich mit Geschenken und großer Überredungskunst, daß ihm die Witwe ihren so gehüteten, kostbaren Schatz vorwies: es war ein Glasauge, das man zum Ausstopfen von Vögeln benutzt. — Soweit die Warnung.

Aber inzwischen — so konnte man auch aus Inseraten ersehen — stellten sich die Lüderitzbuchter flugs auf die zu erwartenden Glücksritter aus aller Welt ein. Während man kurz vor den Diamantenfunden in der Deutsch-Südwestafrikanischen Zeitung noch lesen konnte: „Junges, anständiges Mädchen wird als Stütze gesucht", hieß es bald darauf:

„Erstes Hotel in Lüderitzbucht engagiert zwei *hübsche Damen* für die Bar und Servieren, sowie einen Klavierspieler bei hohem Gehalt per sofort. Offerten mit Photographien unter J.M. an die Swakopmunder Buchhandlung, Lüderitzbucht."

(Von dem jungen anständigen Mädchen hatte man keine Photographie gebraucht).

Indessen gab es nun auch in anderen, weit auseinanderliegenden Ortschaften wie Keetmanshoop und Lüderitzbucht Zeitungen, die zum Teil Fachinteressen der Farmer, der Diamantengesellschaften usw. vertraten, die zum Teil aber auch bald wieder um ihren Weiterbestand kämpfen mußten. So war es kein Wunder, daß z.B. „Die Keetmanshooper Nachrichten", die nur mit Schreibmaschine geschrieben und dann vervielfältigt worden waren, ihr Erscheinen plötzlich wieder einstellen mußten: „wegen zerrütteter Gesundheit des Schriftleiters, der die Aufregungen nicht mehr erträgt" — so hieß es wörtlich. Immerhin hatten sie ganze 70 Abonnenten gehabt. Kurz zuvor aber hatte besagter Schriftleiter den Diamanten-Prospektoren noch ein zünftiges Erdbeben gewünscht, damit sie unten lägen und der Inhalt der Erde oben. — Nein, man ging keineswegs immer sehr sanft miteinander um. Und dennoch: wenn man die damalige Presse mit der unsrigen heute vergleicht, so scheint man doch in jenen Jahren einen menschenfreundlicheren Ton gewahrt zu haben, obwohl man damals noch nicht befürchten mußte — wie wir leider heute — daß eine uns unfreundlichgesinnte Außenwelt aus unseren emotionsgeladenen Wortgefechten genau die Informationen beziehen könnte, die sie für ihre Strategie gegen uns benötigt.

Bestimmt stehen auch hinter jenem *Gedicht* von EUGEN MUTH aus Osona, das im Jahre 1912 erschien, eigene bittere Erfahrungen. Und dennoch wahrt es *Humor*. Es wurde neu abgedruckt in den Nachrichten der Gesellschaft für Wissenschaftliche Entwicklung, Swakopmund, — gewiß, weil es heute noch genau so aktuell ist — wie damals. Man höre:

JOHN MEINERT: Seiner Weitsicht und seinem Unternehmungsgeist ist die Stabilität der deutschsprachigen Presse zu verdanken, die so wesentlich zur Erhaltung unserer Sprache und Kultur beitrug.

„Tritt hier zu Land' mal ganz bescheiden
hervor als Führer still ein Mann,
so werden viel ihn gleich befeinden,
weil mancher alles besser kann.
Gar mancher denkt, nur er ist Kenner,
nur seine Ansicht, die ist recht.
Und brüllt dazu dann noch die Menge,
was gut begonnen, wird dann schlecht.
Im Lande nichts gönnt man dem andern.
Kein bissel Ruhm mal dem Genie;
der eine ist des andern Teufel,
die Einigkeit nur Ironie!"

Doch nun zu einem Mann, dessen Unternehmungsgeist auf dem Gebiet des Pressewesens bis in die Jetztzeit hineinreicht: JOHN MEINERT.

Im Jahre 1906 war er, der zwanzigjährige Hamburger, nach Südwest gekommen. Durch Fleiß und Weitsicht hatte er sich bald hocharbeiten können. 1913 wurde er Geschäftsführer der bereits 1911 gegründeten Windhuker Druckerei, die u.a. den Südwestboten herausgab.

Als der 1. Weltkrieg ausbrach, gab es immerhin *sechs* Südwester Zeitungen, die aber nun — Befehl der Besatzungsmacht — allesamt auf ein Jahr verboten

Windhuker Druckerei: So sah das „Pressezentrum" aus, als John Meinert 1913 die Geschäftsführung übernahm.

wurden. Es handelte sich dabei um den genannten Südwestboten (früher Windhuker Nachrichten) ferner um ein Blatt namens „Südwest", um die 1912 mit der Swakopmunder Zeitung vereinigte Deutsch-Südwestafrikanische Zeitung, um die Keetmanshooper Zeitung, die Lüderitzbuchter Zeitung und um das Amtsblatt. Viele auch heute noch bekannte Namen wie Arthur Mylo, Schriftleiter Kindt, Conrad Rust, Hans Berthold, Baron v. Kraus u.a. tauchen dabei auf.

Als dann das Verbot wieder aufgehoben wurde, sah John Meinert seine Stunde gekommen. Er erwarb die Druckerei mitsamt der Zeitung und gab seinem Blatt bereits 1919 den heutigen Namen, also *Allgemeine Zeitung*. Sein kaufmännischer Sinn ließ ihn nach dem Ankauf weiterer Blätter und damit nach einem Zusammenschluß streben, wodurch er die notwendige Stabilität für die deutschsprachige Südwester Presse erreichte. Heute wissen wir, welchen sprach- und kulturerhaltenden Wert die Tatsache hatte, daß von nun an durchgehend eine deutschsprachige Zeitung die Verbindung zwischen den so weit verstreut lebenden Menschen aller Berufe in allen Landesteilen aufrecht erhalten konnte. JOHN MEINERT aber wurden bald alle zu vergebenden Ehren zuteil: man wählte ihn zum Präsidenten der Handelskammer, zum Bürgermeister und zum Mitglied des Landesrates, in Ämter also, in denen er mit Weitsicht und Toleranz für

John Meinert (Pty) Ltd. heute — Ein Blick in die modernste Druckerei des Landes

den Fortschritt aller in seiner neuen Heimat tätig sein konnte. Aber er hatte seiner Kraft wohl zuviel zugemutet: noch vor seinem 60. Geburtstag erlag er einem Herzschlag. Doch seine Söhne führten damals sein Werk weiter. Und mit seinem Enkelsohn Peter Meinert ist heute noch die dritte Generation in der Firma vertreten, die sich ständig vergrößern konnte, einen eigenen Verlag und die modernste Druckerei des Landes besitzt, in der augenblicklich neben verschiedenen Büchern, wissenschaftlichen Werken, Kalendern usw. nicht weniger als vier Zeitungen gedruckt werden. So gehörte denn auch John Meinert zu jenen Männern, die Südwest festhielt bis zum letzten Atemzug und deren Arbeit bis in die Gegenwart weiterzuwirken vermag.

Doch zurück zur *Swakopmunder Zeitung*, die sich — trotz mancher Namenswandlung — noch eine ganze Zeit lang als lebensfähig erwies. FERDINAND STICH, der 1911 ins Land kam, — über ihn wurde anderweitig berichtet — gab zwischen 1920 bis 1925 eine köstliche satirische Beilage unter dem Titel „Brennglas" heraus. Ich halte eines dieser seltenen Exemplare in der Hand, erfreue mich an den gekonnten Illustrationen von Hans-Anton Aschenborn und Ossmann und an einem Gedicht von einem damaligen Zeitgenossen unter dem Pseudonym Katjikurama. Überschrift: „Soundso"!

„War ein Farmer, frisch und froh,
nennen wir ihn: ‚Soundso' ...
War auch Leutnant seines Standes,
Zierde überhaupt des Landes;
Matador der ‚F.W.G.',
ward er, weil er auf der Höh',
farmte munter, farmte froh,
unser tücht'ger ‚Soundso'.
Aber ach, aber ach,
plötzlich kam der große Krach:
Schulden machten alle Leute,
Zinsen wuchsen bis zur Pleite;
jedem Farmer ging es so,
auch dem schneid'gen ‚Soundso'.
Davon bald, davon bald
ward ihm heiß und ward ihm kalt,
Gläub'ger vorne, Gläub'ger hinten,
Wie da einen Ausweg finden? ...
Plötzlich leuchtet hoffnungsfroh
das Gesicht von ‚Soundso':
Auf sein Glück wollt' er vertrauen,
so beschloß er — abzuhauen.
Er durchkreuzt die Namibwüste,
eilt im Zuge nach der Küste.
Aber oh, aber oh,
Gläub'ger des Herrn ‚Soundso',
die das Warten hat verdrossen,
ahnten, was er hat beschlossen.
Rache führten sie im Sinn,
und so ging's zum Bahnhof hin,
zu empfangen mit ‚Oho!' ...
unsern braven ‚Soundso'.
Swakopmund war auf den Beinen,
und es täten sich vereinen
Messenger und Polizei,
viele Gläub'ger auch dabei.
All' gedachten sie zu schrei'n:
‚Zahle, sonst ins Kittchen rein!
Und mit Grundeis der ...
ging dem wackern ‚Soundso'!
Doch Entschluß, doch Entschluß
den Soldaten retten muß!

Schon dem Bahnhof nahte sich
schnell der Zug: ‚Nun rette dich!'
— Unter riesigem Halloh
sprang vom Zug Herr ‚Soundso'.
Bei der Kehre dicht vor'm Ziel;
nicht mal auf die Nase fiel,
als er sprang so kühn und froh,
unser tapfrer ‚Soundso'.

Vor dem Aug' den Rettungsport
rast zur Swakop-Grenze fort
er in Sprüngen, riesengroß,
der vorher fast hoffnungslos
ob der Manichäer Blick;
doch der Mutige hat Glück;
trotz der Gläubiger Halloh
sicher war jetzt ‚Soundso'.

Swakopmund war einfach hin;
jeder fragt in seinem Sinn:
‚Handeln Offiziere so.
wie der flüchtge ‚Soundso'?'
— Und als Antwort töne laut:
‚Niemand kann aus seiner Haut!
Leutnants sind gewohnt zu springen,
wenn die Sturmfanfaren klingen,
vor der Mannschaftsfront einher —
Wer's nicht tät', kein Leutnant wär'!
Springend eilen sie ans Ziel,
das ist nun mal Leutnants-Stil!'

Vor der Gläubger langer Front
sprang, so wie er's einst gekonnt,
seinem Ziel entgegen froh
im ‚Marsch, marsch' Herr ‚Soundso';
wandte nur das Sprichwort an:
‚jung gewohnt ist alt getan!' "

(KATJIKURAMA)

Was da einst im „Brennglas" stand,
heut noch uns'ren Beifall fand;
denn statt einfach zu berichten,
kann man's sagen mit Gedichten,
doch nicht gar mit bösen, harten,
lieber wählt man andre Arten, —
so wie „Katjikurama"
diese Flucht des Armen sah.

Seht doch, wie die guten Alten,
die im Kampfe mit Gewalten,
ob mit Nachbarn, mit Gesetzen,
die sie ließ zum Kadi hetzen,
ob mit Schuldnern, Inflation,
— sowas gab's auch früher schon —
selbst wenn sie mal heftig schalten,
wie sie doch *Humor* behalten, —
lachten, wenn was schief gelaufen,
hielten nichts vom Worteraufen
in der *Zeitung*. — Welch Verdruß,
was man heute lesen muß!
Jeder macht den andern schlechter,
ob nun Mitte, rechts, ob rechter.
Ach, da liest man Haßgesänge,
die verbreiten böse Klänge —,
als ob damit das gelänge,
was uns so am Herzen liegt:
daß *Vernunft* und *Weisheit* siegt!

Laßt uns lernen von den Alten:
Laßt uns *auch HUMOR* behalten!

Es kamen keineswegs nur Engel...(I.)
Der Engländer im Brunnen

Oh nein, es waren keineswegs nur Engel in das „Affenland" gekommen. „Affenland", so hatte es liebevoll so mancher der ersten Siedler, Soldaten, Kaufleute genannt, als man noch nichts von den Diamanten und anderen Bodenschätzen wußte.

Daß sich besonders auch solche jungen Menschen hierher gezogen fühlten, die froh waren, den strengen gesellschaftlichen Formen im kaiserlichen Deutschland entgehen zu können, ist genauso bekannt wie die Tatsache, daß so manche hochadlige Familie dankbar die Gelegenheit wahrnahm, ihr sogenanntes „schwarzes Schaf" auf diese ehrbare Weise weit fortschicken zu können. Die Anekdoten über diese zumeist doch liebenswerten Burschen, die sich in der ungewohnten Freiheit erst recht zu Originalen entwickeln konnten, sind ohne Zahl. In diese Sammlung gehören — wenn auch in den Nuancen oft recht verschieden erzählt — die Streiche und Einfälle des Herrn von M., der Anfang des Jahrhunderts bei Omaruru farmte und den man wohl mit Recht als den tollen Baron bezeichnen könnte. Seine Zeitgenossen behaupteten denn auch, daß er seiner in Sachsen lebenden illustren Verwandtschaft in Abständen mit großem Vergnügen Telegramme schickte, die nur kurz ankündigten, daß er kein Geld mehr hätte und leider, leider sofort zurückkehren müßte. Diese List soll sich stets aufs neue bewährt haben, jedenfalls erhielt er immer sogleich die gewünschte Summe — ebenfalls telegraphisch — überwiesen. In unseren Anekdotenschatz ging er jedoch vor allem durch jenen Streich ein, den er im Ersten Weltkrieg einem über seine Farm ziehenden Kontingent der Besatzungstruppen gespielt haben soll. Als der britische Offizier ihn erstaunt gefragt habe, wie es käme, daß er allein auf der Farm zurückgeblieben sei, hätte er mit ernster Stimme gesagt, daß leider kurz zuvor ein Engländer in seinen Brunnen gefallen wäre und daß seine angestrengten Versuche, ihn zu bergen, bisher — zu seinem Leidwesen — vergeblich gewesen wären.

„Ein Engländer? In den Brunnen?" Lautes Entsetzen, dann Rufe, Befehle, Kommandos. „Zum Brunnen, schnell, schnell, Pioniere voran!" Der Baron wies ihnen bereitwillig den Weg, kam mit, sah mit Genugtuung den Rettungsmaßnahmen zu, trat auch höflich beiseite, während sich die Soldaten mit Seilen und Ketten in die stockdunkle Tiefe hinabließen und schwitzend erst das Wasser, dann den Schlamm mit Eimern hinaufbeförderten.

Aber — so berichtet die Fama weiter — zu ihrem Erstaunen fanden sie den Engländer nicht, keinen Menschen, nichts — außer einem großen verrosteten Schraubenschlüssel. Als sie diesen als einzigen Fund hochbrachten, streckte der Baron strahlend seine Hand aus: „Da ist er ja, mein Engländer, vielen, vielen Dank!" Der Offizier, der die Aktion angeführt hatte, soll erst sprachlos gewesen sein, dann aber in eisigem Zorn Rechenschaft für diese unglaubliche Verhöhnung der Besatzungsmacht verlangt haben, mußte sich aber von dem ganz unschuldig tuenden, liebenswürdigen Baron belehren lassen, daß hierzulande jeder, aber auch jeder diese besondere Art eines großen Schraubenschlüssels — der ja eine englische Erfindung sei — respektvoll „Engländer" nenne. Da der vorhandene Dolmetscher dies auch bestätigte, blieb dem Offizier nichts anderes übrig, als den von dem Baron zum Dank angebotenen Erfrischungstrunk anzunehmen. Ganz Omaruru aber freute sich mit seinem adligen Till Eulenspiegel, daß diesem auf solche Weise der tiefe, verschmutzte Brunnen von der Militärmacht kostenlos gereinigt worden war. —

Wie ein Zeitgenosse — ROLF WEHNER — in seinem heiteren Bericht weiter erzählt, blieb das für den britischen Offizier nicht die einzige Begegnung mit

Südwester Originalen. Wenige Tage nach diesem Brunnenmanöver erreichte das Kontingent die weiter östlich gelegene kleine Ortschaft KALKFELD. Gleich gegenüber der Bahnstation lag das *Hotel Kleiber.* Herr Kleiber hatte die Erlaubnis erhalten, in Kalkfeld zu bleiben, so daß er — als die feindliche Truppe erschien — auf der offenen Veranda seines Hotels saß und sich gerade an einem kühlen Glas Bier erfrischte. Der Offizier auf dem Rücken seines Pferdes hielt zwanzig Meter vor ihm an und rief streng: „Hands up!" Denn nach dem Erlebnis auf der Farm des Barons schien ihm Mißtrauen diesen verrückten Südwestern gegenüber angebracht. Herr Kleiber jedoch, der kein Wort Englisch sprach, begriff in seiner freundlichen Stimmung gar nicht, was man von ihm wollte. So erhob er nur sein Glas und sagte auf gut Deutsch: „Prosit!" Diese Geste verstand der Offizier, sprang vom Pferde und fragte Herrn Kleiber: „Who are you?" Dieser konnte auch diesmal nur raten, was gemeint war, antwortete: „Mein Name ist Kleiber", und mit einer weitausholenden Armbewegung setzte er auf alle Fälle aufklärend hinzu: „Und das ist alles meins!" — „Mines?" Entsetzt sprang der Offizier zurück, fragte, sich versichernd: „What did you say, this is all mines?" „Oh ja, alles meins!" wiederholte Kleiber entschieden. Und sofort folgte ein ähnlicher Tumult wie am Brunnen in Omaruru: „Das Ganze halt, Boden vermint, Pioniere voran, Geräte her, Todesgefahr!" — Herr Kleiber sah das mit Staunen, bis der Dolmetscher abermals in Aktion treten und aufklären konnte, daß die große Geste — das ist alles meins — nichts mit einem gefährlichen Minengürtel, sondern nur mit einer Klärung der Besitzverhältnisse zu tun hatte. Diesmal akzeptierte der sich nun allmählich an die Südwester Originale gewöhnende britische Offizier mit einem Seufzer der Erleichterung das ihm gereichte erfrischende, kühle Glas Bier auf der keineswegs minenverseuchten, sondern friedlichen, schattigen Hotelveranda im kleinen, stillen Kalkfeld.

Es kamen keineswegs nur Engel...(II.)
Man spielte um eine Frau ...

Die große Frauenknappheit um die Jahrhundertwende trug gewiß auch dazu bei, daß sich die einsam im Busch lebenden Junggesellen ungestört in Käuze verwandeln konnten. Dies erkannte man auch auf seiten der Regierung in Berlin und glaubte deshalb, dieser Entwicklung steuern zu müssen.

So erfand man die Sache mit den „Weihnachtskisten". Fünfundzwanzig brave, fleißige Mädchen, angeworben und ausgesucht durch Frauen- und Kolonialvereine, trafen im Dezember 1899 als Weihnachtsgabe des Mutterlandes für die frauenarme Kolonie ein. Und genau ein Jahr später, wieder zur Weihnachtszeit, erschien die zweite Sendung. Daß alle Mädchen, ob schön oder häßlich, sofort Ehemänner fanden, verstand sich von selbst. Aber natürlich langten die fünfzig bei weitem nicht. Das mußte dann auch Hauptmann Hans-Heinrich von WOLF, der Erbauer des Schlosses *Duwisib* (1909) erfahren. Er allerdings brauchte keine Frau aus der Weihnachtskiste. Als Sproß einer alten sächsischen Adelsfamilie — sein Vater war der Königlich-Sächsische General-Major von Wolf — hatte er, der kühne, gutaussehende, 1,98 Meter große Mann bereits in der alten Heimat das Herz einer charmanten, millionenschweren, jungen Amerikanerin gewonnen, deren Vater als amerikanischer Konsul am Königlichen Hofe zu Dresden akkreditiert war. Sie, Jayta Humphries, eine aparte Brünette, muß wohl das Pionierblut ihrer amerikanischen Ahnen in den Adern gefühlt haben, als sie dem soeben Angetrauten in die Wildnis folgte, denn auf der nach Beendigung der Aufstände erworbenen Farm Duwisib stand damals weder Haus noch Hütte. Und noch jahrelang mußte das Paar in Zelten hausen, bis unter unerhörten Mühen und grandiosen Kosten — wie eine Fata Morgana — zwischen Wüste und Steppe jener trutzige Bau mit Türmen und Zinnen entstand, den wir heute noch bewundern. In einem bisher noch unveröffentlichten Manuskript eines Zeitgenossen finden sich köstliche Geschichten über die Schlagfertigkeit, Intelligenz und unerschöpfliche Gastfreundschaft dieses bemerkenswerten Mannes, den man nur als *den* Baron bezeichnete und dessen Beliebtheit einmalig war. Doch heute sei vorerst nur die eine erwähnt, die beweist, daß auch Hauptmann von Wolf und seine Gattin unter dem Frauenmangel leiden mußten. So hatte sich das Ehepaar, von einer Deutschlandreise zurückkehrend, eine hübsche und distinguierte Gesellschafterin mitgebracht.

Aber bei Ankunft des Dampfers in Lüderitzbucht trat ein junger Mann an den *Baron* heran und erklärte, daß das Fräulein nicht mit auf die Farm fahren könne, da er sich mit ihr verlobt habe und sie schnellstens heiraten würde. Der Baron war erbost, wußte aber selbst, daß kein Einspruch helfen konnte, da nach einer Gouvernementsverfügung eine *Heirat* im Schutzgebiet jede weibliche Person von ihrem Vertrag entband. Der junge Mann zahlte ihm die Reisekosten zurück und der Baron telegraphierte an seine Hamburger Einkaufsfirma, ihm mit dem nächsten Dampfer eine andere Gesellschafterin zu schicken, die Auswahl der Hamburger Firma überlassend. Auch diese traf wohlbehalten in Lüderitzbucht ein, erklärte aber gleich selbst, daß sie sich unterwegs auf dem Schiff verlobt habe und gleich heiraten wolle. Da sandte der Baron noch einmal ein Telegramm an seinen Vertrauensmann, das diesen allerdings leicht erschreckte. Denn nun verlangte man für Schloß Duwisib ein buckliges, schieläugiges Mädchen. Doch dann kam wirklich mit dem nächsten Dampfer eine Gesellschafterin, die einen Buckel hatte und eine Brille trug. Sie gelangte tatsächlich unangefochten bis Duwisib. Aber noch waren keine zwei Monate vergangen, als eines Sonntags der Fahnenschmied des Barons im Gehrock und steifem Hut im Schloß erschien und um die Hand des tüchtigen Mädchens anhielt. Da blieb dem Baron gar nichts anderes übrig, als dem braven Fahnenschmied den Segen zu geben, zumal dem Haus auf diese Weise beide, Schmied und Gesellschafterin, auch weiter erhalten bleiben konnten.

Nur auf dem Hintergrund dieses Frauenmangels war auch jene Geschichte denkbar, die, wie so manche unserer Alten behaupten, wirklich und wahrhaftig passiert sein soll und die auch schriftlich niedergelegt wurde („Call me Master" von Olga Levinson).

Freilich vermeide man taktvoll Namensnennungen, zumal sie auf verschiedene Art erzählt wird, was freilich nicht verwunderlich ist, da vermutlich die drei Hauptpersonen der Handlung am wenigsten darüber gesprochen haben werden.

Lebten da in guter Nachbarschaft zwei Farmer, die sich trotz ihrer sehr unterschiedlichen Herkunft gut verstanden, d.h. der eine war ein biederer, fleißiger Landwirt, der es mit den Jahren zu zwei großen, schönen Farmbetrieben gebracht und bereits begonnen hatte, für einen dritten zu sparen. Der andere war ein vornehmer adliger Herr, der sich durch vorzügliche Manieren, einen vorzüglichen Stammbaum und Humor auszeichnete. Was sie jedoch in Wirklichkeit verband, war eine unbezwingbare Leidenschaft für jenes gewagte Kartenglücksspiel, das man *Mauscheln* nennt und bei dem man im Laufe einer Nacht beträchtliche Summen gewinnen — oder verlieren kann.

So war denn der adlige Herr wieder einmal in das Haus des fleißigen Nachbarn gekommen; doch da es ein Wochenende war, setzte man sich diesmal keine Frist, sondern huldigte in beiderseitigem Einvernehmen ungestört der gemeinsamen Leidenschaft. Daß man dabei auch den ständig wachsenden Durst pausenlos stillen mußte, verstand sich von selbst. Als die schließlich unruhig werdende junge hübsche Frau des sonst so fleißigen Landwirts — nennen wir sie Lottchen — zögernd an den Tisch trat, mußte sie mit Entsetzen erkennen, daß ihr bereits stark berauschter Ehemann das ganze ersparte Bankkonto verspielt hatte, sich aber mit dem Eigensinn des Trunkenen weigerte, aufzuhören. Das Glück mußte sich doch endlich — verdammt nochmal — zu seinen Gunsten wenden! Der vornehme Nachbar, der übrigens zu seinem Leidwesen noch unbeweibt war, lächelte jedoch so liebenswürdig und beruhigend der jungen Frau zu, daß sie sich getröstet schlafen legte. Doch als der Morgen graute, als die Männer noch immer die Karten auf den Tisch knallten, als Lottchen schließlich mit Wurstbroten, Speck und Spiegelei abermals das Zimmer betrat, mußte sie begreifen, daß ihr vom Spielteufel besessener Eheliebster inzwischen auch die eine seiner geliebten Farmen an den Nachbarn verloren hatte und nun im Begriff stand, noch die zweite zu wagen. Da liefen die Tränen über ihre blühenden Wangen, da rang sie die Hände und wußte doch nicht, wie sie dem Unglück Einhalt gebieten konnte. Doch da lächelte ihr der vornehme Herr abermals so freundlich und beruhigend zu, daß sie schon zu hoffen begann, daß alles nur ein grausamer Scherz sei, bis sie erfahren mußte, daß dem doch nicht so war.

IM GEGENTEIL: Nun hatte der von einem unheimlichen Glück gesegnete Gegenspieler auch diese, ihre zweite Farm gewonnen. Da endlich kam auch der sture Verlierer zu sich — und brach zusammen, wußte er doch, daß Spielschulden Ehrenschulden waren, schon gar einem blaublütigen Herrn gegenüber, und daß er nun in einer einzigen Nacht des Trunkes alles, alles verloren hatte. Doch mit einem erneuten warmen Blick auf das selbst in der Verzweiflung noch hübsche, appetitliche Lottchen erhob sich der vornehme Nachbar: „Mein Freund", sagte er, „ich weiß, wie Ihnen jetzt zumute ist, darum will ich Ihnen noch eine letzte, ganz einmalige Chance geben, eine oder beide Farmen mit einem einzigen, allerletzten Spiel zurückzugewinnen. Wenn sich das launische Glück jetzt endlich Ihnen zuwendet, wenn Sie jetzt gewinnen, dann gebe ich Ihnen beide Farmen zurück, ja, dann schenke ich sie Ihnen. Doch sollten Sie abermals verlieren — was ich nicht glaube — dann sollen Sie wenigstens Ihre zweite Farm zurückerhalten, dann bin ich bereit — sozusagen als Ausgleich — mit der Gesellschaft Ihrer Frau vorlieb zu nehmen, versteht sich: nur für eine kleine Zeit, sagen wir, für ein knappes halbes Jährchen ..." Was blieb dem Verzweifelten anderes übrig, als auf das Angebot einzugehen? — Böse Zungen behaupteten später, daß sich Lottchen sehr schnell die Tränen getrocknet und mit heißen Wangen dem Spiel zugeschaut hätte. Es kam, wie es kommen mußte: der Ehemann verlor abermals.

Da erhob sich der adlige Herr, verbeugte sich knapp und vornehm, küßte Lottchen die Hand, sah ihr tief in die Augen und murmelte: „Also auf morgen!" — Ja, Spielschulden sind Ehrenschulden, das wußte auch Lottchen (die in Wahrheit natürlich anders hieß), das wußte die ganze Gegend. So blieb ihr nichts anderes übrig, als mit Fassung und heißen Wangen ihr Teil dazu beizutragen, daß ihrem verzweifelten Mann wenigstens die eine der sauer erarbeiteten Farmen erhalten blieb.

Und die Nachgeschichte: Natürlich hatte sich der durch eigene Schuld Vereinsamte nicht mehr unter die Leute gewagt, hatte jeden Tag einen neuen Eid geschworen, nie mehr eine Karte, nie mehr einen Schnaps anzurühren. Als er dann nach einem mit doppelt harter Arbeit verbrachten halben Jahr vor dem Hause des vornehmen Nachbarn vorfahren konnte, um sein so leichtfertig verspieltes Eheweib endlich wieder zurückzuholen, stand dieses bereits neben ihren gepackten Sachen auf den Stufen und sah ihn mit einem so seltsamen Blick an, daß er verzweifelt ausrief: „Wie kannst du mir je verzeihen, was kann ich nur für dich tun?" Da soll sie ihm nur einen einzigen Satz gesagt haben: „Mauschle noch einmal!"

Freilich, ob das nicht nur böse Zungen behauptet haben, — das wage ich nicht zu entscheiden, denn *wer* war wohl wirklich Zeuge?

Wie dem auch sei: es waren schon wilde, rauhe — und wohl auch in mancher Hinsicht herrliche Zeiten!

Es kamen keineswegs nur Engel ... (III.)
Der tolle Dohna

Diese liebenswürdigen Käuze, von denen man noch heute mit einem Lächeln erzählt, waren keineswegs nur in bestimmten Gegenden zu finden, obwohl sie in der Einsamkeit am besten gediehen, — aber wo lebte man Anfang des Jahrhunderts nicht einsam in unserem Dornenland, ob im Norden, im Süden, im Westen, im Osten.

Immerhin behaupten jene, die noch von den alten Zeiten zu berichten wissen, daß sich in GOBABIS und Umgebung noch mehr Originale angefunden hätten, als in den anderen Bezirken.

In einem vergilbten Zeitungsblatt fand ich einen heiteren Bericht über den damals sichtlich sehr beliebten, sehr bekannten Grafen DOHNA. Überschrift: Skat im Bade und ein umgesägter Pavillon. — Leider fehlte der Name des Verfassers. Es muß sich aber um denselben Dohna gehandelt haben, über den man auch einiges in dem bekannten kleinen Anekdotenbuch von Erwin Sandelowsky nachlesen kann. Sandelowsky unterscheidet zwischen dem DOHNA der ostpreußischen Linie, der sich als Leiter des staatlichen Gestüts Nauchas besten Rufes erfreute, und seinem Vetter ALFRED von der schlesischen Linie, der zu den anfangs erwähnten liebenswerten und darum auch unvergeßlichen Käuzen gehörte.

Er, Graf Alfred, hatte etwas vom Schicksal mitbekommen, das ihm erlaubte alles, aber auch alles, was ihm in den Sinn kam, zur Freude seiner Zeitgenossen durchzuführen. Neben Intelligenz und Phantasie besaß er unermeßlichen Reichtum. Schlesische Kohlengruben, riesiger Grundbesitz standen hinter ihm. Wie damals auch in anderen bekannten Fällen hatte die Familie erfreut davon Kenntnis genommen, daß er bereit war, die heimatlichen Gefilde zu verlassen und sich in dem so weit entfernten Steppenland niederzulassen. So landete also der hoffnungsvolle Sproß des alten Geschlechtes in Südwest — es war wohl um 1907 — und erstand Grund und Boden in der Gegend um Gobabis.

In einem Bericht heißt es, daß er auf der Farm Kranz lebte, in einem anderen auf der Farm Straußenheim. Vermutlich stimmt beides. Bekannt ist, daß er sich tatsächlich ernsthaft für die Straußenzucht interessierte. Er wollte ja etwas aus seinen Farmen machen. Aber zwischendurch packte ihn überströmende Lebensfreude und dann mußte eben etwas geschehen, etwas herrlich Verrücktes. Wenn er z.B. wieder einmal nach SWAKOPMUND fahren wollte, so mußte er erst einmal die lange Strecke von Gobabis nach Windhoek mit dem Ochsenwagen durchstehen. Dies war natürlich eine langsame, ermüdende Angelegenheit. Umso prächtiger sollte dann die Weiterfahrt per Eisenbahn gehen. So beauftragte er einfach seinen „Reisemarschall", Herrn Stieglitz, mit der Bestellung eines Extrazuges. Natürlich nicht für sich allein, oh, nein, — eine Schutztruppenkapelle und eine Schar heiterer Freunde wurden mitgenommen.

Geld spielte ja keine Rolle. Sein Reisemarschall, ein früherer Zahlmeister der Schutztruppe, der damals das Hotel Windhuk führte, bekam völlig freie Hand. So soll dann eine einzige dieser Fahrten Tausende von Mark gekostet haben. Unsere Phantasie reicht wohl kaum aus, sich vorzustellen, wie vergnüglich es dabei zuging. Ja, das waren die Freudenfahrten des tollen DOHNA. Auf einer der großen Landesausstellungen in Windhoek — es war 1912 oder 1913 — so lesen wir weiter in dem Zeitungsbericht — kaufte sich Graf Dohna die dort ausgestellte Dampflokomobile, — jedoch nicht, um seine Farm nun mittels Dampfpflugs zu bearbeiten. Nein, er benutzte sie vielmehr als Schlepper, hängte seinen Ochsenwagen an, den er mit Bier und anderen angenehm erfrischenden Getränken belud, packte eine Schar Gäste obendrauf und dampfte mit Lokomobile, Ochsenwagen, Bier und fröhlichem Volk nach Gobabis ab. An Reisegesellschaft fehlte es dem fidelen Grafen ja begreiflicherweise nie.

Hatte Graf Dohna seine Gäste über die 200 Kilometer lange Pad sicher bis zu seiner Farm gebracht, ging es dort natürlich hoch her. War gerade heiße Zeit, so hatte man nur noch einen Wunsch, sich sofort ins Bassin zu stürzen. Hatte man keinen Badeanzug, so machte das nichts, denn natürlich war man ganz unter sich, d.h. kein weibliches Wesen nahm an solchen rauhen Unternehmungen teil. Aber nur äußerliche Erfrischungen genügten nicht. So setzte man zwischen die Erschöpften einen schwimmenden Tisch mit Gläsern und kühlem Bier. Freundliche schwarze Helfer sorgten für Nachschub, räumten auch wieder ab, so daß nun auf dem gleichen Tisch Skat gespielt werden konnte. Skat im Bade! Welch doppelter Genuß! Ja, das waren Zeiten! —

Und dann erzählte man sich weiter, daß sich der tolle Dohna für eines dieser überschäumenden Festgelage etwas Besonderes ausgedacht hatte. Musik mußte her, wie immer, und natürlich besaß er ein Klavier, auf dem — mit Trompetenbegleitung — kräftig herumgetrommelt werden konnte. Doch das — so fand der Graf — war noch nicht laut genug. So wurde das Piano unter Aufbietung aller Kräfte auf das feste Dach eines kleinen Pavillons heraufgehievt. Und nun erst war die Resonanz herrlich, nun klangen die Marsch- und Rheinlieder weit über Feld, Busch und Steppe. — Doch wo blieb der Scherz, der besondere Einfall des tollen Grafen? Das feste Dach stand ja auf 8 Holzpfählen. Während es auf dem Dach munter zuging — natürlich gab's Bier auf dem Klavier — und alle laut und immer lauter sangen, holte er heimlich, unbemerkt, acht Hereros mit Sägen herbei, die gleichzeitig alle 8 Pfähle durchsägen mußten.

Und dann — wie konnte es anders sein — krachten die Pfähle, sackte unter großem Getöse der Pavillon mitsamt Klavier und den fröhlichen Sängern zusammen. — Aber — wie das Sprichwort sagt — Kinder und Beschwipste haben einen Engel! Keinem geschah ein Leid!

Und nun gehen die Erzählungen auseinander.

In dem Zeitungsbericht — wer mag ihn nur geschrieben haben — steht, daß des Grafen Dohna große Zeit nach dem Ersten Weltkrieg begreiflicherweise zu Ende ging, da nun der bis dahin unerschöpfliche Geldsegen von drüben ausfiel, daß er wieder heimkehrte und daß in jenem armen Deutschland der großzügigste Farmherr aus Südwests Geschichte irgendwo zugrunde ging. Das Anekdotenbüchlein von Sandelowsky bringt jedoch einen versöhnlicheren Schluß. So heißt es da: Anfang der zwanziger Jahre kehrte Alfred Graf zu Dohna nach Deutschland zurück. Aber AFRIKA rief, es hielt ihn nicht in der Heimat, und er ging nach Moçambique.

Ein alter Südwester Freund wollte ihn dort besuchen. Und als er in das Dorf kurz vor des Grafen Pflanzung kam, hielt er am Gasthaus still, um dem alten Freund etwas Trinkbares mitzubringen. „Bedaure", sagte der Wirt, „Graf war gestern hier, hat — hm — Pardon — alles ausge————!" Hoffen wir also, daß *diese* Version stimmt. Sie würde soviel besser passen zum tollen Grafen Dohna von Südwest.

Und wenn auch nicht alle Einzelheiten der Erzählungen über die abenteuerlustigen jungen Herren aus hochadligem Hause historisch genau belegbar sein sollten, so ist dies nicht entscheidend. Entscheidend jedoch ist, daß die alten, weniger vom Glück begünstigten, schwerarbeitenden, wetterharten Südwester ihre Freude an diesen Söhnen Münchhausens hatten, die dem Bild des alten Südwest noch einige funkelnde, schillernde Glanzlichter aufsetzten.

Heinz Klein-Werner

Wie könnte ich die erste Reihe südwestafrikanischer Lebensberichte beenden, ohne des Mannes zu gedenken, der uns das Südwester Lied geschenkt hat, ohne Heinz Klein-Werner selbst zu Wort kommen zu lassen!

Einem Brief und einem letzten Telephongespräch, kurz vor seinem Tode, entnahm ich, daß er im Herzen wohl doch etwas darunter litt, daß man ihn, den Menschen, in Südwest fast schon zu vergessen begann, während sein Lied selbst zum Allgemeingut der deutschsprachigen Südwester geworden war und im wachsenden Maße auch von anderen Sprachgruppen gesungen wird. Aber so erging es auch anderen Liedschöpfern vor ihm, denn wer denkt bei der „Loreley" an Heinrich Heine und wer bei „Heia Safari" an Hans-Anton Aschenborn? Ist es nicht der beste Beweis für seine Echtheit, wenn ein Lied so zum Besitz eines Volkes wird, daß es aus ihm selbst geboren zu sein scheint!

Doch lassen wir ihn persönlich das Wort ergreifen:

„Oft bin ich schon gefragt worden, wie ich dazu kam, das Südwester Lied zu verfassen. Nun, eigentlich wollte ich gar kein ‚Südwester Lied' verfassen. Es ist eben so, daß eins meiner Lieder, die Südwest zum Thema hatten, im Laufe der letzten 40 Jahre zum ‚Südwester Lied' geworden ist. Es gibt doch sehr viele und auch sehr schöne Gedichte von und über Südwestafrika. Einige davon auch vertont. Doch meines Wissens gab es damals kein Lied, dessen Worte und Melodie Allgemeingut waren.

Die Entstehung des Südwester Liedes war eine ganz einfache Angelegenheit: Im Jahre 1937 war ich bei der OMEG in Tsumeb beschäftigt und nahm auch Teil am Leben der dortigen Pfadfinder-Gruppe, die unter der fähigen Leitung von Ernst Hoffmann stand. Wer war damals noch dabei? Richtig, Klaus Harck und auch der Wurzelsepp, der auch Hoffmann hieß. Und der Rest der Schar waren kleine, stramme Südwester Jungen, die begeistert bei der Sache waren. Doch mit dem Singen haperte es sehr. Der Grund dafür war wohl der, daß einem Südwester Jungen unsere alten deutschen Pfadfinder- und Landsknechtslieder eigentlich doch sehr wenig sagten. Was konnte ein solcher Junge, aufgewachsen in der Weite und Helle Südwestafrikas, sich schon unter der ‚Blauen Blume' vorstellen? Wie fremd war doch für ihn die deutsche Romantik, Landsknechtstum, der Krieg der Dreißig Jahre, des Knaben Wunderhorn, der Zupfgeigenhansl, kurz, die Quelle all der herrlichen Lieder, aus der die Jugend in Deutschland schöpfen konnte. Es mußte den Jungen aber die Freude am Lied, am Singen, erhalten bleiben, und zwar mit Liedern, bei deren Worten sie sich etwas vorstellen konnten.

Ja, und da saß ich eines Samstagnachmittags an meinem selbstgezimmerten Schreibtisch in meinem Zimmer im ‚Bullenkloster' und bald waren drei Verse zu Papier gebracht. Ein Griff zur stets bereiten Guitarre und schon war die Melodie da. Für den Refrain entlehnte ich die Melodie eines Wanderliedes, das im letzten Krieg mit einem neuen Text als ‚Panzerlied' bekannt wurde. Ich glaube, ich verfaßte keine eigene Melodie zum Refrain, weil der Pfadfinderdienst in kürzester Zeit stattfinden sollte. Und ich wollte das Lied da vortragen, um zu sehen, wie es den kleinen Kerlen gefiel. Heute weiß ich nicht einmal mehr, ob es überhaupt gefiel. Gesungen wurde es jedenfalls. So ist also das Lied entstanden, das heute das ‚Südwester Lied' genannt wird. Hätte ich geahnt, daß dieses Lied einst so bekannt werden würde, so hätte ich mir für den Refrain auch eine eigene Melodie einfallen lassen. Jetzt ist es dafür zu spät. Nebenbei gesagt, ich selbst fand das Lied noch nicht einmal so schön. Doch immer, wenn ich bei einer sangesfreudigen Gemeinschaft war, mußte ich es vortragen . . .

Aber irgendetwas muß schon an dem ‚Südwester Lied' dran sein. Joseph von Eichendorff schrieb einmal:

‚Schläft ein Lied in allen Dingen,
Die da träumen fort und fort.
Und die Welt fängt an zu singen,
Triffst Du nur das Zauberwort.'

Nun, vielleicht war es mir vergönnt, hier das Zauberwort zu treffen. —"

Aber wann und auf welche Weise führte ihn sein Schicksal nach Südwest? Ja, sein Lebensweg war wohl von Beginn an vorgezeichnet, denn zu seinen

Heinz Klein-Werner auf Farm Gochaganas (1937): 2,25 Meter war die Mamba lang...

Klassenkameraden in seiner Schule in Wuppertal-Barmen, dem Sitz der Rheinischen Mission, zählten Martin, der Sohn Dr. Vedders, dann Martin Kühhirt sowie Georg Berges. Schließlich begegnete er noch Karl Detering, dem späteren „Pegasus". Und diese sozusagen von Anfang an gegebene Verbindung zu Südwest wurde noch durch seinen Deutschlehrer verstärkt, der seine Schüler ermutigte, mit jungen Südwestern zu korrespondieren.

Geboren war Heinz Klein-Werner auf dem elterlichen Gut Königsheide bei Wuppertal. Aber nicht die Landwirtschaft, sondern der Journalismus erschien seinem lebhaften Geist als verlockendes Berufsziel. So begann er mit einem Studium in Berlin, hörte auch bei Prof. Breyne am Orientalischen Institut Afrikaans. (Ja, so fragte er lächelnd, rechnete man damals Afrikaans gar noch zu den orientalischen Sprachen? ...)

Doch die Zeiten waren schlecht, sehr schlecht, auch für die Eltern, sein Studium war gefährdet. Da erinnerte er sich der nie abgerissenen Brieffreundschaften, erbat und erhielt einen Arbeitsvertrag, betrat im Februar 1935 die „Usukuma" und landete im März mit mehreren anderen — darunter heute so bekannten Persönlichkeiten wie Minister H. J. von Hase und Graf Castell — in Walvis Bay.

„Ach, liebe Mitmenschen", so schrieb er weiter, „wenn ich jetzt ins Erzählen komme, dann wird ein Buch daraus. Bleiben wir kurz. Es kamen schöne Zeiten, es kamen bittere Zeiten, es kamen sechs Jahre Stacheldraht und danach das eiserne Muß, etwas zu schaffen, bevor man als ‚armer Blanker' irgendwo unterging. Ja, und dann hatten meine tapfere Frau und ich es eines Tages geschafft. Und als das Herz nicht mehr mitmachen wollte und mir der Doktor wegen der gefährlichen Ostwinde nicht einmal mehr das Wohnen in unseren Küstenorten zugestehen wollte, verzogen wir nach Kapstadt und schließlich nach Kleinmond." Und dann fügte er noch hinzu, daß sein Farbband mit ein wenig Herzblut getränkt sei. — Herzblut von dem Herzen, das ihm nicht erlaubt hat, seinen Lebensabend in dem Lande zu verbringen, das er bis zuletzt so liebte wie einst, als er nur der Pfadfinderjugend ein Fahrtenlied schenken wollte und damit zum Schöpfer unseres Südwester Liedes wurde. —

So gedenken wir in Dankbarkeit Heinz Klein-Werners, der nicht vergessen ist und nie vergessen werden kann, solange noch sein Lied mit solcher Freude und Heimatliebe gesungen wird und über den Äther erklingt. Denn es war ihm wohl wirklich vergönnt, das Zauberwort zu treffen, mit dem Vers, der heute eine neue, schicksalsschwere Bedeutung gewonnen hat:

„Doch uns're Liebe ist teuer bezahlt —
trotz allem, wir lassen dich nicht!"

Das letzte Kapitel

Jahre sind vergangen, seitdem ich einige Menschen unseres Landes zu befragen begann: „Was hält Euch denn hier fest?" Jahre sind vergangen, seitdem ihre Antworten zum ersten Mal durch den Äther erklangen. Nicht alle verhallten im Nichts. Briefe kamen, Beweise der Freundschaft, des Verstehens und die oft wiederholte Aufforderung: „Druckt die Geschichten, wir wollen sie für uns und zum Weiterreichen, damit man Euch besser verstehen lernt. Ihr habt mehr Freunde als Ihr glaubt. Aber handelt schnell, ehe es zu spät ist."

Zu spät! Ein hartes Wort, besonders für uns in diesem Lande, zu dessen Urelement die Zeitlosigkeit gehört. Zeit haben — Zeichen der menschlichen Freiheit! Zeit haben — das Recht, sie nach eigenem Maß zu nutzen, statt ihr Sklave zu sein. Gehört dieses Recht nicht auch zu all dem, was den Menschen hier das Leben noch lebenswert macht? Eines ist sicher: Es war nie die Erwartung auf ein sorgloses Dasein, das die Menschen hier festhielt und weiter festhält. Es war sehr viel mehr: Es war die große Herausforderung, die jeder empfindet, wenn er, ohne den Schutz der Maßenalltagsgesetze, in eigener Verantwortung, auf sich selbst gestellt, in einer fremdartigen Umwelt, den Kampf gegen die Gewalten der Natur aufnimmt, die hier auch heute noch mit Erbarmungslosigkeit zuschlagen und alles mühsam errichtete Menschenwerk gefährden, wenn nicht gar vernichten können.

„Es ist ein Anruf, ein Weckruf an die besten menschlichen Fähigkeiten", hatte der fliegende Arzt Hans Peter Schröder gesagt, als er bekannte, daß er dem Lande unlöslich verfallen sei. Und er fügte hinzu: „Wer aber den Mut verliert, den vernichtet es!"

Wer aber den Mut verliert ... So war es von Beginn an. So wird es auch jetzt sein. Denn die Schicksalsfrage, die heute an uns gestellt wird, geht bis an den Lebensnerv.

Die Südwestafrikaner kennen keine „Lust am Untergang". Sie wollen überleben, gemeinsam überleben auf dem harten und doch dankbaren afrikanischen Boden, dem ihre Großväter, Väter, dem sie selbst ihre ganze Kraft gaben und der sie *alle* benötigt, die schwarzen, braunen und weißen Menschen, damit der ewig wehende, glitzernde Sand ihn nicht wieder zudeckt, daß nicht wieder zur Wüste werde, wo heute nahrhafte Weide sprießt, wo Tausende von Menschen Lohn und Nahrung finden, wo auf stählernen Schienen pünktlich und ungehindert schwerbeladene Züge zu den Häfen rollen und für Handel und Wandel notwendige Güter ins Landesinnere tragen. Ein Geben und Nehmen, aus dem die Wirtschaftskraft dieses Steppenlandes entstand, das bisher Südwestafrika hieß und nun unter dem neuen Namen Namibia — nach der Namib, der ältesten Wüste der Welt benannt — einer neuen Ära entgegengeht.

Keine Lust am Untergang, denn auch die intelligenten Schwarzen und Braunen der verschiedenen Rassen wissen, daß Raum genug ist für alle und daß alle gebraucht werden, wenn hier der Übergang vom einstigen Kolonialland und Mandatsgebiet zur Selbständigkeit ohne Rückschlag, ja, ohne Katastrophe gelingen soll. Sie braucht man auch nicht zu befragen, was sie hier, in ihrem Geburtsland, festhält. Sagt man nicht auch mit Recht, daß die hier lebenden afrikanischen Stämme und Völker zu den gesündesten, am besten aussehenden und aufgeschlossensten des schwarzen Kontinentes gehören? Auch diese Tatsache mag sehr dazu beigetragen haben, daß die alten Südwester Familien – nach Überwindung der ersten schweren, unruhigen Zeiten – durch die Generationen hindurch so ungestört tiefe Wurzeln schlagen konnten.

Daß mit diesem Ausharren- und Durchhaltenwollen unabsehbar Schweres, sogar Gefahr für Leib und Leben auf die Farmer, Kaufleute, Akademiker, Handwerker, Facharbeiter, Künstler, Beamten, auf die Männer, Frauen und Kinder zukommen mag, daß das große Experiment scheitern kann, daß Kräfte von außen, wenn nicht gar von innen, dieses Scheitern für eigene Zwecke oder mystische Träume anstreben mögen, das wissen auch die Südwestafrikaner deutscher Sprache. Und dennoch wollen sie bleiben, wollen nicht das Millionenheer der heimatlosen Flüchtlinge, der Vertriebenen, weiter vergrößern, glauben ja auch, hier ein Recht auf Heimat erworben zu haben.

Aber was bedeutet Recht?

Einst sprach man von Mächten, die man der kühl rechnenden Erwerbssucht verdächtigte: Sie sagen Religion und meinen Kattun!

Und heute? Sagen sie Humanitas, Freiheit, und meinen Rohstoffe, Absatzmärkte, Importe, Exporte, – Uran?

Wenn dem so ist, dann ist der Wille der Menschen aller Rassen, in diesem Lande etwas Neues, Gutes, Dauerndes, ein echtes Vorbild zu schaffen, vergeblich. Dann ist weder Gott noch der Mensch das Maß aller Dinge, sondern der Wille zur Ergreifung der Bodenschätze, deren hoher Wert das einstige „Sandloch", das „Affenland", gewiß nicht zu seinem Heil in das Scheinwerferlicht der Welt brachte.

Dann mag man dieses Buch einst nennen:

Requiem für Südwestafrika.

Literaturverzeichnis

Nach mehr als drei Jahrzehnten des Zusammentragens ist es nicht immer leicht, noch genau zu wissen, wer dieses oder jenes berichtet hat. So soll mein Dank allen gelten, die mir bewußt oder unbewußt Stoff zu meinen Geschichten lieferten, selbst wenn ihre Namen hier nicht genannt werden.

Gutes Material fand ich vor allem in unserer *Allgemeinen Zeitung*, Windhoek, im *Afrikanischen Heimatkalender*, in den Schriften der *SWA Wissenschaftlichen Gesellschaft*, Windhoek, in den Archiven der Gesellschaft für *Wissenschaftliche Entwicklung*, Swakopmund, im *SWA Annual* und in den Veröffentlichungen des Dr. N. MOSSOLOW, des Pastor WALTER MORITZ und des Kenners der SWA Literatur, WERNER TABEL.

Wertvolle Informationen entnahm ich ferner folgenden Büchern: „Das alte Swakopmund" (Hulda Rautenberg), „Kurze Geschichten aus einem langen Leben" (Dr. Heinrich Vedder), „The Ageless Land" (Olga Levinson), „Kunst in SWA" (Nico Roos) und der Zeitschrift „Der Kreis" (F. Lempp).

Weitere Quellenangaben sind im Textteil enthalten.

Ganz besonderen Dank auch Ottilie Nitzsche-Reiter für die Überlassung zahlreicher, interessanter Aufnahmen, die wesentlich zu der Gestaltung des Buches beitrugen, sowie all den anderen Persönlichkeiten, die uns selbstlos private, unersetzliche Photos aus der „guten alten Zeit" zur Wiedergabe anvertrauten.

Dank also all den Genannten und Ungenannten, die oft — ohne es zu ahnen — zur Beantwortung der Frage beitrugen:

„Was hielt sie — was hält Euch denn hier fest?"

Register

Andersson	30
Ärzte	50
Aschenborn, Dieter	
Aschenborn, Hans-Anton	67, 72-76, 139
Aschenborn, Hans-Ulrich	
Auala, Bischof	121
Augustineum	32
Awaseb, Friedrich	120-122
Benseler, A	172
Berker, Hans, sen. (Hajob)	55-59
Berker, Hans-Jochen	60-61
Berker, Marianne	61
Blatt, Johannes	70-71
Blumers, Dr.	69
Breuil, Abbé Henri	166
Budack, Dr. K.F.R.	172
Bütow, Mutter	65
Cohen, Sam	185
Cramer, E.L.	193-194
Dahlmann, Kurt	62
Diekmann-Hamakari	80-83
D.O.A.L.	14, 66
Du Plessis, W.C.	62, 162
Ehrenberg, Margarete	185, 189
Eimbeck, Paul	181
Elisabethhaus	50
Eriksson, Axel	66-69
Eriksson, Axel-Wilhelm	68
Fainsinger, Gerald	78
Finkeldey, Helmut	172
Frederik, Josef	201
Frewer, Freddy	79-80
Frewer, Willi	77-79
Frey, Dr. Karl	148-149, 152
Friedrich, L.W.	54
Gaerdes, Fritz	66, 172-174
Gaerdes, Jan	171-172
Gebhardt, Lisa	186-187
Giess, Willi	171
Goering, Dr.	31
Graetz, Paul	188
Grau, Susanne	39
Green, Lawrence G.	70

Grunow, Walter	181
Grüttemeyer, Christel	18-22
Gusinde, Erich u. Elsa	122-126
Hahn, Dr. Hugo	30-31
Hälbich, Familie	30-35
Halenke, Dr. H.	178
Hatterscheid	77
Henrichsen, Emil sen. + jun.	45-49
Henrichsen, Jörg	16, 48-49
Hillig, Heinz	157-160
Hillig, Ruthild	158-160
Hintrager, Oskar	50
Höflich, K.F.	147-150
Hoffmann, Frieda	37
Hoffmann, Lore	85
Hoffmann, Otto	36
Hoffmann, Rudolf	83-87
Hofmann, A.	165
Hoepker, Lydia	28
Hoogenhout, Emma	130
Jänecke, Herbert	202
Jentsch, Adolph	132, 139-143
Jonker, Jan	46
Jordaan, Dr.	93
Kaiser-Waltershagen	97-100
Kalahari-Jachtclub	60
Kambazembi	52
Katjikurama	206
Kehrmann, Willy	77
Kellner, Wilhelm, Dr.	154-157
Klatt, Herr und Frau	111
Kleiber, Hotelier	211
Klein-Werner, Heinz	217-220
Kolberg, H.K.	172
Kopp, Anneliese	100-102
Koppmann, R., Bischof	93
Krafft, Marianne	87-90, 140
Krampe, Fritz	132, 143-146
Krankenschwestern	50
Krynauw, Archivar	202
Kuhn, Familie	32
Kukuri, Andreas	120
Kunstvereinigung (S.W.A.)	11, 130, 133, 161
Kuntze, Hildegard	18-19
Kuntze, Robert	18-19
Lemmer, O. Sch. Insp.	176
Lenssen, Hans-Emil	22-24

Levinson, Olga	62, 137-139, 142, 143
Lübbert, Dr. Erich	133, 167-170
Luchtenstein, Ernst	70-72
Lüderitz, Adolf	201
Ludwig, John	85
Maack, Reinhard	165
Malan, Ministerpräsident	120
Martin, Henno	170
Marwitz, Schwester Karin	51-52
Massmann, Frau U.	185
Mattenklodt,	111-113
Mehnert, G.H.	113-116
Meinert, John	202, 204-206
Meinert, Peter	206
Merensky, Dr. Hans	70, 196
Möller, Elisabeth	16-18
Moritz, Pastor	26
Mossolow, Dr.	31, 176
Müller, Hans	76-77
Muth, Eugen	203
Mylow, Arthur	181, 205
Nels, Luis	31
Nieswandt, Fritz	42-45
Nink, Photograph	51
Nissen-Lass, Louise	149
Nitzsche, Otto	127
Nitzsche-Reiter, O.	72, 126
Nöckler, Herbert	151-153, 198
Nowack, Christa	95
Ossmann, Carl	66-68
Ossmann, Ulla	66
Otjimbingwe	30-35
Palgrave	31
Port, Attila	40-42
Port, Josef	40-41
Proppe, Dr. G.	177
Pulon, Heinz	133
Radio RSA	11
Redecker, Baurat	50-51
Redecker, Landwirt	31
Reinholda, Schwester	90-94
Reiter, Joseph	72, 129-131
Rosenkranz, Wilhelm	199
Rote-Kreuz-Heime	51
Rust, Dr. H.J.	117, 167, 170-172
Sandelowsky, Erwin	215-217
Sander, Willi	136

Scherer, Ernst	160-163
Scherz, Dr. Ernst	164-167
Schlettwein, Familie	67
Schneider, Dr. H.	178
Schneider, R.H.A.	52, 53
Schneider-Waterberg, H.R.	53, 54
Schröder, Dr. H.P.	187-188
Schröder, Otto	130-135
Scultetus, Hauptmann	64
Smuts, General	130
Sonnenberg, Else	28
Stauch, August u. Ida	88-90, 167
Stewien, Helga	78
Stich, Ferdinand	183, 206
Stieglitz, Hotelier	215
Stöck, H.	172
Stritter, W.	170
Sydow, Wolfgang	166, 172
Tabel, Werner	27, 187
Terblanche, S.S.	69
Ungelenk, Klaus	79
Vedder, Dr. H.	116-122, 171
Viereck, A.	172
Voigts, Familie	190-193, 198
Voigts, Joachim	133, 193
von Baum, Anneliese	103-106
von Castell, Graf	220
von Eckenbrecher, M.	27-30
von Falkenhausen, H.	27
von Flotow, Familie	67, 106-110
von Francois, Curt	46
von Funcke, G. u. D.	140
von Garnier, H.P.	199
von Goldammer, Hugo	31
von Hase, H.J.	220
von La Chevallerie, L.	95
von Oertzen, Fort.	161
von Schwerin, Graf Bogislav	136, 137
von Schwindt, H.	172
von Uslar, Wünschler	136
von Wolf, H.H.	212
von Wolf, Jayta	212
von Wrede, P.	172
Wasserfall, Georg	201
Watt, Dr.	177
Weber, Dr. Alfons	11, 63, 179-182, 184
Wehner, Rolf	210

Weiss, Dr. Max	77-78
Weitzel, Dr. W.	196
Windhoeker Symphonieorchester	77, 78, 163
Wiss, H.J.	171
Woermann & Brock	47-48, 63
Woermann-Linie	36
Woker, Tetje	15, 63-64
Woker, Wolfgang	15, 66
Zander, Konni	195
Zelle, Erich	170
Zingel, Gerd	198
Zschokke, Dr. M.	175-176
zu Bentheim, Gräfin Martha	106-110
zu Bentheim, Graf Hubert	107
zu Dohna, Graf Alfred	215-217